国家社科基金
GUOJIA SHE KE JIJIN HOUQI ZIZHU XIANGMU
后期资助项目

U0515270

不确定条件下
创业企业的决策机制研究

Research on the Decision Mechanism of
Entrepreneurial Enterprises under Uncertain Conditions

彭华涛　著

WUHAN UNIVERSITY PRESS
武汉大学出版社

图书在版编目（CIP）数据

不确定条件下创业企业的决策机制研究/彭华涛著.—武汉：武汉大学出版社,2023.11
国家社科基金后期资助项目
ISBN 978-7-307-23919-7

Ⅰ.不…　　Ⅱ.彭…　　Ⅲ.企业管理—经营决策—研究　　Ⅳ.F272.31

中国国家版本馆 CIP 数据核字（2023）第 153503 号

责任编辑:唐　伟　　责任校对:鄢春梅　　版式设计:韩闻锦

出版发行:**武汉大学出版社**　（430072　武昌　珞珈山）
（电子邮箱:cbs22@whu.edu.cn　网址:www.wdp.com.cn）
印刷:武汉中科兴业印务有限公司
开本:720×1000　1/16　印张:17.5　字数:305 千字　插页:1
版次:2023 年 11 月第 1 版　　2023 年 11 月第 1 次印刷
ISBN 978-7-307-23919-7　　定价:78.00 元

国家社科基金后期资助项目(20FGLB007)

国家社科基金后期资助项目
出版说明

后期资助项目是国家社科基金设立的一类重要项目，旨在鼓励广大社科研究者潜心治学，支持基础研究多出优秀成果。它是经过严格评审，从接近完成的科研成果中遴选立项的。为扩大后期资助项目的影响，更好地推动学术发展，促进成果转化，全国哲学社会科学工作办公室按照"统一设计、统一标识、统一版式、形成系列"的总体要求，组织出版国家社科基金后期资助项目成果。

全国哲学社会科学工作办公室

序

本著作为国家社会科学基金后期资助项目"不确定条件下创业企业的决策机制研究"（20FGLB007）的研究成果。

从创业资源的视角来看，创业是在资源相对匮乏引发的不确定条件下，对于资源进行拼凑、整合与集成的决策过程。从创业机会的视角来看，创业是在机会窗窗口大小、开启、关闭及持续时间等不确定条件下，对于机会进行识别、开发与利用的决策过程。从创业环境的视角来看，创业是在技术环境、市场环境、制度环境等不确定条件下，对于探索性创新、开发性创新抑或双元创新策略选择的决策过程。从双创关系的视角来看，创业是在价值链高端或低端、被锁定或反锁定不确定性条件下，对于技术创新与商业模式创新进行动态匹配的决策过程。由此可见，创业企业的决策始终嵌入高度不确定性中。对于创业企业而言，唯一的确定即为高度不确定性。

当前，国际局势风云变幻，"黑天鹅""灰犀牛"等现象层出不穷，创业企业面临的不确定条件越来越复杂。对于创业企业而言，创业网络的强关系与弱关系如何选择、平台创业的平台化与去平台化如何平衡、家族创业的代际传承与去家族化如何统筹、社会创业的经济目标与公益目标如何兼顾、可持续创业的经济价值、社会价值与环境价值如何协同等决策均嵌入资源、能力与环境的高度约束与不确定性条件中。特别是，在高质量创业逐步升级、创业企业商业模式不断创新、创业参与主体日益多元、创业类型与形式更为多变的情境下，如何应对不确定性条件显得尤为重要。

本研究基于对不确定条件下创业企业决策机制的文献回顾，从资源结构约束和资源存量约束视角探究创业企业的资源拼凑决策机制；从风险倾向涉及的风险偏好与风险规避视角解析创业企业家行为决策机制；从政策导向赋能融资约束破解的视角探讨创业企业的研发创新决策机制；从技术、市场、制度等复杂国际环境视角研究国际创业的探索性创新和开发性创新以及双元创新的决策机制；从主体、客体以及主客体关系引发的多重责任模糊视角论证共享经济创业治理决策机制；从资本网络、知识网络、集群网络等多重网络嵌入视角探析创业孵化的社会网络决策机制；从技术环境与市场环境动态性视角设计创业企业的双元创新决策机制；从个体与组织、正式与非正式心理距离不确定视角阐释创业退出决策机制。

本研究试图建构创业企业个体层与组织层、内部条件与外部环境、系统风险与非系统风险层面不确定性条件下创业企业的决策逻辑；修正资源约束、风险倾向、双元创新、心理距离等不确定条件影响创业企业决策及其绩效的研究范式及既有结论；拓展不确定条件下从准入到退出、从单一探索性创新或开发性创新到双元均衡创新、从中国情境到国际环境的全周期、全创新链、全情境创业企业决策机制研究视角。

对于不确定条件下创业企业的决策机制研究可以为创业企业科学理性地认识资源、能力、市场、制度、心理等诸多不确定条件对创业决策的影响规律提供应对措施；为政府部门出台优化创业企业破解融资约束的研发费加计扣除政策、共享经济创业的公共治理、多中心治理与元治理方案、缓解创业企业的技术与市场不确定性等提供决策思路；为参与创业孵化的科技企业孵化器、参与科技成果转化的中试基地、参与联盟创业的战略合作伙伴等利益关联机构与创业企业开展合作提供参考依据。特别是对于降低创业企业的脆弱性、缓解创业决策的不确定条件、推动创业企业高质量发展与可持续发展，进而高效拉动就业、缓解民生具有积极的影响。针对共享单车领域的共享经济创业引发的社会问题、国际创业中的"技术封锁""市场壁垒""制度距离"等问题展开的研究，有助于推动社会层面参与创业风险治理。

本研究尽可能探究创业涉及的各类不确定条件下创业企业的决策机制，但未能穷尽所有情形，因此未来的研究仍有提升空间。著作撰写过程中引用了国内外诸多创新与创业领域学者的观点，因篇幅原因未能一一点出，在此一并致谢。著作存在的不足之处亦请各位同行批评指正。

是为序。

目　　录

第1章 不确定条件下创业企业决策机制文献回顾

需求、技术、政策等诸多不确定条件加剧了创业企业的决策难度（郭海、李垣、段熠，2007；夏清华、易朝辉，2009；张庆芝、戚耀元、雷家骕，2019）。创业企业的决策往往处于纷繁芜杂、千变万化的复杂环境与特定情境中并已成为常态（Sarasvathy，2001；杨波、冯悦旋，2009）。孙彪等学者（2012）认为，外部环境的不确定性主要体现在企业外在环境要素变动的速率和不可预测的程度上。Hung（2013）亦提出，环境动荡主要体现在产业技术的快速变化、不可预知的水平和消费者偏好的改变上。

针对问题，万晨曦（2015）提出技术环境的不确定性内涵主要包括：（1）技术环境的非连续性和难以预测的变化；（2）公司主要业务技术进步迅速；（3）产业技术变革给公司提供了一个更新产品和服务的机遇。李文亮（2016）认为，技术不确定性是指技术变革的不稳定性、动态性和不可预见性，其特征是缩短了开发周期、加速了技术更替。市场不确定性是创业者对市场的不可预知性、市场结构变化和竞争程度的不稳定性（Brown，Eisenhardt，1999）。在市场愈发不确定时，公司面对的市场竞争程度也就相对较大，行业内的价格竞争频繁，新的促销方式层出不穷，竞争者也会想方设法去发掘自己的客户，但同时，类似竞品众多，消费者的需求变化较大（Auh，Menguc，2005）。经济学家普遍认为社会资源是稀缺的，企业在创业过程中的资源具有不确定性，存在着多种表现形式，比如有限的项目计划、资源需求量随时间而改变、可利用的资源随时间而改变以及对资源的限制等。Baker 等学者（2012）界定了政策的不确定性，即因政府未来政策不明确而导致的经济风险。总体上，政策不确定程度的改变源于两个层面：一是由于外部冲击导致的经济下滑，例如战争、恐怖袭击、金融危机等；二是在经济下滑阶段，政策的不确定性会内在地产生。就前者而言，Bloom（2009）对美国 1962 年至 2008 年间的 17 次不确定冲击进行了归纳，得出了负面新闻和政策不确定性是相继而来的。就后者而言，Pastor 和 Pietro（2011）认为，决策者们必须做出更多努力才能从经济衰退中走出来。经济繁荣时期，经济增长并不需要太多地调整经济政策，Baker 等（2012）的研究亦证实了这一点。

创业既是快速识别、开发和利用创业机会的决策过程，亦是创业资源拼凑、整合与集成的决策过程，还是打通价值诉求、价值共创与价值传递的决策过程。创业固有的资源匮乏、能力瓶颈、环境约束等因素均将使得创业企业决策处于高度不确定的条件中。本研究试图选取创业管理的国内外主流期刊，通过系统的文献梳理，对于不确定条件下的创业企业决策机制相关研究进行回顾。

1.1　方法选择与数据分析

1.1.1　文献选择

CiteSpace 是由美籍华人陈超美教授研发的引文可视化分析软件，其主要功能包括实现关键词共现、聚类及突现、作者及机构合作等可视化，可以直观展示该领域研究知识关联、热点和演进过程，具有数据来源全面、知识图谱绘制功能强大等优势。CiteSpace 适用于绝大多数数据库，但一般需要 1000 条文献以上，分析结果才有意义。本研究采用 CiteSpace 对文献进行了系统分析。本研究筛选搜集文献的标准为：（1）将 1998 年作为主题的研究起点。中国知网关于"创业"文献发表初次较为集中的年份为 1998 年，可视为中国创业研究的起始年。（2）为了保证尽可能检索到与不确定条件下创业企业的决策机制紧密相关的文献，利用布尔算法检索。在中国知网选择期刊类别，设置"篇名＝创业 or 初创 or 新创 and 篇关摘＝不确定 or 复杂 or 风险"的 CSSCI 文献，时间设定为 1998—2020 年。剔除创业课程、创业教育相关文献、必要信息缺失相关文献以及重复文献，本研究最终获得 1054 篇文献，如表 1-1 所示。

表 1-1　　　　　　　　　　　　检索过程与结果

步骤	整理文献环节	检索结果（／篇数）
1	检索词"篇名＝创业 or 初创 or 新创 and 篇关摘＝不确定"并剔除相关文献	128
2	检索词"篇名＝创业 or 初创 or 新创 and 篇关摘＝复杂"并剔除相关文献	176
3	检索词"篇名＝创业 or 初创 or 新创 and 篇关摘＝风险"并剔除相关文献	899
4	将 1-3 步骤相加并去重后合计文献	1054

1.1.2　数据分析

通过 CiteSpace 系统分析发现，节点有 661 个，关系共 1171 条，聚类模块值 Q 值为 0.6935。若 Q>0.3 说明聚类结构显著。

从系统导出结果，并对结果进行编码。如将技术创新、技术动态、技术不确定性、技术不完全等划分为技术不确定性，将环境变化、环境动态、环境复杂等划分为环境不确定性，将资源拼凑、资源变数、资源动态等划分为资源不确定性，将政策变化、政策模糊、政策缺乏等划分为政策不确定性，将需求变动、不完全信息等划分为需求不确定性。最终发现，不确定性主要包括创业涉及的技术、环境、资源、技术、政策、需求等，其中创业环境的度中心性最高、中介中心性最大。中心性值越大说明关键词的中心性越强，因此环境不确定是创业企业决策的主要影响因素。

不确定条件下与创业企业决策有重要且紧密关联的词汇主要包括创业导向、绩效、学习、团队等。关于不确定条件下创业企业决策的突现关键词仅有创业企业，突现度约为 3.2，突现周期从 2005 年开始至 2008 年结束，说明创业企业是该周期的研究热点，这也是本研究的重点。从关联关键词分布情况可发现，在不确定条件下，创业企业决策多考虑不确定性对创业导向、创业学习、创业绩效等变量的影响。导向、绩效、学习、机会、团队、风险、创新、行为等决定了创业企业从成立、发展、成熟的整个成长过程，本研究选取中介中心性排名前十的关键词作为主要研究对象。

1.2　不确定条件下创业企业决策机制建构

从中国知网导出每年发文量，如图 1-1 所示。根据本研究搜索标准，每年发表不确定条件下创业企业创业相关的文献发文量呈现上涨趋势。整体来看 CSSCI 文献呈现三个阶段。

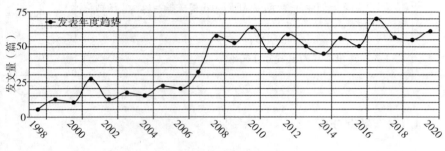

图 1-1　发文量统计

第一阶段（1998 年至 2005 年）：引入阶段。从 1998 年至 2005 年呈现上升趋势，但是增长幅度很小，在 2001 年出现了一个突增点。自 1998 年中国学者开始关注创业研究，截至 2019 年已有 8745 篇创业相关的 CSSCI 文献。相对而言，关于不确定性研究较少，至 2012 年共发表 80 篇文献，10 年期间平均每年仅 10 篇高质量文献发表，但整体呈现上升趋势，不确定性创业活动逐渐得到众多学者的关注与重视。

第二阶段（2007 年至 2008 年）：上升阶段。自 2006 年以后，连续两年呈现猛增阶段，从 2006 年的 20 篇增至 2008 年的 58 篇，增长幅度两倍之多。静态创业环境要素变化幅度和速度较小（杨波、冯悦旋，2009），自 2012 年后，中国创业环境动态性可能不足，创业企业发展态势处于相对平衡状态，关于创业不确定性研究相对减少。

第三阶段（2009 年至 2020 年）：稳定阶段。在此阶段平均发文 55 篇左右，并在 2017 年达到最大值 70 篇。在稳定阶段，相关文献呈现波浪起伏的发表趋势。虽然"大众创业，万众创新"的号召确实得到了众多学者的关注，但其研究却趋于平稳状态，达到了一个理性回归的发表趋势。

回顾文献发现，创业企业分为创新型创业和模仿型创业，其中模仿创业是一种相对于创新型创业既有区别又有联系的典型创业模式。1934 年

Schumpeter 较早提出创新型创业，认为其在经济增长过程中起到了关键作用，而模仿创业的作用是次要的（Schumpeter，1934）。创业者是产品创新、技术创新、市场创新、要素创新、组织创新等的主体（郑风田、程郁，2006），创新者的创业行为打破了现有的平衡状态，重新创造不确定性，使得信息不匹配度增加。创新者是经济平衡的破坏者，而创新是竞争力的关键，这两个因素构成了经济增长和发展的原则。创新型创业行为是真正意义上的创业活动（Erlingsson，2008），与技术进步成正相关，而模仿创业与国家层面的创新成反比关系（Mrożewski，Kratzer，2017）。创新型创业行为能够推动技术进步，拓展全球生产可能性边界，促进经济的增长和繁荣（Koellinger，2008）。当前，社会各界鼓励创新型创业而不是模仿和复制，创新型创业行为决定了一个国家经济的发展水平，各国采取诸多卓有成效的措施刺激创新型创业决策行为。然而，以 Kirzner（1978）为代表的学者认为模仿创业比创新型创业更具有价值，更多学者认可模仿创业行为所发挥的作用。中国创业者早期的创业成果归因于模仿创业行为，利用现有发展的技术来生产以此增加输出（Minniti，Lévesque，2010）。模仿型创业行为有助于保持激烈市场的平衡状态，使强者更强，在一定程度下，模仿型创业行为能稳定龙头企业的相关产品或服务的地位或市场。本研究将结合创新型创业和模仿型创业来研究创业企业在不确定条件下的决策机制，其具体涉及创业机会识别、开发与利用、模仿创新、价值链锁定等行为。

　　不确定性贯穿于整个创业过程中，分为行业内生不确定性和创业活动外生不确定性（施丽芳、廖飞、丁德明，2014）。在全球化以及新发展格局背景下创业企业面临的国际创业环境更为复杂、严峻，促使创业技能、创业技术、创业资金等资源获取存在更多不确定性，特别是资源冗余或错配均将导致创业绩效呈现差异性（夏清华、易朝辉，2009）。创业企业决策面临的不确定源自企业内部和外部双重作用，其中内部因素突出表现为创业者偏好的复杂性（Zhang et al.，2019），外部因素主要体现为创业网络资源的多样性（施丽芳、廖飞，2014），两者共同的影响均与市场、技术、资源、制度、政策等因素有关（施丽芳、廖飞，2017）。创业企业决策在不同制度环境下受到差异化的影响，制度变迁过程较复杂，高不确定性促使创业企业受制度环境影响较深（Sarasvathy，2001；夏清华、易朝辉，2009）。制度不确定性阻碍了创业机会的识别、利用与开发，对创业企业进入市场时机、进入市场规模有制约作用，其引发的高成本亦加大了创业企业进入市场的难度，从而催生大量的生存型、低成长型、短视型创业企业。创业企业的发展是迭代创新和演进的过程，创业企业经历的环境不确定性来源不尽相同（张延平、冉佳森，2019）。特别是在创业初期，政策不确定性较高会减少创业者进入市场创业的信心，阻碍创业企业的快速决策。

从市场环境的角度而言，处于较低不确定性状态的市场环境可能促使后动创业企业偏好模仿竞争对手来获得具有相对竞争性的平等身份或相当地位。处于较高不确定性状态的环境可能促使后动创业企业倾向模仿当前行业中最典型的、最成功的竞争对手（Casadesus，Zhu，2013）。从技术水平的角度而言，当市场出现不确定性较高的新技术时，后动模仿创业企业往往采用持续关注核心企业或焦点企业的高创业绩效的创业方式。其以结果为导向，只模仿市场和用户更愿意从心底接受或认可的新技术，采用各种方式判别技术是否具有增值价值前景，对其进行投资并模仿其行为来赢得行业竞争地位。从市场需求的视角来说，当市场需求不确定时，精准识别客户需求显得尤为重要。市场上用户的消费习惯与购买偏好的变化多端能够促使先动企业的先行创新优势随之变弱，而后动企业的后行模仿优势随之增强（Giachetti，Calzi，2015）。

创业决策机制指的是创业企业为加快实现战略目标、合理规范决策权力、有效提高决策质量，企业内部决策层级主体之间产生的各种联系和相互作用，包括决策权分配、决策运行程序、决策制定方式等一系列安排（刘济湭，2020；Ye et al.，2021；Yu et al.，2021）。决策机制贯穿创业企业各个机制的运行全程，是其他经营机制的基础，能够助力企业做出高效的创业决策（Wang et al.，2020）。创业决策机制中的具体内容、决策类型、决策逻辑均会对决策的质量和效率产生重要影响，进而影响到创业活动的实施效果。

1.2.1　不确定条件下创业企业决策的内容

基于以上分析，不确定条件下创业企业决策的内容主要包括：

(1)创业机会的识别、开发与利用

创业机会是创业实现成功的核心要素（斯晓夫、王颂、傅颖，2016），且时机决策尤其重要。创业企业的机会识别能力主要源于创业学习，主要包括经验学习、模仿学习、行动学习等（张红、葛宝山，2016）。其中，创业企业在初期的最佳选择应为经验学习。创业本质上是挖掘已有市场中存在的创业机会，如若想获得超额的创业收益就需要考虑对当前的生产技术或方式进行改进或优化。不同创业企业对机会的识别、开发与利用取决于其对于不确定创业环境的评估，并表现出一定程度的应对差异（汪忠等，2017）。学者将机会识别分为两类：一类是外在刺激，即外在环境吸引创业者主动迎合这一机会（Zhang et al.，2019）；另一类是内在刺激，即机会是企业自身实践的结果（施丽芳、廖飞，2014）。对于新创企业来说，机会识别能力提高是其谋取创业成功的条件，使其容易实施创新（Hajizadeh，Zali，2016；梅德强、龙勇，2010），较高水平的机会识别能力可以拓宽创业者或创业企业搜索信息和知识的渠道（吴航，2016）。从经验学习的角度而言，创业企业的决策行为被认为是转化创业者或创业团队的创业经验来创造相关知识并对创业机会进行识别、开发、利用以创造价值的过程（Ucbasaran，Westhead，Wright，2009；Politics，2005）。在不确定条件下，先前失败经验不一定是成功之母，成功经验亦可能导致过度自信，其使得创业机会识别、开发与利用存在差异化的决策结果。

（2）模仿创业

国内外学者对模仿创业进行了大量研究（Lieberman，Asaba，2006）。学者研究认为模仿创业行为也可能来源于企业创造性的创业行为（Dalgic，2015；Lumpkin，Dess，1996）。从外在环境因素考量，可以将其划分为环境不确定性高或低的模仿（Giachetti，Calzi，2015）。与此同时，模仿创业者能否抓住机遇，依赖于创业企业对不确定性环境的评价。在产业技术快速发展的情况下，创业者会采取滞后式的模仿创业。在这种环境下，创业先驱者往往是最早的失败者，而选择模仿创业的企业往往会面临更高的失败风险。在产业中技术进步较慢的情况下，创业者往往会采取快速的模仿式创业（Cleff，Rennings，2012）。因为在市场发展迟缓的情况下，跟随者无法凭借技术和产品的不同来抢占先机，所以模仿创业者快速模仿，抢先进入市场，会优先吸引大批顾客。

（3）价值创造

创新型创业与模仿型创业的基本特征均在于价值创造（杨俊等，2010），创业企业行动的出发点也就在于通过投入资源实现价值创造，把握消费者的价值诉求，通过与客户互动来达成价值共创（Vargo，Lusch，2004）。诸多学者研究认为创业企业价值共创的实现很大程度上依赖于商业模式上的创新（Massa et al.，2017；段海霞等，2021；项国鹏等，2022），而商业模式创新涉及前端原材料的供给和后端用户的购买中全价值链的布局，其闭环构建是实现创新路径的重要目标形态（王烽权、江积海，2021），其构建过程分为以下几步。

第一步，在创业企业价值创造的商业模式创新路径中，需专注于合适的细分目标市场（Ghezzi，Cavallo，2020）。这一过程中，价值创造主要体现在用户消费体验上，即通过精准剖析用户需求使其达到满意甚至高于预期的使用感知（Priem，2007）。在进入市场的方式上，颠覆性的原始创新将直接对技术和市场产生深远影响，使创业企业能够迅速在新市场中占领优势地位，同时将潜在竞争者锁定在低端价值链的特定环节（Humphrey，Schmitz，2002）。基于价值链的收益趋向视角，产品的外形、款式、功能、结构等容易被模仿创新（李永刚，2004），且成本较低。因此，创业企业可能会考虑以新的替代产品或服务、技术、营销活动、供应链等模仿对象分拆或剥离等方式进入市场，而价值链限制则普遍存在于一些创业活动中（徐尚德，2022），创业企业通常需要确保涉入的价值链环节是自身最为擅长的业务。

第二步，依然从消费者入手，在占领单点市场的基础上以产品服务多元化开发来展开商业模式的场景扩展（蔡春花等，2020），此阶段的价值创造关注于提升用户黏性，代表着创业企业品牌具有一定的认可度，消费者中出现大量的"回头客"（Rong et al.，2019）。其价值获取的核心是通过对收入结构的优化，即通过扩大产品和服务类别，有效地提高消费者的购买意愿，从而增加其现金流入的来源（Sohl et al.，2020）。

第三步，商业生态系统的构建，即基于场景扩展，创业企业将产业链上下游的利益相关者联合起来，形成一种协同共生的关系（韩炜，2021）。商业生态系统构建阶段，创业企业在创新开发中不再仅仅局限于单一产品和服务，而是针对某一较大市场领域通过多种产品服务联合定制为用户提供一揽子解决方案（Sjodin et al.，2020）。其价值创造主要通过强化竞争壁垒来实现，即取得建立在生态成员之间的联系和协作基础上的更高层次和更稳定的竞争优势（Teece，2018；Moller et al.，2020）。

1.2.2 不确定条件下创业企业的决策类型

一般而言，创业企业可凭借其对当前市场和技术不确定性的感知，通过原始创新来赢得先发优势，抑或通过模仿创新来赢得后发优势，但先发优势往往与后发优势存在互斥性。原始创新与模仿创新的决策依据主要来源于不确定性的方向、程度与速度。资源不确定性较低时获得的商业知识有利于创业企业进行创新型创业，通过产品丰富化实现与客户需求的匹配，并降低市场需求不确定性，但不利于行业技术的发展和商业周期的延续。当后动创业企业模仿当前既有的成功或成熟的创业商业模式时，"搭便车"行为随之产生，该观念促使创业资源过度被利用而阻碍了创新动力的发挥。先行创业企业采取原始创新可在市场获得更多利润，"达维多"定律或现象刺激了模仿创新，众多从众行为亦可能随之出现。

(1)原始创新决策

原始创新是科技发展和进步的源泉，也是影响各国科技和经济竞争的关键(成全、董佳、陈雅兰，2021)。原始创新属于颠覆性创新，亦为根本性或纯粹性创新，其可定义为创业企业通过首台、首创、首套等形式将突破创新取得的技术成果转化为新产品或新服务，并以价值增值方式实现其经济效益的活动(杨卓尔、高山行，2014)。依据原始创新决策，创业企业得以发展前沿技术，开启技术机会窗，成功突破先动企业的先发优势而实现与其同台竞争。相比较于其他创新方式，原始创新具有周期长以及风险、收益高等特点(李柏洲、苏屹，2011)。市场需求不确定性越高，信息不对称性越大(铁瑛、刘逸群，2021)，创业企业可获得的竞争优势与对原始创新的认知程度的显著性差异越大。在技术创新资源与能力充足、财务支持力度足够的前提下，创业企业通常会通过原始创新的方式扩大其先发优势，原始创新能够刺激大量的潜在市场需求(胡登峰、黄紫微，2022)。而部分初创和劣势企业因受限于资源匮乏、后发不利地位等因素而不得不谨慎地规避高风险、高不确定性的原始创新。基于信号理论，在不对称信息市场下，投资者通过搜集多源"信号"来评价创业企业的市场价值(夏清华、何丹，2020)。原始创新具有颠覆性、首创性、辐射性等特征(顾超，2022)，可促进消费者感知到更高的创新性，有利于创业企业品牌价值的提升。基于经验视角(胡望斌、焦康乐，2022)，创业企业实施高水平的原始创新，其活动有助于大量品牌效应的吸收和积累，助力先动企业打造进入壁垒，促使其最大程度阻碍潜在创业企业的市场进入，保障其在竞争市场的地位及优势。创业企业通过原始创新可产出新技术和新产品，其一旦进入市场可传递具有显示度的信号示意，有助于该创业企业进一步夯实进入壁垒。基于品牌资产视角，原始创新正向显著影响创业企业的品牌资产(张峰，2011)。原始创新有助于消费者感知质量、产品或服务的独特价值，强化溢价支付意愿，提升品牌资产声誉在客户群体心目中的地位(关辉国、耿闯闯、陈达，2018)。

在技术水平和产品性能均提高的影响下，原始创新对于创业企业竞争优势和市场份额均有积极正向影响关系，但由于高风险和外部效应，原始创新带来的影响也可能是负面的。创业企业如若只追求通过技术研发改进或生产工艺优化来实现创新，其很难满足消费者日益增长的需求，并可能形成对于原始创新的阻碍。因此，创业企业的原始创新决策通常必须熟悉消费者对技术产品的实际需求（Acemoglu，Linn，2004；吕铁、黄娅娜，2021），积极调研和预测技术趋势，方可通过原始创新打开甚至延长技术机会窗以获取超额经济利润和潜在市场份额。此外，原始创新不仅体现在技术颠覆性创新和产品根本性创新，还包括引导市场增强其对原始创新的感知（Gregan-Paxton，2002；黄丽清、张弓亮，2021）。选择利用原始创新开启技术机会窗之后，创业企业可利用锁定效应、溢出效应、乘数效应等来巩固其先发优势。

（2）模仿创新决策

利用创业经验将某一构念或设想转化为创业知识以此提高创业企业竞争力的模仿创新在一定程度上有利于行业的发展（Ozmel et al.，2017）。不确定条件下创业企业的模仿创新决策建立在前期学习成功企业或竞争对手的经营理念基础之上，随着创业知识的积累，开始逐步构建独特的决策机制，模仿创新活动随之出现。模仿是一种以低成本为导向的竞争方式，能够帮助创业企业从中获取竞争优势。创业企业在高科技产品开发过程中，其模仿创新决策因资源、能力、目标或领域不同而存在差异（Chen et al.，2009）。模仿创新的分类具有模糊性，学术界按照创新程度将其分为完全模仿和创新模仿。完全模仿属于对当前已有方案的纯复制行为，往往发生在专有技术匮乏、核心技术缺失、品牌声誉较小的情况下。创新模仿属于对原有方案的优化行为，往往发生在自身产品的功能修改或新增方面。从知识管理的视角而言，模仿竞争对手属于从外部获取知识的过程，有助于新产品、新服务、新工艺的发展。模仿是创新的起点策略，在创业企业模仿过程中往往会创造更多衍生产品。不确定性较低的环境有助于创业企业为了保持竞争性平等而选择模仿直接竞争对手，较高不确定性的环境有助于企业选择模仿行业最成功的竞争对手（Casadesus，Zhu，2013）。

创业企业对于技术进步的促进作用往往是创新与模仿共同作用的结果，模仿创新的本质是挖掘已有市场的创业机会，进行模仿或创新，开发就业机会，或提升创业企业技术创新能力，或提高企业生产效率，或实现创业收益与经济的发展等（Hannafey，2003；Dalgic，2015）。在机会挖掘中，模仿创新行为并不只是盲目的复制活动，而是基于不同程度的模仿创新行为(Ou，Davison，2009)。基于市场导向，模仿创新者基于特定情景有技术导向或和需求导向的模仿行为的选择(Lieberman，Asaba，2006)；基于模仿思维的程度，模仿创新者可分为保守思维、适度思维、灵活思维的创业特征(Shi et al.，2010)；从模仿方式的视角出发，模仿创新者可选择纯模仿或重复模仿、创意模仿或创新模仿(Nguyen，Pham，2017；Luo，Wang，2011)。从外部环境的角度出发，其可分为不确定性高或低的模仿行为(Giachetti，Calzi，2015)。模仿创新方式决定了模仿创新行为的价值，且价值往往嵌入在价值链中。学者分别从产品开发流程、供应链拓展方向、协同知识创新等角度提出了模仿创新行为的价值链走向(Lieberman，Asaba，2006；Ethiraj，Zhu，2008；Cunningham et al.，2010；Garcia-Villaverde et al.，2013)。

1.2.3　不确定条件下创业企业的决策逻辑

创业企业决策过程中面临的不确定条件尚未被完全厘清。马家喜等(2010)、程跃等(2011)将不确定环境主要概括为技术不确定性与市场不确定性，因为在一定时间内企业面临的是相对稳定的政治经济、文化环境，技术与市场需求的不确定在这种条件下对企业的影响更为直接(Anderson，Tushman et al.，2001；Huo et al.，2018)。亦有学者关注到，制度环境特征是影响创业活动的关键因素(Klotz et al.，2014；Ju，Zhou，2020；Li，2021)，由于创业过程的复杂性，所处制度情景也在动态变化中(Bylund，McCaffrey，2017)，这种政策不确定性可能会推动创业退出的路径演化(任兵等，2022)。大量研究表明，资源约束是新创企业普遍存在的难题(祝振铎、李新春，2016)，资源不确定性引发创业企业在决策过程中的资源配置、资源拼凑等问题。综合前文的聚类分析结果，本研究将不确定条件分类归纳为技术不确定性、市场不确定性、制度不确定性与资源不确定性，这四种不确定条件在创业决策中并列依存，其相互联系与共同作用也使得创业企业决策面临的环境更为复杂多变。

(1)技术不确定条件下的创业企业决策逻辑

创业企业成长的潜力依赖于核心技术的突破，但高额的转移转化成本亦导致技术被锁定，阻碍了新技术的开发，而落后技术的低效或无效又限制了创业企业的成长。较高创新程度的技术开发更容易得到创业企业的青睐，但高创新程度面临诸多不确定性。当创业企业不确定感承受力较强时，其将主动寻求技术突破以缓解竞争压力(施丽芳、廖飞、丁德明，

2014）。创业企业开启技术机会窗主要有两种途径，其一是渐进性技术追赶（Bergek et al.，2013），其二是突破性技术超越（Buckley，Hashai，2014）。渐进性技术追赶易加剧市场竞争程度，但有利于提高行业平均利润，推动创业企业从技术机会窗中重构竞争优势。突破性技术超越出现在新技术引入阶段，消费群体尚未普遍认可新技术，市场对新技术涉及的相关知识和经验均较低。此时如若创业企业能够快速识别会获得技术突破，将超越原有优势企业而获得市场地位。但"在位惯性"易导致创业企业过于依赖当前核心技术，忽略新技术的破坏性潜力，致使可能落后于当前新兴需求的市场或技术发展。技术不确定性为技术机会窗带来了可能，亦给创业企业带来了低成本模仿的环境，有助于创业企业获得"搭便车"效应和低市场风险等优势。

判断技术创新是否具有颠覆性的特点是识别创业机会的关键条件，其在创业初期多表现不稳定性和高脆弱性。原始创新一旦成熟就可能降低其不确定性而形成无法预料的演进轨迹。如若颠覆性技术能够在某些特定行业交叉融合，很可能改变当前行业的市场竞争格局，并逐渐淘汰技术过时甚至落后的市场竞争者。不确定条件下创业企业总是意图打破原有市场并引入新产品，特别是技术不确定性和方法不稳定性均会促使创业企业持谨慎观望态度。比如，机会型创业偏向于技术不确定性大而技术含量相对较高的技术开发，而生存型创业更偏向于技术不确定性小而技术含量相对偏低的产品设计（Halal，2015）。从知识管理的角度而言，模仿创新是获取外部知识的过程，能够促进新产品、新服务的开发，甚至可能会在模仿的基础上创造出更多原创性产品。

基于技术机会窗所处的生命周期不同阶段，可以从前期、中期、后期来分析技术不确定条件下创业企业的决策逻辑，如表 1-2 所示。

表 1-2　　　　　技术机会窗不同时期创业企业决策特点

技术机会窗时期	决策类型	创业决策特点
前期	原始创新	技术差距增大，市场环境不确定性高
中期	模仿创新	缩小技术差距，追求低成本、低风险策略
后期	创新模仿	过度模仿会加剧市场同质化竞争，技术差距增大

在创业企业技术创新决策中，其可依据自身情况采取先入为主和后发制人两种策略。当创业企业选择先入为主策略时，采取具有颠覆性的原始

技术创新，亦即突破性创新来进入市场，成为新技术、新产品或新服务的开拓者，技术机会窗得以打开。在技术机会窗前期，突破性创新需要把握创新机遇且整合大量资源（Jiang，Liu，2022），考虑到初创企业本身缺少生存所必需的资源和能力的特点（彭学兵等，2019），先入为主的策略或许对初创企业以及处在劣势的创业企业并不友好。对于成功进行这一技术创新的创业企业，可采用专利或技术许可证等方式来强化进入壁垒。当创业企业选择后发制人策略时，在技术机会窗中期，以技术模仿的方式寻求市场，这种渐进式的创新本身极大地降低了技术的不确定性（付玉秀、张洪石，2004），能在现有产品服务的基础上进行迭代升级，以更好地满足顾客需求（Greve，2007），同时帮助创业企业通过降本增效的方式获得短期绩效（焦豪、杨季枫，2019）。若到了技术机会窗后期，过度模仿可能引发更多的从众行为，加剧市场竞争同质化竞争趋势，技术升级速度随之变缓。此时同种技术的泛化会导致创业企业陷入技术创新的路径依赖（Zhao et al.，2021），使得在大量投入下的技术创新效率不升反降。

从减少技术自身不确定的角度出发，技术创新策略也可分为三种：一种是并行发展策略，即不把资源局限于有限的开发渠道，而采用多种途径进行同一技术的研究，以大量的迭代测试降低技术变革风险（Rerup，2011），该方法虽然可以增加技术研发的成功率，但是也有一定的时间和资源消耗。二是开展小范围试错（Sarasvathy，2001；Smith，2007），通过新技术产品的商业化试点避免由于批量生产和销售而导致的亏损，但是这种方法也同样不能从源头上避免技术创新失败的风险。三是合作开发，也是目前国内外企业最常用的一种方法，为了减少在创新上的投入，与掌握技术的人进行合作，以分摊风险、增加成功率。大量研究显示，在高突破性技术创新投入的情况下，公司与合作伙伴的关系数量与创新绩效呈正向关系，而与其直接关联方的密切联系与其经营业绩负相关；当公司追求更多的渐进性技术创新，其结果正好相反（Rowley et al.，2000），这说明具有高不确定性的突破性技术创新行为要求较弱的关系架构，而低不确定性的渐进性技术创新行为对强关系的要求较高。

技术不确定条件下的创业企业决策机制主要体现在以下几个方面：基于权变理论，企业战略必须随外部环境的改变而进行相应的调整，从而使其更好地发挥作用（谢永平、王晶，2017）。因此创业企业的决策受到技术不确定性所带来的影响。在高动荡环境下，资源、技术和能力无法适应创业企业的创新需求，从而对创新效果产生制约作用。另一方面，部分学者指出，由于技术本身具有较高的不确定性，所以很难对其进行激励。因此，在技术不确定性较大的情况下，创业企业也许能够在市场上取得较大的竞争优势，这在很大程度上是由于成熟企业的沉没成本要高于初创公司（侯广辉，2008）。

（2）市场不确定条件下的创业企业决策逻辑

针对创业机会识别、开发和利用的创业活动嵌入高度不确定的市场条件中。因为市场信息具有不完全性和不对称性，创业企业在识别充满不确定性的新市场机会时，其决策机制与创业企业的市场定位细分、创新与战略等密切相关。

市场用户对产品接受意愿、支付意愿相关的信息获取越少，市场不确定性越强，创业决策风险越大（施丽芳、廖飞，2017）。反之，如若创业企业能够及时获取消费者的购买偏好及行为特征等信息，可以有效降低市场的不确定性，帮助创业企业提升不确定性的承受力，做出科学合理的创业决策（施丽芳、廖飞、丁德明，2014）。消费者对产品或服务的忠诚度具有一定的依赖性，但在市场不确定条件下变化较快的顾客忠诚度导致行业内产品或服务更新快，增加了创业企业预测消费者现实与潜在需求的难度，创业决策引发的市场反应亦随之变动（王玲玲、赵文红、魏泽龙，2018）。创业企业在市场不确定性环境下必须快速利用获得性学习而非经验性学习帮助企业自身获取高异质性信息，有效对不确定性市场做出决策反应（王玲玲、赵文红、魏泽龙，2018）。当市场需求不确定性增强时，创业企业难以准确识别消费者实际需求，进而抑制了创业企业的决策行为。

创业初期面临产品的迭代更新需求，创业企业倾向选择进入低端市场，等待市场需求相对确定和稳定时，逐步实现向主流市场蔓延与覆盖（张延平、冉佳森，2019）。原始创新相比较其他创新方式而言具有高投资、高风险、长周期的特点，随着市场不确定性和信息不对称性的增加，短期内的原始创新与竞争优势不一定存在对等关系。创业企业在初期通常面临高进入壁垒、高退出条件、高资源依赖等困境，模仿创新策略被众多后动创业企业在市场准入时广泛认可，并以此克服市场进入后的后发劣势（Najdajanoszka，2012）。部分学者研究显示市场的不确定性使得创业企业迫于外部压力，通过创新提高自身的能力以适应市场环境（唐国华，2017；李大元，2009）。另一方面部分学者提出不同的观点。市场的不确定使委托代理问题更加突出，在面对高风险的市场环境时，创业企业顾虑自身的利益会选择避险，从而减少其在风险市场中出现大幅绩效下降的情况。因此创业企业在市场不确定条件下更倾向于规避风险（李寿喜、沈婷芝，2021；姚芊、姚莹莹，2020）。

对创业企业而言，战略管理最基本的目标是通过多方面综合发展，促进创业企业长期发展（Fainshmidt，2015）。当前竞争激烈的情况下，如果要实现自身发展，必须不断调整战略，以适应变化（Wang et al.，2015；张妍、魏江，2014）。不同的市场环境为创业企业的战略执行提出了差异化的要求，创业企业的战略制定和执行效果也取决于市场环境。市场环境复杂性引发的信息不对称性使得创业企业在战略选择和决策上存在较高的风险，并且更偏好选择周期更短、风险相对更低的渐进式创新，从而限制了创业企业的突破式发展（李菲菲、耿修林，2021；李妹、高山行，2014）。由于外部环境中的战略机会总是稀有的，了解创业企业在此环境下的判断过程并探讨提高此过程有效性的方法，才能更好地捕捉复杂快变环境中的机会，提高创业企业的适应性（Gavetti et al.，2012）。

（3）资源不确定条件下的创业企业决策逻辑

资源匮乏或相对不足对于创业企业特别是初创企业而言是常态，创业企业经常需要在资源不确定条件下做出决策。相对而言，不同的情境嵌入及目标导向下创业企业需要基于不同的人才、资金、技术、信息、市场等资源组合做出决策。然而资源获取的途径、方式、载体、空间等具有不确定性，其受到认知水平、知识能力、社会网络等约束和限制。特别是资源所有者提供或共享资源的意愿不强甚至撤出，将对创业决策造成不利后果（施丽芳、廖飞，2017）。

当创业企业缺乏特定的信息和知识等资源时，其难以把握外部环境变化，使得资源供求均具有不确定性，从而导致创业活动具有随机性（张延平、冉佳森，2019）。较高的资源不确定性增加了创业企业决策难度，或者导致决策缺乏科学性、合理性，甚至可能产生反生产行为而妨碍、延迟创业企业成长（施丽芳、廖飞、丁德明，2014）。新市场进入或技术创新产品均具有较高的风险和不确定性，在具备大量时间和资源的情境下，即使可能面临较大的机会成本或损失，创业企业亦有可能获得成功（秦剑，2010）。创业企业通过拼凑利用手头的资源创造具有差异化价值的组合，有利于动态适应各类资源不确定的条件（易朝辉、谢雨柔、张承龙，2019）。

创业企业能够依据创业机会配置和利用各类资源，但受到先天条件的影响，由此形成不同的市场进入决策，包括延迟进入决策、低模仿创业、高模仿创业。具体的创业决策取决于对于减少潜在利润的边际成本和减少死亡风险的边际效益的大小权衡。某一商业模式被众多创业企业认可且从中获益时，有助于创业经验有效性、创业活动合法性的提升，进而努力实现创业资源与创业机会的匹配。这一情形可能触发大量从众创业行为，亦称为基于频率的模仿创业行为。早期阶段的创业机会识别、开发、利用较容易，创业企业成功率亦较高；创业企业如若不实施模仿创新，后期阶段创业机会随着信息差异化获取可能变成"陷阱"。为了规避其不利影响，模仿创业企业在识别创业机会之后会采纳基于特征的模仿创业行为，包括地缘关系、行业规模、市场竞争地位等特点。例如从与处于同一生态位的创业企业中学习创业经验，培养并挖掘机会识别的能力。除此之外，创业企业可能采取投机取巧的决策，追求以结果为导向的能够为创业企业产生预期经济回报的创业行为（尹苗苗等，2016）。创业企业为了降低创业机会识别、开发和利用的失败风险并力求现有资源能够与之匹配，偏好模仿高成长型创业企业。进一步而言，创业企业如若不能高效开发和利用创业机会，很容易导致其拥有的创业资源漏配或者错配。因此可以认为资源不确定条件下创业企业的过度模仿或盲目模仿可能加速创业决策的低效或失败（朱晓红、陈寒松、张玉利，2014）。

在资源不确定的情况下，创业企业的战略决策主要是通过创业拼凑、资源整合来实现。由于创业企业普遍缺乏经验和技能，同时创业企业的社会关系网络匮乏，对行业和市场的认知和理解不足，缺乏知名度和声望，因此创业企业在初期很难获取关键资源，只能将精力集中在现有资源上。基于资源基础理论，创业企业通过资源拼凑和整合，可以在资源不确定条件下促进企业的发展与成长（刘振等，2019）。在创业实践中，创业企业往往缺乏资金、技术和专业人才（Baker，Nelson，2005），很难从外部获取融资和吸收外部资源（Desa，Basu，2013），以及管理费用、法律问题等均限制了创业企业的发展。在此情境下，资源拼凑整合所要解决的核心问题就是如何突破"内忧外患"中的资源约束，开发机会，提升资源配置能力，克服自身小而弱的劣势，从而获得竞争优势。

（4）政策不确定条件下的创业企业决策逻

创业企业固有的内部资源和先天能力无法维持企业的快速、稳定、高效成长，仍需要政府部门采取事前与事后、奖励与补贴、普惠与特惠等多种组合的政策条件予以支持。一般而言，政策扶持可帮助初创企业降低创业成本，推进技术创新（宋卿清、穆荣平，2022；王轶、陆晨云，2022；

许成磊等，2022），但政策不确定性同样会阻碍创业企业成长（李志广、李姚矿，2022；李炳财等，2021）。创业政策的不确定性与不同阶段的政策是否具有一致性、不同部门的政策是否具有协同性、特定政策的功能与效应是否具有扩散性等有关。创业政策实施工具主要包括人才类、项目类、财税类、金融类等政策，相关政策工具发挥作用的方向、速度与程度不同将导致创业决策的效果具有复杂性。在中国情境下，创业政策多鼓励和重视新创企业的成立，而忽视了对创业企业全周期的支持（夏清华、易朝辉，2009）。特别是政策缺乏针对性、阶段性、连贯性时，创业政策高不确定性致使创业决策不稳定、不持续、不理性，比如金融政策的联动效果普遍存在重税费、低金融的现象。

政策因素对于构筑创业生态系统具有积极的作用，并形成对于创业企业决策的导向和干预机制。具体而言，政府部门通过政策、法规、条例等营造和谐的制度环境为诸多创业企业进入市场创造条件，致力于为创业企业打开制度机会窗。创业政策的边界较广、模糊性高，其需要不断修正和完善才能有效发挥作用。创业企业并不完全等待制度环境是否适宜才决定是否进入市场，还会以进入试错的方式进行创新探索以倒逼政策改革，从而降低政策不确定性。

政策不确定性对创业企业决策的影响可以拆解为两个方面：一方面干预创业企业的研发计划从而影响其技术水平（Paolo，Rodney，2018）；另一方面对创业企业进行财务上的补贴扶持，降低运营成本（Richardson，Lizzie，2015）。如果选择先动决策，创业企业在政策不确定性较高时，便率先进入市场进行开拓。政策不确定性使得创业企业对于行业涉入的程度与深度往往处于两难抉择的境界，特别是创业企业对于新兴行业或未来行业相关项目的选择尤其需要政策的引导。政策若不连续，创业企业难以专注特定的行业领域与方向；政策若不协同，创业企业难以获得来自不同政府部门、不同领域专项的合力支持；政策若不放大，创业企业的特定群体难以获得创业政策的溢出效应与乘数效应。

稳定的创业政策可以降低创业企业进入门槛，为创业企业提供宽松、合理、稳定的创业环境，有助于创业企业适应环境不确定性带来的影响（施丽芳、廖飞，2017）。本质上，创业政策有助于引导和培育特定市场，在一定程度上降低市场不确定性，形成对于创业资源缺口与能力差距的补偿机制。创业政策的制定与执行之间、创业企业对于政策的感知与对接之间均存在一定的距离。实际上，创业政策执行的方向、速度与程度如若存在偏差，创业决策必然产生蝴蝶效应。创业企业的决策依据取决于政策设计的参与程度、政策落实的执行力度以及政策反馈的有效程度等均有关。创业政策制定中产学研中金用等不同类型主体的群策群力、集思广益以及与国家及省市战略层面的有效衔接，均有助于降低政策不确定性。

政策不确定性对于创业决策的重要影响在于何时、如何开启或关闭制度机会窗，其对于创业型企业的培育、创业型社会的发展、创业型经济的刺激等均具有重要影响。从制度创业的角度而言，合法性是创业政策制定以及修正的重要依据。因此，政策不确定性对创业投资的作用机制主要表现在对创业投资行为的抑制（Gulen，Ion，2016；谭小芬、张文婧，2017）。根据实物期权理论和融资约束理论，学术界认为由于投资项目存在不可逆性或沉没成本，随着不确定性的增大，实物期权的价值会随着不确定性的增大而增大，从而导致等待回报的收益更大，这就意味着当不确定性上升时，创业企业对未来投资收益增加的预期会使创业投资公司减少目前的投资（王染等，2020）。在政策不确定的情况下，创业企业会减少高风险、长周期的创新行为（张峰，2019）。同时，由于政策的不确定性，创业企业难以预测目前的市场状况，增强对外部风险的监测，而在等待更多的政策相向披露过程中，将推迟对研发投资的决定，从而降低企业的创新行为。另一方面，从外部投资者的角度考虑，随着不确定性的增大，创业投资可能会出现亏损和违约的可能性，投资者会要求更高的风险赔偿，从而提高公司的融资成本，进而抑制创业投资（郝威亚、魏玮、温军，2016）。因此，探究利用优惠政策的信号传导效应，来缓解创业企业所面对的资金制约问题，从而促进创业企业的研发创新决策、提高其生产效率和组织绩效是非常有必要的。

1.3 文献回顾总结

对于创业企业决策面临的诸多不确定条件的研究，学术界依然停留在对其中个别条件的重点关注上，部分研究仅强调微观层面的技术、市场或是资源不确定性，忽略了当前宏观环境的动态变化（Huo et al.，2018；魏泽龙等，2021；Moin et al.，2022）。另有一些文献提出了宏观层面政策不确定性的影响（Bylund，McCaffrey，2017；任兵等，2022），但侧重于对策探析，并未说明这种不确定性内在的形成原因以及对创业决策造成影响的机理，亦缺乏在宏微观双重不确定条件下的研究。

本研究第二章试图针对创业企业决策中面临的资源不确定性这一热点

问题展开讨论，验证资源拼凑不仅能够缓解资源约束问题，同时也能规避市场风险，增强创业企业在市场不确定条件下的应对能力。第三章主要基于市场不确定性来判定创业企业面临的综合风险。第四章从创业企业内部不确定性着手，探究组织内部信任与经验差异化等对于创业企业在应对技术、资源等不确定条件所做出决策的影响。第五章和第七章重点分析政策不确定性与资源不确定条件下创业企业的决策机制。第六章、第八章、第九章不局限于特定的不确定条件，主要探索了综合效应下的创业决策机制。

　　针对各种不确定条件如何缓解，本研究在每章末研究结果及管理启示部分展开说明。例如第二章探究了资源约束环境下，创业企业开展资源拼凑活动对创业企业绩效的影响。以动态能力为中介变量，以资源结构约束与资源存量约束为调节变量，探讨其作用机制，从而为最大限度降低资源不确定性，提出可行性对策建议。第三章基于人格特质理论、企业家精神视角、自我效能理论，以风险倾向及其各类型为自变量，以创业企业绩效为因变量，分析市场不确定性、民族文化、产业类型作为潜在因素的调节作用，揭示风险倾向及其各种类型与创业企业绩效的关系。其有助于为最大限度降低风险倾向不确定性提出可行性对策建议。第五章试图探究政策导向下创业企业融资约束对研发创新决策的影响，比如在研发费用加计扣除强度作用下的融资约束对研发创新投入的影响机制研究中，以研发费用加计扣除强度为调节变量，探讨融资约束对研发创新投入的影响以及研发费用加计扣除强度对上述关系的调节作用。其有助于为最大限度降低政策不确定性提出可行性对策建议。第九章针对创业企业采用探索性创新、开发性创新与双元创新的效果及影响机制进行系统梳理与实证检验，并在模型中引入环境动荡性，考量环境动荡性对创业企业创新策略选择的具体影响。其有助于为最大限度降低动态环境不确定性提出可行性对策建议。

第 2 章　资源约束条件下创业
企业的资源拼凑决策

创业企业特别是初创企业因其规模较小、产品不成熟、客户不稳定、渠道不完善，通常面临多重资源约束。创业企业一般并不具备有价值的、稀缺的、难以复制的竞争优势，故而其资源匮乏状态将在不断加剧的市场竞争中形成对于创业企业成长的阻碍。资源拼凑是创业企业面临资源约束时的有效应对策略，能够帮助创业企业对资源进行汇聚、调用与重构。资源约束按照约束的类别可以划分为资源结构约束和资源存量约束，其中资源结构约束指由于创业资源禀赋受到地区技术条件的限制，资源需求与供给匹配不合理，因而无法发挥资源优势的一种资源结构不平衡问题；资源存量约束是指由于创业企业资源数量有限，难以提供企业生存发展所需资源的数量不充分问题。本章节旨在探究资源约束大环境下，创业企业开展资源拼凑活动对创业企业绩效的影响。创业企业对资源的利用能力、重构能力可能会受到动态能力的影响，故而加以探究动态能力在资源拼凑与创业企业成长之间是否能够发挥中介作用。考量到不同类型的资源约束可能会对资源拼凑助力创业企业成长的效果带来不同程度的影响，将资源结构约束与资源存量约束作为调节变量，探究其作用机制。

2.1　理论框架与基本假设

2.1.1　资源拼凑与创业企业绩效

依据资源拼凑理论，创业企业为了解决生存与发展面临的资源瓶颈问题，其通过拆解、整合和利用现有资源，突破资源束缚与障碍，创造出新的产品或服务，以达到最优状态及谋求最大利益。同时依据资源基础理论，资源拼凑充分利用不同类型创业资源的有效整合来解决创业活动中的资源难题，对创业企业在不确定性环境中的发展和成长具有积极影响（Zhang et al.，2021）。资源拼凑注重对资源的创新性利用，创业者的个体特质决定了创业企业资源拼凑的内在驱动力，创业团队成员之间的差异化创造思维、协调认知与组织环境越扩散，创业企业的使命与责任越理性，创业企业主动实施拼凑行为来应对资源约束的可能性也越大（曹靖琪、佟玉英，2022）。资源拼凑对创业企业绩效的影响体现在以下两个方面。

（1）创业资源整合

创业企业在寻求外部资源的过程中，可能因自身制度体系的不完善、比较优势的不明显等因素而面临较高的时间成本和物质成本。在资源拼凑过程中，创业企业通过构建各类市场载体及通道，连接内部知识资产与外部商业化机会，对已有的资源进行创造性地再利用，整合利用不同领域、层次的知识来实现其独特的资源重组。其有助于扩大资源拼凑的范围并提供资源组合的多种方式，或是寻求最佳的技术创新战略，拼凑出大量的新资源，推动创业资源实现"从无到有"的转变，以即兴的整合方式和较低的综合成本实现发展目标。依据资源基础理论，资源拼凑充分利用不同类型创业资源的有效整合来解决创业活动中的资源难题，对企业在不确定性环境中的发展和成长产生积极影响（Zhang et al.，2021）。已有研究表明，组织机会及竞争力的来源在于异质性资源的拥有和转化，其有助于提升创业企业的动态即兴能力。资源拼凑可以分解资源特有属性、识别资源潜在用途、获取资源重组方案，相比于直接资源更具备异质性、稀有性和路径依赖的特点，能够为后续的发展打下坚实的资源基础（勾丽，丁军，2020）。在资源演化的视角下，通过不同阶段的拼凑行动初步积累基础性资源存量，继而实现核心能力的转化，最终推动创业企业的生存、发展以及持续性竞争优势，其是创业企业成长过程中的必然选择（苏敬勤等，2017）。

（2）创业行为实现

创业企业的资源拼凑活动有利于企业开展创业活动。资源拼凑可以看作是创业企业的一种学习活动，是知识创造和实现的过程，是以最低的成本打破市场限制并创新与组合资源、开发新的产品、拓宽客户群体和寻找新市场的过程。创业企业通过对资源的常规价值与机会价值的关注，利用知识和技术搜寻获得优势互补型资源，进而增强组织间关系领域内调配和利用资源的能力，有助于创业企业学习新知识和新技能，进而开展一系列创新与创业活动，提升创业产出效（周飞等，2020）。当创业企业进行探索性创新时，其将更有动力寻求异质性资源以开发出竞争对手难以复制的产品，形成独特的竞争优势从而提升创业绩效。资源拼凑作为资源约束条件下对资源进行创造性获取利用和创新性整合拼凑以实现价值创造的创业行为，强调为优化配置资源而保持组织动态能力的过程，具备及时性与低成本的双重经济属性。一方面，创业企业在拼凑资源的同时接触与连接到更多的外部机会，与更多的合作者建立起联系网络，实现资源交换，从而能更好地识别机会，实现更高的创业效率与更低的试错成本。创业企业通过资源拼凑建立起的社会网络本就是创业企业获取社会资本的渠道，社会联结关系更有利于创业活动的开展，特别是帮助实现创业成果的转化，从而取得良好的经营成效。另一方面，各类丰富的资源能够确保创业企业对市场需求响应的效率与效益，在变化的市场中快速做出反应，提升创业企业预测并化解风险的能力，从而取得良好的成长绩效和财务绩效（冯文娜等，2020）。

基于以上分析，本研究提出假设1：

H1：资源拼凑对创业企业绩效有显著正向影响。

2.1.2　动态能力的中介作用

资源拼凑作为创业企业面临资源约束时的行动战略，通过在原有资源利用和重组的基础上进行动态调整，触发资源价值的创造性和内生性生长，以解决创业企业生存与发展中遇到的问题并努力实现创新（杨栩，李润茂，2021）。在创业环境不变的情形下，资源拼凑通过搜寻不同属性资源之间的协同效应和匹配机会，对创业企业的机会识别和资源整合行动具有显著的正向影响，积极促进资源布局、共享、利用等方面的优化（刘振等，2019）。因此，资源拼凑水平较高的创业企业对资源配置方式的改善效率更高，从政策、技术和市场环境中识别、获取、传递和转化经验知识所形成的创新优势更强，能够为创业企业提供更丰富、灵活、先进的资源储备以支持创新和变革活动，在创业实践过程中紧密联系和互利共生（Monferrer et al.，2021）。资源拼凑作为主动性和积极性的动态学习过程，需要结合现有情景进行创新性试错和调整，利用战略学习为创业企业需求提供创造性资源的高度情境化知识，进一步促进创业企业的动态能力（Khurana et al.，2022）。创业企业对资源和机会的有效识别与利用亦需要针对企业的实际发展进行动态调整。创业企业通过动态能力紧密联结同类资源并实现相互促进，同时利用不同类型资源的整合与匹配来发挥异质性资源的最大优势，有助于创业企业在成长中获得生存和竞争优势（曹靖琪、佟玉英，2022）。具体而言，创业企业的动态能力一般可分为吸收能力、整合能力和创新能力。

（1）吸收能力

吸收能力是创业企业为了达到商业目标，运用自身的能力实现对外部知识的获取与利用，并从中取得成果的能力。在具备战略眼光的创业企业中，吸收能力能帮助企业将资源拼凑过程中所获取的知识与技能充分吸收并转化成实际成果，其对于创业企业的绩效提升提供了良好条件。吸收能力是创业企业的关键能力之一，其可能有决心获取外部知识而有意进行资源拼凑的行为。但即使大量资源处于商业环境中，创业企业亦会因较低的拼凑能力而无法实现对外部资源的汇聚，从而错失创业机会。吸收能力有助于创业企业通过试错学习来形成新型战略资源组合，提高企业的资源总供给并帮助有效开发机会，建立资源多重应用的拼凑能力基础。其代表着创业企业对资源特质的观察、捕捉、区分及重构等创新优势能力（Jiang et al.，2018）。创业企业越是能有效地吸收通过资源拼凑得到的资源与知识，越是能实现自身的快速发展与提升。创业企业只有在将各类知识和资源完整吸收的情况下，才能实现其有效的创业输出和转化。在一定的程度范围内，创业企业的吸收能力越强，其对于资源的转化能力与效率越高，其绩效水平亦会有一定提升。

（2）整合能力

整合能力是创业企业对所拼凑资源的再整合能力。新创企业在创业过程中，通过资源整合和拼凑实现对资源的创造性利用，突破特有市场环境下资源短缺、限制与固化等困境，有助于提升创业企业绩效。然而过度进行资源拼凑会对创业企业的持续性成长带来负面影响，同时其质量和效率容易受到特定场景内容的限制和约束（王海花等，2019）。创业活动实际上是一个探索和开发的过程，创业企业需要识别机会和利用机会，实现资源的整合和输出。创业企业的整合能力强调动态、灵活地整合和协调资源以应对动态、变化的环境，通过提高组织的适应性和稳定性来有效缓解资源拼凑的随机性、即兴性和局限性，克服过度拼凑带来的消极影响，提高资源的利用效率以突破资源困境，保障资源拼凑的顺利开展，进而持续提升创业企业绩效。对于创业企业而言，其重点是如何拼凑资源并有效整合，尤其是稀缺的、不可复制、不可替代的资源，以达到资源最优，以此帮助创业企业克服资源约束条件，将资源转化为绩效的输出。

（3）创新能力

创新能力是创业企业必须具备的核心能力，是其吸收整合外部知识，并将其转化为商业成果的能力。创新能力是创业企业在市场竞争中生存和发展的关键能力，是企业开展创业活动的助力器。创业企业需要在进行资源拼凑、吸收知识和整合资源的基础上进行技术、产品和服务等多方面的创新，确保创业企业能开发出新的产品和服务，获取核心竞争优势。创业企业为克服生存与发展的资源瓶颈，通过资源拼凑实现对资源的创造性利用，突破特有市场环境下资源短缺、限制与固化等困境，有助于提升创业企业绩效。此外，资源拼凑作为主动性和积极性的动态学习过程，需要结合现有情景进行创新性试错和调整，创业者对创业资源和创业机会的有效识别与利用也需要针对企业的实际发展进行动态调整，通过紧密联结同类资源实现相互促进，利用战略学习为创业企业的资源需求提供创造性的高度情境化知识，进一步提升创业企业的动态调节能力（Khurana et al.，2022）。

基于以上分析，本研究提出假设2：

H2：动态能力对于资源拼凑正向影响创业企业绩效具有显著的中介作用。

2.1.3　资源结构约束的调节效应

中国地域广阔，不同区域、省份具备着不同的经济背景和制度环境，创业企业在经济发展中面临的资源约束现象不同，所遭遇的资源约束程度也不一致，其对区域经济发展瓶颈的作用程度也不一致（Nesterova，2022）。东部沿海地区作为中国经济核心区域，不仅占据着优越的地理位置，而且具备优良的经济基础和扶持政策，相比于中西部地区，其更具有经济和社会资源方面的优势。同时，东部沿海地区的自主创新意识和自主创新能力更为领先，长三角、珠三角作为中国最具活力的城市群和都市圈，更是发挥着独特的引领作用和辐射功能（Schafft et al.，2019）。资源拼凑作为紧密联结机会发现与资源开发的桥梁，反映出将机会发现、机会开创、机会把握及资源选择、资源利用、资源组合高度融合的策略方法（方勇等，2019）。随着区域性市场和经济政策的差异程度不断增大，中国经济形势逐步演变形成了西部地区、东北地区、中部地区和东部地区四大板块。资源结构约束导致不同板块、不同区域之间的资源流动性不足，各板块、各区域之间的经济协作和发展融合不够，进而区域协调统筹发展难以实现，资源优化配置效率严重降低（York，Venkataraman，2010）。由此，本研究提出如下假设：

H3a：资源结构约束对资源拼凑与创业企业绩效之间的正向关系具有负向的调节作用。

资源拼凑解释了在资源受到约束的情境下，创业企业如何将看似无关联的手头资源组合成为有价值的资源形式，并进一步驱动创业企业对创业机会形成完善的认知。然而，资源结构约束可能会限制资源拼凑行为对动态能力的诱发机制，使资源拼凑行为难以对接动态能力并不断适应环境变化（孙永波等，2021）。受制于资源约束的情景，西部地区实现持续开发、东北地区实现工业振兴、中部地区实现新兴发展等目标，均离不开经济更为发达的东部地区的资源支持。同时，中部地区、东部地区和西部地区的资源补给对推动东北地区的飞跃发展也起着不可或缺的作用。特别是，东北地区存在严重的资源储量不足、资源配置效率低下、产业结构不合理等问题，使得东北地区的经济社会建设受资源存量约束的影响和制约日益增加，企业创新活力缺乏，经营生产效率低下，市场竞争力不足，经济效益逐渐下降（刘凤珍，2013）。根据组织学习理论，创业活动的实现依赖于创业机会的发现和创业机会的创造。一般来说，学习能力更强的创业企业更容易识别不断变化的市场需求和发展趋势，并为顺利与阶段性目标相适应付出相应的实践（杨丽娜，2014）。越来越多的学者达成一致意见，在遭遇资源约束等严峻考验的劣势情境下，资源拼凑行为被认为是防范和应对资源紧缺的指导方案，将大幅度推动创业企业面对多重挑战的风险而进行合理有效的资源整合行为（赖泽栋，2019）。可以得出，资源结构约束问题阻碍了资源拼凑行为对创业企业动态能力的影响，不利于创业企业的跨越式发展。由此，本研究提出如下假设：

H3b：资源结构约束对资源拼凑与动态能力之间的正向关系具有负向的调节作用。

考虑到创业活动具有高度复杂性以及创业企业的内外部环境具有独特性，各类资源的动态整合无法单纯依赖创业者和创业企业的先前经验，而是需要融入面临的创业情境，持续开展创业实践以实现知识储备与信息反馈（赵玲等，2020）。据此，动态能力所蕴含的实践学习有助于获得高度情境化的知识，能够高效处理和解决企业发展过程中所面临的资源短缺问题和创新困境，以更好地满足资源利用和整合的创业需求，最终提升企业资源拼凑行为的总体效率（Vaghely，Venkataraman，2010）。由于不同类型的创业企业面临的资源环境制约程度存在较大差异，且不同创业情境下资源拼凑行为的方向、路径、结果也存在相对差异，因此，需要从动态视角出发，思考和评判创业资源拼凑行为的演变流程以探索其独特内涵。然而资源同质性、资源流动性和环境平衡性、环境价值性等前提情景本身具有差距，其使得各地区实际情况呈现出较强的异质性与多样性（鲁喜凤等，2019）。总的来说，创业企业的资源结构约束对动态能力与创业企业绩效之间的关系起到消极的作用。由此，本研究提出如下假设：

H3c：资源结构约束对动态能力与创业企业绩效之间的正向关系具有负向调节作用。

2.1.4　资源存量约束的调节效应

随着创业企业的不断发展，其对于资源的需求程度会不断发生改变。创业企业在发展过程中往往出现内部资源短缺或资源配置、利用不合理等问题，从而导致创业失败。一方面，创业过程中，企业面临资源约束和环境阻碍等困境时，其资源拼凑行为增加了创业企业获取生存所需资源的可能性，其有助于企业突破资源匮乏的限制，还可以作为中小企业克服资源短缺进行创新的有效措施（Yu，Wang，2021）。当创业企业的资源环境状况等相关因素发生变化时，资源拼凑行为作用于组织绩效的行为路径也会产生变化。特别是，创业企业的资源存量会对资源拼凑和创业绩效产生巨大影响。因此，创业企业不能消极懈怠或疲于应付内部资源存量约束问题，而应着眼于资源拼凑构建形成社会价值的重要作用，以此为基础解决创业企业资源约束难题（尚甜甜等，2021）。另一方面，创业企业的资源存量约束除难以满足生存所需资源外，还使得资源拼凑行为更难以应对复杂多变的企业资源供需状况。创业企业应参考资源存量的实际情况，以动态调整资源拼凑行动规划的侧重点，合理分配有限的资源，做到最大限度地推动企业创新发展，进而增强创业企业的盈利能力和运作效率（Drummond et al.，2022）。由此，本研究提出如下假设：

H4a：资源存量约束对资源拼凑与创业企业绩效之间的关系具有负向调节作用。

随着创业企业的成长和发展以及各类经营活动的不断推进，其资源需求大幅上升，这促使创业企业为获取更强的资源帮助和支持，不断增加其资源拼凑行为。资源拼凑行为长期作为创业企业实现价值创造的重要策略，如今却在部分情景下面临弱化创业企业动态能力的质疑（Wu，

2007）。资源拼凑是创业企业打破要素资源约束局限、帮助企业实现有效资源创造和转化的重要方式。创业企业初创阶段面临资源限制的情景，其创新拼凑行动通常并非基于理性的规划，而是即兴式地重新建立一套新的组合路径（王海花等，2019）。因此，处于资源存量约束情景下的初始资源普遍不足的中小企业需利用重复多次的资源拼凑机会来实现最有效率的运营，通过不断理清和优化资源间的联结关系及资源组合的结构与秩序，以改善创业效果（孙红霞，马鸿佳，2016）。然而，大部分创业企业由于自身能力的局限，无法在资源存量约束的情况下，拓宽可调动资源的渠道，亦无法在组织内部实现有效协调的资源拼凑条件下发现或构建新机会（Molecke，Pinkse，2017）。资源存量约束对处在初创阶段的创业企业利用资源拼凑行为改善创业绩效产生了不利影响。由此，本研究提出如下假设：

H4b：资源存量约束对资源拼凑与动态能力之间的关系具有负向调节作用。

随着中国新兴企业创业活动指数的快速上升，创业企业机会认知的概念得到普遍关注和研究。大多数企业在初创时期难免会经历资源不足的阶段性挑战，此时的创业者不仅需要反复确认手头资源，亦需要正确地发现和识别已有资源的潜在价值及经济属性（Buccieri et al.，2022）。因此，创业企业需要充分发挥个人的认知能力，通过充分的学习和理解来构建对创业资源的独有认知基础框架，并契合于可衍生性、决策有用性的资源环境，将资源充分配合所处环境，从而加速创业企业绩效的发展进程（Ardichvili et al.，2003）。然而，由于资源存量约束导致创业企业出现不确定性风险，使得基于其现有资源的组合力量，往往难以建立企业的创新性架构，从而不利于创业企业的机会认知对接创业绩效的关键组织学习方式（李雪灵等，2022）。创业企业的资源约束存量除了会限制创业机会认知作用于动态能力和创业企业绩效的影响，还会直接制约创业企业适应环境的能力发展。当创业企业的资源存量受限时，其缺乏挖掘外部信息的能力和基础，因而难以快速应对环境变化，从而对创业企业的绩效产生不利影响。由此，本研究提出如下假设：

H4c：资源存量约束对动态能力与创业企业绩效之间的关系具有负向调节作用。

基于以上分析，资源约束条件下的创业企业资源拼凑决策框架如图2-1所示。

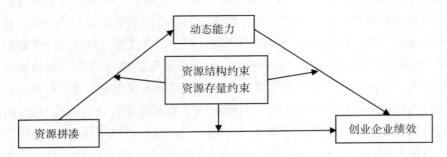

图 2-1　资源约束条件下的创业拼凑行为研究框架

2.2　方法选择与变量设计

2.2.1　方法选择

不同学者对于某一特定主题的研究结论有所差异，元分析能对已有的研究结果进行总结，为研究数据赋予权重，将其转化为统一的指标，从而克服因变量和样本差异而导致的结果差异性。元分析是一种数据再分析方法，多用于已存在一系列实证研究结果的领域，以得出更为普适性的结果，能够揭示同类发表偏倚、提高定量分析功效、全面概括结果规律，但也需要考虑其在技术手段上必须具备的专业性以及不可避免的信息损失。本研究选择元分析方法的原因在于：（1）资源约束与创业企业绩效之间的关系、中介变量以及调节变量在其中的作用尚未得到一致的结论，已有结论存在关系强弱差异，甚至方向差异；（2）已有相关研究中的样本存在差异，创业企业的类型、生命周期等不同因素对研究结论存在影响；（3）学者们对于同一变量的测量方式存在差异，影响研究结论。为克服以上样本以及变量差异因素，本研究综合利用元分析软件 Comprehensive Meta Analysis 2.0（CMA）和结构模型方法进行数据统计分析，通过科学严谨的测算手段，有效构建和解释资源拼凑、动态能力和创业企业绩效三者之间的理论框架。同时，分析处理已有文献中独立样本的统计数据，使研究结果更具备实践性和代表性。具体包括文献检索与筛选、文献编码、统计分析检验等研究步骤，保证研究的精准性，以此对不同资源约束情境下的资源拼凑策略与创业企业绩效之间的关系进行定量的综合分析与验证，从而对比假设、得出研究结论。

2.2.2　变量设计

（1）资源拼凑。资源拼凑指创业企业立足于组织内外部现有的资源，通过分解、重构和整合等一系列手段来解决企业发展中所遇到的问题并创造新价值的过程，是企业突破资源约束、实现创新利用的积极有效途径（曹靖琪、佟玉英，2022）。资源拼凑体现出企业不断发现和识别资源的过程，类似于创建一个新的资源组合。首先是利用已有资源，组织需要对现有资源有效利用和组合；其次是创业企业面临优质资源不足困境时，拼凑为解决问题的有效手段。

（2）创业企业绩效。创业企业绩效是长期以来学者们较为关注的一个研究话题，资源拼凑、动态能力和创业企业绩效之间的关系具有一定情景依赖。创业企业绩效为企业经营所设定需达到某项目标的程度，通常包括营业收入、市场份额、利润指数等，能够体现创业企业的组织绩效和竞争优势，帮助创业企业明确自身定位及发展程度（杨丽娜，2014）。

（3）动态能力。动态能力是不断整合和重塑创业企业内外部资源，使其达到适应环境变化的重要途径之一。动态能力作为创业企业持续发展的关键能力，有助于创业企业打造特定环境下资源拼凑与创业绩效的有效传导机制，并持续感知环境中现有资源的政策性、经济性、社会性信息，是一种将机会和资源进行结构关系匹配的动态认知过程（Wu，2007）。

（4）资源结构约束。资源结构约束主要体现在结构上的不匹配问题。资源结构约束指区域性差异下资本、人才等创业资源所出现的需求与供给不相匹配的问题，其受到区域经济政策及地理位置优势的影响，容易对不同地区创业发展形势产生负面效应（高京燕，2022）。资源结构约束对创业企业资源拼凑、发展动态能力、提供创业企业绩效具有一定影响。

（5）资源存量约束。资源存量约束主要体现在体量上的不充足问题。资源存量约束指资源型产业发展导致的资源储量锐减，包括资源的过度开发、长期浪费、严重消耗等，使得资源依赖型企业的创业发展受到资源存量的制约，面临资源枯竭的危机（余义勇、杨忠，2021）。资源存量约束对创业企业资源拼凑、发展动态能力、提供创业企业绩效具有一定影响。

2.3　文献检索与筛选

元分析数据库应尽可能多地涵盖讨论资源拼凑、创业企业绩效以及相关变量的实证研究结果。本研究的文献收集过程如下：（1）利用 CNKI 知网数据库、万方数据库等资源进行文献检索和筛选，输入的关键词包括"资源拼凑""创业拼凑""创业企业绩效""动态能力""资源约束"等，检索类型涵盖期刊论文、学位论文等；（2）为避免数据遗漏，对比收集到的文献以及其参考文献，以及综述类论文中提到的文献，对其进行进一步筛选；（3）为确保文献数据的准确性、完整性和代表性，对创新创业、工商管理类核心期刊进行逐个搜查与排除。最后依次下载并仔细检查与参考文献标准的符合程度，初步得到研究文献共计193篇。

依据元分析样本收集和分析的普遍标准，结合本研究主题特征，筛选取得的可用性文献必须满足以下标准：（1）文献的主题需聚焦于资源拼凑、动态能力以及创业企业绩效，剔除与研究主题不相符的文献；（2）文献研究内容必须涉及实证分析，并采用独立样本，包含涉及的样本量、相关系数等可转化性数据，剔除采用定性研究以及效应值残缺的相关研究。在此条件下，最终检索结果共得到49个独立样本。

2.4　文献编码

借鉴以往研究中的编码建议，对文献的不同部分进行讨论并确定编码。本研究采用的文献编码主要涉及样本描述项和效应值统计项两个层面。其中，样本描述项包含选择文献的作者信息、发表年限、出版类型等出版特征及研究设计数据；效应值统计项包括独立样本量、变量相关系数、资源结构约束及资源存量约束等。当文献存在若干个独立样本时，另行记录每一个样本中的效应值统计项。资源拼凑、动态能力与创业企业绩效原始研究统计资料如表2-1所示。

表2-1　　资源拼凑、动态能力与创业企业绩效原始研究统计资料

原始研究	出版类型	样本数	R-E	R-D	D-E	资源结构约束	资源存量约束
张越，2021	D	309	0.375	0.341	0.319	0	1
李如玮，2020	D	258	0.482	0.448	0.499	1	1
阚丽雯，2020	D	320	0.871	0.777	0.788	1	1
陈禹彤，2020	D	326	0.556			1	1
查君君，2020	D	374	0.272	0.122	0.096	1	1

续表

原始研究	出版类型	样本数	R-E	R-D	D-E	资源结构约束	资源存量约束
杜思含，2018	D	359	0.605	0.686	0.553	1	0
欧绍华、查君君，2020	J	293	0.348	0.791	0.647	1	1
齐艳云，2021	D	91	0.477	0.464	0.556	0	1
程碧佳，2020	D	228	0.451	0.574	0.528	1	0
周金欣，2020	D	320	0.898			0	1
于晓宇等，2017	J	345	0.402			1	1
姚柱等，2021	J	306	0.523	0.588	0.414	1	1
胡珊，2020	D	245	0.412	0.404	0.219	1	1
聂磊、邵剑兵，2019	J	179	0.56			0	0
祝振铎、李非，2017	J	212	0.452			1	1
张颖颖等，2017	J	230	0.210	0.272	0.218	0	1
刘宏笪、牛文尧，2021	J	452	0.206			0	1
马蓝，2019	J	271	0.481	0.434	0.466	1	0
周键等，2021	J	242	0.520			1	0
孙锐、周飞，2017	J	119	0.592			0	0
王乐，2018	D	495	0.765			1	0
王思佳，2021	D	72	0.500	0.492	0.616	0	1
冯文娜等，2020	J	268	0.297			1	0
王海花等，2019	J	204	0.867			0	1
周飞等，2020	J	176	0.555			0	0
吴亮等，2016	J	288	0.327			0	0
周飞等，2019	J	119	0.661			0	0
赵兴庐等，2017	J	336	0.448			1	0

续表

原始研究	出版类型	样本数	R-E	R-D	D-E	资源结构约束	资源存量约束
何超等，2019	J	200	0.380	0.380	0.487	0	0
张敏，2020	J	336	0.120			0	0
白景坤等，2021	J	197	0.543			0	1
周健明等，2019	J	133	0.163	0.255	0.250	0	1
曹勇等，2019	J	295	0.480	0.380	0.310	0	0
张秀娥、张坤，2018	J	171	0.452			1	1
赵兴庐等，2016	J	349		0.188	0.283	1	0
李玎玎、李雪灵，2021	J	278	0.615			1	1
高璐、何禹典，2021	J	171	0.518	0.516	0.573	0	1
高德芳、孙秀梅，2021	J	202	0.523			0	1
郭卫东、侯俊霞，2021	J	524	0.591	0.451	0.690	1	1
陈敏灵、毛蕊欣，2021	J	307	0.409			1	1
胡海青等，2020	J	282	0.312			0	1
符峰华等，2018	J	237	0.265			1	0
彭灿等，2021	J	299	0.196			1	0
时媛，2022	J	218	0.450			1	1
董维维、庄贵军，2019	J	321	0.285			1	0
郑青青，2019	D	243	0.498			0	1
方勇等，2019	J	327	0.175			0	0
沈颂东、陈鑫强，2020	J	171	0.506	0.645	0.469	1	1

续表

原始研究	出版类型	样本数	R-E	R-D	D-E	资源结构约束	资源存量约束
勾丽、丁军，2020	J	218	0.181			1	0

注：R-E 表示资源拼凑-创业企业绩效；R-D 表示资源拼凑-动态能力；D-E 表示动态能力-创业企业绩效

2.5　结果分析

2.5.1　同质性检验

同质性检验主要用于分析和判断变量之间同质性或异质性的存在，以此决定研究数据采用固定效应或随机效应模型来进行元分析的适合程度。本研究使用 Comprehensive Meta Analysis 2.0 软件对文献编码进行数据处理，得到资源拼凑、动态能力和创业企业绩效之间相关系数的效应值同质性检验结果如表 2-2 所示。其中，Q 值分别为 1133.74、369.45 和340.246，且 p 值均小于 0.001，表明效应值异质性显著，即资源拼凑、动态能力和创业企业绩效之间具有显著的异质性，其原因可能在于样本差异或测量差异。此外，I-squared 值分别为 95.854、94.857 和 94.416，均大于 75%，同样显示了变量之间具有较高的异质性。综合上述分析可以发现，本研究选取的独立样本存在较大的组间误差，需要采取随机效应模型进行元分析。

表 2-2　　　　　　　　　效应值同质性检测结果

变量	K	N	Q 值	$df(Q)$	P 值	I^2	Tau^2	SE	方差	Tau
R-E	48	12567	1133.74	47	0.000	95.854	0.090	0.020	0.000	0.299
R-D	20	5199	369.45	19	0.000	94.857	0.072	0.026	0.001	0.269
D-E	20	5199	340.246	19	0.000	94.416	0.066	0.024	0.001	0.258

2.5.2　出版偏倚分析

失安全系数如表 2-3 所示。考虑到文献发表存在的偏好偏差，研究结果不显著的文献发表率相对较低，因此对未发表文献的忽略容易导致元分析的结果不够全面和准确，因此通过失安全系数验证是否存在出版偏差。从表 2-3 可以看出，资源拼凑-创业企业绩效相关研究中的失安全系数为 1364，资源拼凑-动态能力相关研究中的失安全系数为 7111，动态能力-创业企业绩效相关研究中的失安全系数为 6586，均远大于 5K+10，同时得到 Tau 值及回归截距数值的 p 值均大于 0.1，结果不显著。此外，资源拼凑-创业企业绩效、资源拼凑-动态能力、动态能力-创业企业绩效效应值漏斗图如图 2-2、图 2-3、图 2-4 所示。可以发现，图形基本对称且完整。综合上述分析可以得出，本研究的样本数据不存在出版偏差。

表 2-3   **失安全系数表**

变量关系	Fail-safe N	Tau	截距	Trim and fill	
				Observed	Adjusted
R-E	1364	0.13121 ($p=0.18837$)	−1.02922 ($p=0.79249$)	0.48156	0.48156
R-D	7111	0.0841 ($p=0.60369$)	−0.03327 ($p=0.99455$)	0.48296	0.48296
D-E	6586	0.06316 ($p=0.69703$)	−1.80552 ($p=0.69878$)	0.46764	0.46764

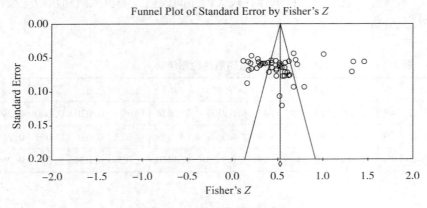

图 2-2   R-E 效应值漏斗图

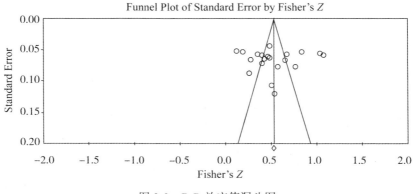

图 2-3　R-D 效应值漏斗图

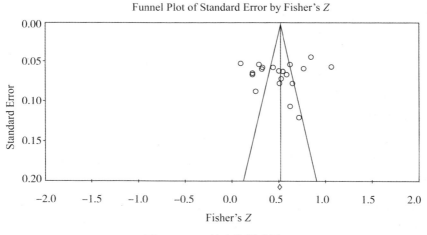

图 2-4　D-E 效应值漏斗图

2.5.3　主效应检验结果

本研究采用 Comprehensive Meta Analysis 2.0 软件分析得到主效应随机模型结果如表 2-4 所示。从表 2-4 可以看出，报告内容包括各变量间研究数、总样本量、效应值、置信区间等信息。在资源拼凑与创业企业绩效的关系研究中，研究数为 48 个，样本量总计 12567 个，相关系数为 0.482（$p<0.001$），其 95% 的置信区间上限为 0.545，下限为 0.412。综合上述分析可得出，资源拼凑与创业企业绩效之间存在中等的正向效应，即资源拼凑与创业企业绩效之间具有正相关关系，且相关程度为中等程度。因

此，本研究验证了 H1 成立。

表 2-4　　　　　　　　　　　主效应随机模型结果

变量	研究数	样本量	效应值及95%置信区间			双尾检验	
			效应值	下限	上限	Z 值	P 值
R-E	48	12567	0.482	0.412	0.545	11.859	0.000
R-D	20	5199	0.483	0.384	0.571	8.480	0.000
D-E	20	5199	0.468	0.371	0.554	8.501	0.000

2.5.4　中介效应检验

依据元分析的结果以及所提出基本假设的逻辑框架，运用 Lisrel 软件，得出以资源拼凑为外源变量，以动态能力、创业企业绩效为内生变量的结构方程模型，结果如图 2-5 所示。其中，$\chi^2 = 0.582$，RMSEA = 0.000<0.05，IFI、CFI、GFI、NFI 等拟合系数为 1，均大于 0.9，在可接受的范围内，资源拼凑与创业绩效间的路径系数 t 值大于 1.96。因此，H1 中资源拼凑对于创业企业绩效具有正向影响的假设通过验证。根据中介作用的标准化验证程序，资源拼凑和动态能力之间路径系数 t 值为 0.968，而动态能力和创业绩效之间的路径系数 t 值为 2.055。由此可得，H3 不成立，即动态能力对于资源拼凑与创业企业绩效之间的正相关关系不具有显著的中介作用。此外，本研究进一步通过 Sobel 测试以验证结论，采用通用的 Sobel、Aroian、Goodman 等检验方法对本研究假设来做进一步测度，所得到的中介效应检验结果如表 2-5 所示，各种检验数据都证明了动态能力的不显著中介作用，因此 H2 未得到支持，即动态能力对于资源拼凑与创业企业绩效之间的正相关关系的中介效应不显著。

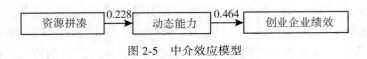

图 2-5　中介效应模型

表 2-5   中介效应检验结果

中介作用路径	R-D-E
$a(t_a)$	0.228(0.968)
$b(t_b)$	0.464(2.055)
Sobel test	0.874($p=0.382$)
Aroian test	0.800($p=0.424$)
Goodman test	0.974($p=0.330$)

2.5.5 调节效应检验结果

本研究通过 Comprehensive Meta Analysis2.0 软件中的调节变量分析检验研究样本中是否存在调节效应。如表 2-6 所示，共考虑资源结构约束和资源存量约束两种类型变量，得出结论如下：

表 2-6   调节效应检验结果

因变量		K	N	效应值	95%置信区间	I2	P-value
R-E	高资源结构约束	26	7971	0.476	(0.394，0.551)	95.014	0.000
	低资源结构约束	22	4945	0.488	(0.362，0.597)	96.657	0.000
	高资源存量约束	27	7083	0.514	(0.414，0.602)	96.608	0.000
	低资源存量约束	21	5833	0.437	(0.345，0.521)	94.003	0.000
R-D	高资源结构约束	13	3698	0.515	(0.379，0.629)	96.571	0.000
	低资源结构约束	8	1501	0.380	(0.315，0.441)	48.206	0.000
	高资源存量约束	13	3326	0.482	(0.345，0.598)	95.604	0.000
	低资源存量约束	8	1873	0.452	(0.299，0.582)	94.066	0.000

续表

因变量		K	N	效应值	95%置信区间	I2	P-value
D-E	高资源结构约束	13	3698	0.474	(0.341, 0.588)	96.068	0.000
	低资源结构约束	8	1501	0.417	(0.310, 0.514)	81.995	0.000
	高资源存量约束	13	3326	0.479	(0.334, 0.602)	96.064	0.000
	低资源存量约束	8	1873	0.416	(0.320, 0.504)	84.918	0.000

（1）在高资源结构约束条件下，资源拼凑对创业企业绩效具有显著的正向影响，效应值为0.476（$p<0.001$）；在低资源结构约束下，资源拼凑对创业企业绩效亦具有显著的正向影响，效应值为0.488（$p<0.001$）。由此可得，高资源结构约束与低资源结构约束下资源拼凑对创业企业绩效的效应值存在显著的差异，所以资源结构约束对于资源拼凑影响创业企业绩效存在调节作用，且为负向调节作用。由此，H3a得到通过。同时，当创业企业处于低资源结构约束时，资源拼凑与创业企业绩效间的效应值更大。

（2）在高资源结构约束条件下，资源拼凑对动态能力具有显著的正向影响，效应值为0.515（$p<0.001$）；在低资源结构约束下，资源拼凑对动态能力亦具有显著的正向影响，效应值为0.380（$p<0.001$）。由此可得，高资源结构约束与低资源结构约束下资源拼凑对动态能力的效应值存在显著的差异，所以资源结构约束对于资源拼凑影响动态能力存在调节作用，且为负向调节作用。由此，H3b得到验证。同时，当创业企业处于高资源结构约束时，资源拼凑与动态能力间的效应值更大。

（3）在高资源结构约束条件下，动态能力对创业企业绩效具有显著的正向影响，效应值为0.474（$p<0.001$）；在低资源结构约束下，动态能力对创业企业绩效亦具有显著的正向影响，效应值为0.417（$p<0.001$）。由此可得，高资源结构约束与低资源结构约束下动态能力对创业企业绩效的效应值存在显著差异，所以资源结构约束对于动态能力影响创业企业绩效存在调节作用，且为负向调节作用。由此，H3c得到验证。同时，当创业企业处于高资源结构约束时，动态能力与创业企业绩效间的效应值更大。

（4）在高资源存量约束条件下，资源拼凑对创业企业绩效具有显著的正向影响，效应值为 0.514（$p<0.001$）。在低资源存量约束条件下，资源拼凑对创业企业绩效具有显著的正向影响，效应值为 0.437（$p<0.001$），表明资源存量约束时资源拼凑对创业企业绩效的效应值存在显著差异，即资源存量约束对于资源拼凑影响创业企业绩效存在调节作用，且为负向调节作用。由此，H4a 得到验证。同时，当创业企业处于高资源存量约束条件时，资源拼凑对创业企业绩效的影响更明显。

（5）在高资源存量约束条件下，资源拼凑对动态能力具有显著的正向影响，效应值为 0.482（$p<0.001$）。在低资源存量约束条件下，资源拼凑对动态能力具有显著的正向影响，效应值为 0.452（$p<0.001$），表明资源存量约束时资源拼凑对动态能力的效应值存在显著差异。即资源存量约束对于资源拼凑影响动态能力存在调节作用，且为负向调节作用。由此，H4b 得到验证。同时，当创业企业处于高资源存量约束条件时，资源拼凑对动态能力的影响更明显。

（6）在高资源存量约束条件下，动态能力对创业企业绩效具有显著的正向影响，效应值为 0.479（$p<0.001$）。在低资源存量约束条件下，动态能力对创业企业绩效具有显著的正向影响，效应值为 0.416（$p<0.001$），表明资源存量约束时动态能力对创业企业绩效的效应值存在显著的差异，即资源存量约束对于动态能力影响创业企业绩效存在调节作用，且为负向调节作用。由此，H4c 得到验证。同时，当创业企业处于高资源存量约束条件时，动态能力对创业企业绩效的影响更明显。

2.6　研究结论与管理启示

2.6.1　研究结论

（1）资源拼凑对创业企业绩效有显著正向影响

本研究验证了假设 1，即资源拼凑对创业企业绩效具有显著正向影响，该结论与苏敬勤（2017）、周飞（2020）、Zhang（2021）等学者的结论一致。创业企业通过资源拼凑进行资源的收集、重组、利用和转化，对企业绩效产生积极影响。第一，根据资源基础理论，异质性资源是创业企业竞争优势的来源，资源拼凑使创业企业的资源界面扩大，可以接触到更多的资源渠道，创业企业拥有更多的资源获取机会，更易于创业企业开展经营活动，在财务绩效上有所提升。第二，资源拼凑是创业企业实现成果转化的重要条件。深化对资源价值的理解和认知，创造性地利用冗余资源，发掘新的资源协同性，进行探索性和开发性创新活动，一方面利用探索性创新获取核心竞争优势，一方面利用开发性创新快速累积经济基础，进而持续获取经营绩效和竞争优势（勾丽、丁军，2020）。资源拼凑属于即兴式行为，相对于创业企业重获资源而言具有成本和时间优势，可以提升创新活动的效率。因此采用拼凑战略的创业企业所拥有资源的社会认可性和难以替代性更强，更有利于创业企业成长并形成独特价值属性和竞争优势（杨栩、李润茂，2021）。第三，资源拼凑为创业企业创造出新的网络联结关系。创业企业与合作者之间的联结依靠二者之间的知识和资源流动，一方面以更多的资源吸引合作者，形成的社会网络使创业企业可以更快地把握市场信息和发展趋势，从而快速作出反应以占据市场先机；另一方面创业企业在搜寻资源的过程中亦会接触到较多利益相关者，更多的学习与合作机会是推进创业企业突破资源瓶颈的关键。第四，资源拼凑能在一定程度上帮助创业企业规避风险。资源拼凑的重点是创业企业在不同的环境下合理分配、利用资源，在复杂市场中及时做出调整方案，从而降低风险，提升绩效。

（2）动态能力对资源拼凑正向影响创业企业绩效不具有中介作用

本研究驳斥了假设2，即动态能力对资源拼凑正向影响创业企业绩效不具有中介作用，该结论与当前学术界的主流观点不一致。一般认为，依据资源拼凑的观点，创业企业会依据创业情境的变化不断调整资源拼凑行动与外部环境的适配方案，其中动态能力是拼凑行为演化的主要因素及内在机理。其聚焦于创业企业内外部资源情境的良性互动，有助于完善和指导创业企业的持续性和稳定性成长（Buccieri D，Park，2022）。然而创业企业自身动态能力很大程度上来自于知识结构与机会警觉性，缺乏在实践中掌控资源的能力。在高度资源约束的环境下资源拼凑对创业企业的动态即兴能力促进作用受到负向影响，不利于保持技术导向和市场导向之间的平衡，以过渡性方案促进绩效的作用路径并不显著，容易造成创业企业过度依赖资源拼凑所带来的能力缺陷（郝生宾等，2021）。同时动态性战略调整虽然能够完善资源拼凑的行为导向，但专注于技术和市场导向也会失去开发现有资源和探索新资源之间的平衡，导致创业企业面临高风险、高成本的境地（Acosta et al，2018）。动态能力强调创业企业不断调整以应对外部环境变化的能力，而创业企业不断调整资源分配与利用的过程本就是一个动态的过程，资源拼凑的过程能直接根据环境变化调整创业企业发展战略。动态能力中的吸收能力、整合能力和创新能力对于有"新且小"劣势的创业企业来说尤为有效。随着创业企业的发展，其已逐渐克服初创期的各种劣势，发展逐渐趋于稳定和成熟。在不断拼凑、重新分配资源的过程中，创业企业逐渐具备学习知识、整合资源以及创新能力，尤其是创新能力是创业企业所具备的基本能力。因此动态能力不能成为创业企业在资源拼凑对绩效的提升过程中的一个条件因素。相比于动态能力，与创业企业绩效相关的运作能力，如管理能力、营销能力或双元能力，可能是资源拼凑作用于创业企业绩效的中间因素。

（3）资源结构约束的负向调节效应

本研究验证了假设 3a、3b、3c，即资源结构约束对资源拼凑与创业企业绩效之间的正相关关系具有负向的调节作用，资源结构约束对资源拼凑与动态能力之间的正相关关系具有负向的调节作用，资源结构约束对动态能力与创业企业绩效之间的正相关关系具有负向调节作用。在资源结构约束的情况下，创业企业的资源拼凑和动态能力很难发挥积极影响创业企业绩效的作用。组织简单的资源拼凑能够帮助创业企业改善资源状况、满足发展需要、提高组织绩效。但当环境发生复杂性变化时，初期的资源拼凑显然难以再次应对，需要创业企业准确掌握资源利用的方式和资源配置的方向，开发并利用现有资源，通过及时响应市场动态需求和探索技术导向偏好，对创业企业市场和技术层面的创新活动也具有积极作用（尚甜甜等，2021）。由于资源结构约束对创业企业的稳定性运营产生的负面作用阻碍了这一过程，当处于高资源结构约束时，创业企业所面临的不确定性挑战和竞争强度加剧，导致创业企业所依靠的资源拼凑发展战略不断进行调整，从而对创业企业关键资源的需求配置造成不利影响，最终创业企业难以保持自身竞争优势（方勇等，2019）。

（4）资源存量约束的负向调节效应

本研究验证了假设 4a、4b、4c，即资源存量约束对资源拼凑与创业企业绩效之间的正相关关系具有负向的调节作用，资源存量约束对资源拼凑与动态能力之间的正相关关系具有负向的调节作用，资源存量约束对动态能力与创业企业绩效之间的正相关关系具有负向调节作用。从资源拼凑的出发点来看，资源存量限制作为创业企业成长过程中面对的最大困境，其不仅阻碍了创业企业对外部资源的获取和利用,使得资源匮乏的现状难以改变,还使得创业企业因试错学习次数过多而导致拼凑成本的增加及拼凑效果的减弱,严重影响了资源拼凑行为对创业企业绩效的促进效果(Sosna et al.,2010)。从动态能力的视角来看,资源存量约束会限制创业企业的学习能力和信息获取能力,不利于创业企业快速适应环境变化,进而阻碍创业企业绩效。同时,需要注意不同行业的属性下创业企业的资源存量约束程度会出现不一致的情况。资源拼凑行为更适合于更新迭代速度快、竞争压力指数高的行业类型,因此需要考虑到资源拼凑行为发挥作用的情景因素,对现有资源利用方式的差异会影响企业资源存量和竞争优势的构建(赵兴庐,2022)。

2.6.2　管理启示

(1)资源结构约束条件下的创业拼凑行为

创业企业应不断突破对现有资源的固化认知,对创业资源属性进行剖析和探索,在宏观上有效利用创业资源库,为企业发展做好蓄力准备。适当推行衰退产业合理退出机制,持续改善传统产业结构,带动资源型企业和区域产业链的延伸和转型,并在此基础上通过制定激励政策培育一批发展前景良好的新产业,更新现有区域内产业发展结构和资源利用结构以提高资源配置的有效性和合理性。通过高新技术手段促使传统资源型企业转化为自主创新个体,加快新型创业企业的发展步伐。同时充分利用中国内外部区域合作实现资源自由的转移、组合和协调发展,发挥各地区边境优势以形成国际区域经济合作,巩固市场机制在服务型政府中的基础性地位,为企业和区域提供良好的发展环境。

在资源结构约束环境下,创业企业通过跨行业、跨领域组织开展的资源拼凑经历了一个从资源开发与利用的初级阶段,到资源整合和重组等高阶形式的持续强化过程。这一过程能够弥补组织即兴行为受到制度性约束而可能造成的不足,对创业企业在不确定性环境中的发展和成长产生积极影响。

(2)资源存量约束条件下的创业拼凑行为

创业企业需要明确手头可利用资源、闲置和冗余资源的价值潜力及重新组合的用途,依托先前经验和机会感知,培养创造性思维并通过不断实践培养行为学习能力,推动创业主体间的沟通交流以深化对资源约束客观性和资源拼凑能动性的认知水平。创业企业环境动态性与发展稳定性的冲突性加快了对新时代资源优化体系的追寻，例如在中国情境下，创业企业资源拼凑行为侧重于关系资源，国有企业获取资源的难度更低、途径更多。同时，新兴市场的不确定性和竞争性的双面效应使得机遇与挑战共生，资源拼凑与创业机会认知相结合构建的社会网络作为资源与信息交换的载体和渠道，是创业企业发现、识别和创造机会的关键，其在资源开发的基础上有助于提升产品附加值，拓展对资源认知的不同方式。

资源拼凑策略将处于资源受限新兴市场中相对单一、非标准的资源转换为生存要素，以解决创业企业发展的资源短缺问题。资源拼凑行为主要集中于资源稀缺类创业中，且在创业企业发展过程中不断衍生出多种类型的拼凑方式，有助于创业企业获取外部资源、重构资源属性、实施机会开发及满足市场需求。其是实现创业企业可持续发展的必然选择，能够缓解资源约束困境所带来的不确定性。

第3章 风险倾向不确定条件下的创业企业家行为决策

创业活动总是充满了风险和不确定性，如何在变化的环境中采取正确的风险决策是创业企业家需要思考的重要问题。创业企业家不同的风险倾向影响其在不同环境中的判断（Sosna et al.，2010），过度追求风险或者过度规避风险均不利于创业企业绩效。在诸多学者看来，没有风险偏好就没有创新或创业行为（Busenitz et al.，2015），风险偏好成为创业企业家把握机遇的关键要素，决定着创业者对创业机会的挖掘和利用程度，以及对不断变化的市场环境的应对能力，影响着创业企业的业绩增长和持续发展（Lumpkin，Dess，1996；Rodney et al.，2008）。

然而，尽管风险倾向与创业企业绩效有着密切的关系，但现有研究结论却存在分歧。一方面，风险倾向有利于创业企业家识别创业过程中的风险与机遇。部分学者认为风险倾向有利于企业提升商誉价值（Zhao，2020）、获得更好的经济效益（Dohmen，2018）、降低经济损失（Geer，2012）、创造新的商业模式（Sun et al.，2018）。另一方面，风险倾向导致决策过程复杂化而不利于创业企业绩效。部分学者认为风险倾向会降低企业个体经营生存率（Niess，Biemann，2014）、产生财务危机（Bonilla，Vergara，2020）。其主要原因之一在于，风险倾向存在风险偏好、风险中性、风险规避等不同类型，其对于创业企业绩效的作用也有所不同（Fang，An，2017；Costa，Mainardes，2016；Shi，Yuan，Lee，2020）。此外，在不同的国家和地区，良好的市场环境会激发创业企业家追求风险的可能性（Baron，Tang，2011）。因此风险偏好型的创业企业家利用其冒险精神可以开拓新的市场，寻找新的商业模式，但风险中性和风险规避的企业家难以获得这种优势。同时，不同国家和地区有属于自身独特的民族文化，不同的民族文化影响着消费者偏好，创业企业家在提供产品或服务时，需要适应特定的民族文化和社会情绪（Ashraf et al.，2016），冒险精神和保守主义的企业家难以快速适应特定的消费者偏好，其提供的产品或服务难以取得竞争优势。此外，不同产业受到国家支持的力度也有所不同（Wu，Wang，2017），创业企业家在不同产业中贸然行动或持续规避风险均不利于企业成长。由此可见，风险倾向如何影响创业绩效，受到诸多外部因素的复杂和不确定性影响。

现有研究对风险倾向对创业企业绩效的影响存在着较大差异，学者们更多注重人格特质及企业家精神对创业企业家风险倾向的影响（Sacco，Brown，2018；Jasna，2018）。学者们亦从绩效类型角度考察了风险倾向对创业企业绩效的影响（Fatihudin，2018；Oztekin et al.，2015）。此外，现有研究对创业企业家风险偏好的研究更多聚焦于创业企业家自身，忽略了跨国创业、跨区域创业时创业企业家的文化适应压力（Jumage ldinov et al.，2020），对创业企业家所处的外部环境如市场环境、产业环境对创业企业家的影响考虑较少。已有研究表明，创业企业家的风险倾向及创业绩效除了受到自我效能感（Gu et al.，2018）、企业家精神（Mihai Talmaciu，2012）等因素影响之外，还受到市场不确定性（Witjaksono，Rahmadyanti，2014）、产业效应（Bromiley et al.，2015）等因素影响。因此，为了更好地揭示风险倾向及其各种类型与创业企业绩效的关系，本研究基于人格特质理论、企业家精神视角、自我效能理论，通过对 45 个独立的实证研究样本使用元分析法展开研究，以风险倾向及其各类型为自变量，以创业企业绩效为因变量，分析市场不确定性、民族文化、产业类型作为潜在因素的调节作用，以期对这一问题进行更科学合理的研究。

3.1　理论基础与基本假设

创业活动总是充满了风险和不确定性，如何在变化的环境中采取正确的风险行为决策是创业企业家需要思考的重要问题。创业企业家不同的风险倾向影响其在不同环境中的判断（Sosna et al.，2010），过度追求风险或者过度规避风险均不利于创业企业绩效。

3.1.1　概念界定

（1）风险倾向。根据 Sitkin 与 Pablo（1992）等学者的观点，风险倾向被定义为：面对风险主体在性格倾向、认知和过去经验作用下，参与或避免风险的决定，具体可以表现为决策者的风险偏好或风险规避的态度，以及面对不同程度的不确定性环境利用机会进行决策的倾向。不管创业决策环境如何变化，创业企业家均将面临不确定性对应的风险，面临选择冒险或选择规避风险的行为决策时，其风险倾向决定了创业者个体的风险感知。Kathryn(2014)认为特定的风险倾向可能是创业企业家表现出的相对较高的自我效能的副作用，其决策行为体现了其风险倾向。基于此，本研究以创业企业家对待风险的态度和其风险决策行为作为创业企业家的风险倾向。

(2)风险偏好。风险偏好指面对风险的主体具有冒险性的风险倾向(Harwood et al.，2009)。风险偏好者追求风险，比起稳定的收益更愿意追求动荡性更大的收益。为了获取更高的收益，风险偏好者在面临巨大的风险时仍会采取积极的态度(Aven，2013)。风险偏好是个体对待风险的基本态度，分为风险偏好、风险中性和风险规避三种类型。风险偏好者为寻求高回报愿意承担更大的风险，风险规避者则偏向采取保守的行动。有学者认为创业者的风险偏好与其承受的不确定性有关，面临环境的不确定性越高，其风险偏好属于激进型；相反，其风险倾向属于保守型。创业者是风险偏好的主观制定者，也是风险偏好的客观承担者，风险偏好对创业企业绩效有一定的影响。基于此，本研究以创业企业家喜好高风险高回报的收益模式及具有更高的冒险精神来判断创业企业家的风险倾向为风险偏好。

(3)风险规避。风险规避指面对风险的主体具有保守性的风险倾向(Harwood et al.，2009)。市场对产品或服务的需求不会一成不变，创业企业会花费精力和成本来挖掘消费者的新需求或巩固已有市场份额，而产品创新往往是创业者的首选方案之一。但是创业者往往因为信息获取能力和渠道有限，可能会导致市场、消费者与企业之间的信息传递存在一定的阻碍，这一现象将导致创业企业提供的新产品或升级产品无法满足消费者的需求，运营新产品或服务面临一定的风险。因此，创业者往往为了避免失败，回避新产品或服务的开发与推广可能会带来的失败风险或低绩效，倾向于持观望态度运营企业。这一形象往往促成模仿创业行为的产生，风险规避会通过创业方式来影响创业企业家行为决策。另外，风险规避还可能通过影响创业资源获取来影响创业行为。创业企业面临资源匮乏、资金短缺、人才不足等问题，在创业前期不确定性的刺激下，创业者更倾向于风险保守型创业行为来规避创业失败风险。风险规避型的风险倾向意味着在主体追求价值的过程中愿意承担较小的风险，表现出一种远离风险的态度(Aven，2013)。基于此，本研究以创业企业家在面对风险时采取谨慎、保守的态度，回避风险事件来判断创业企业家的风险倾向为风险规避。

（4）市场不确定性。创业企业所处的市场环境处于时刻变化和波动中（Agapova et al.，2016），其包含了同质类产品的价格，竞争对手对产品质量的关注，消费者对产品价格、质量、功能等要求程度与接受程度等。创业企业在面临多种不确定性时会出现一定的风险，比如新产品出现于市场时，消费者对其购买力存在不确定性；消费者的个性化需求、竞争对手的激励竞争，导致市场价格存在一定的波动并受到经济因素、政治因素等影响；突发事件对创业企业运营的影响，如国家相关政府政策的变化、创业企业管理制度的变化、重大公共事件的发生等。基于此，本研究以创业企业面临的综合风险来判断其面临的市场不确定性。

（5）民族文化。文化可以被定义为一个国家或民族中的共同价值观，其将群体成员与其他个体区分开来，并塑造个人行为（Boscari et al.，2018）。民族文化包含了在知识、信仰、法律、道德、习俗等不同方面的特点，不同地方、不同组织、不同民族存在一定的跨民族风险，而创业企业对风险的选择存在差异。中国拥有 56 个民族，创业企业家不可避免要面临多元文化的冲突，与供应商的交流、消费者的接触等都要考虑民族文化差异带给创业企业的影响。中国虽然具有多民族文化，创业企业运营面临多民族文化冲突，但从民族文化内容来划分，民族文化包括物质文化和精神文化。具体来看，物质文化包括衣、食、住、行等，精神文化包括语言、文字、科学、艺术、风俗、习惯等。基于此，本研究以创业企业面临的多民族物质文化和精神文化的综合文化差异来判断创业企业的民族文化。

（6）产业效应。产业效应的概念由 Schmalense（1985）首次提出，其认为在相同条件下，通过某一市场行为促使某一产业在技术、产量、品质等方面达到理想状态，即某一产业高于另一产业内创业企业平均绩效的效益。支柱产业对经济和社会的发展具有一定程度影响的扩散效应，不同产业之间存在的经济效应和发展阶段均有所不同（Chen et al.，2011）。一般而言，为了一个国家或地区某个产业的快速发展，应选择扩散效应最大的某个产业作为其主导产业，通过重点关注并扶持其快速发展来带动其他产业的快速进步。某一产业结构的内生影响因素决定了产业效应的扩散或集聚程度。

（7）创业企业绩效。其概念为创业企业在综合运用企业家特质、创业团队、机会、资源等因素，在一定时期内实现的市场水平、运营水平、财务水平、成长水平的实现程度（Chen et al.，2011；Peiris et al.，2013）。创业企业绩效反映了一个创业企业运营的经济状况或成长状况，可从资产收益率、创业企业成长情况、税前利润、企业规模、市场占有率等多方面来测量。有学者将创业企业绩效评价指标细分为财务测量指标和非财务测量指标，但是相对来说财务测量指标更能直观地、客观地反映创业企业经营情况。从已发表的文献来看，以资产收益率 ROA 增长、ROE 增长、ROS 增长等客观度量创业企业绩效的方式得到了诸多学者的认可。基于此，本研究以创业企业的 ROA、净资产收益率 ROE 和销售利润率 ROS 的综合增长率来判断创业企业绩效。

3.1.2　相关理论

（1）人格特质理论。不同的创业企业家有着不同的人格特质，如责任心，冒险性，神经质等（Brandstaetter，2011）。创业企业家优秀的人格特质有助于创业活动的实施（Sacco，Brown，2018）。不同的人格特质构成了创业企业家的心理状态和行为模式，并逐步形成了风险倾向。商业模式的创新过程存在较高的风险，创业过程中包含了诸多不确定因素（Osiyevskyy，Dewald，2015），具有激进的风险倾向的创业企业家可以发现被其他人忽视的机会（Snihur，Zott，2019），与其他创业企业家相比，该类型的创业企业家容易获取较高的创业绩效。

（2）自我效能理论。创业企业家的自我效能影响其面对风险时的焦虑程度及心态，并进一步影响其创业过程中的风险倾向。适当的焦虑水平和良好的风险倾向有利于创业企业家冷静地面对创业过程中的阻碍（Gu et al.，2018）。创业企业家对待风险的态度很大程度上会对商业模式创新产生影响（Sosna et al.，2010），风险倾向较低的创业企业家往往具有创业失败恐惧的心理（Kuntze，Matulich，2016）。该类型的创业企业家在面对风险时会有较高的焦虑水平，难以保持理性的思维方式，也难以进行科学、合理的决策，该心理会对创业活动产生一定的抑制作用（Nabiha，2018）。风险感知偏差会导致创业企业家采取过于激进的策略（Syed et al.，2020），对创业企业发展会产生负面作用。

（3）权变理论。没有任何理论、模型可以适用于所有的市场情况（Lawrence，Lorsch，1968）。创业企业家在动态变化的市场环境中开展创业活动，需要采取合适的风险倾向以提高创业企业绩效。市场不确定性会对创业企业绩效产生重要影响（Witjaksono，Rahmadyanti，2014），市场形势较好有利于创业企业家提高创业绩效。创业企业面临的风险较少，其更倾向于稳定发展而不是寻找重大的创新机会。创业企业家可以及时准确地针对市场环境做出决策，保证其创业绩效。同时，市场不确定会改变已有的商业模式和经营模式，将产生更多的创业机会，从而有利于提供创业企业绩效并推动创业成功（Sun et al.，2018）。

（4）民族文化框架理论。"不确定性规避"作为民族文化衡量因素，会影响创业企业家的冒险行为（Hofstede，2014）。在不同的民族文化环境中，创业企业家在面对不确定性规避时的表现不同。风险偏好型的创业企业家往往会忽略文化环境中的风险因素，风险规避型的创业企业家过度担心不确定性对创业企业造成的影响，其均不利于创业企业家处理不确定性规避问题（Yasemin Hancıoğlu et al.，2014）。同时，文化作为非正式的社会制度，在一定程度上制约了如法治、监管、经济金融发展水平等正式制度，并进一步影响创业企业家的创业绩效。创业企业家在创业过程中需要获取民族认同感及文化适应，若不能很好地融入特定的民族文化，就会产生文化适应压力（Jumageldinov et al.，2020）。在这种压力下创业企业家难以保持正确的风险倾向，不利于创业绩效。

（5）产业组织理论。产业结构影响创业企业家的行为，进而影响其绩效（Bain，1951）。创业企业家选择创业的产业类型不同，创业企业面临的风险也会不同。创业企业家为了实现企业经营发展目标，在不同产业中会被动适应产业结构条件（Fernandez et al.，2019）。创业企业家需要适应产业所处的环境，承担产业风险以实现公司目标、提高创业绩效（Bromiley et al.，2015）。创业企业家需明确其经营的企业与所在产业合适的风险水平，并采取合适的风险倾向以提高创业企业绩效（Lamanda，Zsuzsanna，2015；Michael et al.，2015）。

3.1.3　基本假设

（1）风险倾向与创业绩效

风险倾向的研究主要来源于企业家个人特质和创业精神领域的交叉融合，其对创业绩效的影响主要可分为以下三个方面。

第一，根据人格特质理论，不同的企业家具有不同的人格特质，如责任心，冒险性，神经质等（Brandstaetter，2011）。创业企业家优秀的人格特质有助于创业活动的实施（Sacco，Brown，2018）。不同的人格特质构成了创业企业家的心理状态和行为模式，并逐步形成其风险倾向。商业模式的创新过程存在较高的风险，创业过程中包含了诸多不确定因素（Osiyevskyy，Dewald，2015），具有激进的风险倾向的创业企业家可以发现被其他人忽视的机会（Snihur，Zott，2019），与其他创业企业家相比，该类型的创业企业家容易获取较高的创业绩效。

第二，从企业家精神视角考虑，冒险精神是企业家精神的重要因素，具有一定冒险性的风险倾向对创业企业家能力成长及创业行为至关重要（Jasna，2018）。愿意承担责任、风险倾向高的企业家擅长在创业过程中对复杂的创业环境进行分析与评估，寻找新的目标市场，引导消费者需求，构建新的业务模式等（Zhao et al.，2020）。冒进的风险倾向有利于企业家突破创业过程中遇到的障碍（Tapan，2002），进而促进创业企业发展。

第三，根据自我效能理论，企业家的自我效能影响其面对风险时的焦虑程度及心态，并进一步影响企业家创业过程中的风险倾向。适当的焦虑水平和良好的风险倾向有利于企业家冷静地面对创业过程中的阻碍（Gu et al.，2018）。创业企业家对待风险的态度很大程度上会对商业模式的创新产生影响（Sosna et al.，2010），风险倾向较低的企业家往往具有创业失败恐惧的心理（Kuntze，Matulich，2016）。该类型的企业家在面对风险时会有较高的焦虑水平，难以保持理性的思维方式，也难以进行科学、合理的决策，该心理会对创业活动产生一定的抑制作用（Nabiha，2018）。风险感知偏差会导致创业企业家采取过于激进的策略（Syed et al.，2020），最终影响企业的发展质量。

不同风险倾向引发创业企业家的不同表现，也会影响其在经营过程中采取的策略。创业企业家若具有理性、正确的风险倾向，采取合适的行为策略，可以获得更高的创业企业绩效（Oermans，Willebrands，2017）。基于此，提出以下假设：

H1：风险倾向对创业企业绩效有显著的正向影响。

不同创业企业家具有不同的特质，风险倾向也不相同，一般可将风险倾向划分为风险偏好与风险规避（Harwood et al.，2009）。尽管有部分研究显示风险偏好会导致企业承担能力外的风险，导致危险行为发生（Hatfield，2009），还会导致创业企业家过度自信、盲目决策，使创业企业难以在激烈的市场竞争中获取生存优势，降低个体经营生存率（Niess，Biemann，2014）。风险偏好型的创业企业家错误分析市场信息，又或未获取较为完整的市场信息就采取行动，其显然不利于创业企业绩效（Naldi，2007）。主流研究表明风险偏好对创业企业绩效有着积极的促进作用，有利于获得更高的商誉（Zhao，2020），有利于创业企业家提高自身决策能力和企业管理能力，在面对困境和阻碍时寻找出路，作出更有利的判断，获得更好的经济效益（Dohmen，2018，Mudzingiri et al.，2019）。

部分研究显示，风险规避型的创业企业家往往更加谨慎，但面临风险时有较高的焦虑水平及创业失败恐惧心理（Naldi，2007），过度地风险规避致使风险性的创业行为改变为稳定的就业行为（Bonilla，Vergara，2020）。创业企业家由于过度的焦虑水平和失败恐惧抗拒的创业行为，会转变为就业行为或者将创业企业整体出售，以上行为均不利于创业企业绩效。但更多的研究证明了风险规避有利于降低创业企业面临的风险，创业企业家在面对风险时采取谨慎的态度，尽可能规避风险，有利于降低经济损失（Geer，2012）。另一方面，谨慎的态度可以保持创业企业风险投资的稳定性、降低诉讼案件的发生率，维护企业利益与绩效（Heaton，2018）。学者们围绕风险倾向这一主题进行了大量的研究，但因研究方法、样本选取、假设变量等方面有所差异导致结论也有所不同。基于已有研究，从更大样本和更长的时间周期来看，风险偏好各类型均有利于创业绩效的提高，因此提出以下假设：

H1a：风险偏好与创业绩效之间存在显著正相关关系。

H1b：风险规避与创业绩效之间存在显著正相关关系。

（2）市场不确定性

创业企业家在动态变化的市场环境中开展创业活动，需要采取合适的风险倾向提高创业绩效。市场不确定性对创业企业的绩效具有重要影响（Witjaksono，Rahmadyanti，2014），其表现为市场形势较好时创业企业面临的风险较少，企业更倾向于稳定发展而不是寻找重大的创新机会。创业企业家可以及时准确地针对市场环境做出决策，保证其创业绩效。

当市场不确定性过高时，创业企业需要适应复杂的外部环境（Kearney et al.，2013），更多采取防御战略，如停止企业扩张、收缩已有的业务范围、出售一定量固定资产等，此时风险规避型的创业企业家可以尽可能地保全企业（Hillson，Murray-Webster，2012）。此外，市场不确定性高还会影响创业企业的股价，损害创业企业价值，并提高企业战略规划的实施难度，造成过高的信息不对称（Wu et al.，2019）。风险偏好型的创业企业家更容易找到机会以提高创业企业绩效，恰当的市场不确定性水平更有利于激发创业企业家追求风险的可能性（Baron，Tang，2011），也会产生更高的创业企业绩效（Fang，An，2017）。风险偏好的创业企业家对风险更加敏感，也更能适应市场不确定性。因此，提出以下假设：

H2a：市场不确定性对于风险倾向影响创业绩效具有正向调节作用。

H2b：市场不确定性对于风险偏好影响创业绩效的调节作用高于风险规避对于创业绩效的调节作用。

（3）民族文化

根据民族文化框架理论，"不确定性规避"作为民族文化衡量因素，会影响企业家的冒险行为（Hofstede，2014）。在不同的民族文化环境中，创业企业家在面对不确定性规避时采取的创业行为和策略有所不同。风险偏好的创业企业家对文化环境中的风险项目承受度更高，愿意在有风险的情况下采取商业活动。风险规避的创业企业家受到不确定性影响较大，不愿意采取扩张企业的行为，这两种行为都不利于创业企业家处理不确定性规避问题（Yasemin Hancıoǧlu et al.，2014）。

同时，文化作为制度的重要组成部分，通过对社会法治、经济等政治制度的影响和制约，进一步对企业家的创业绩效产生影响。创业企业家在获取民族认同感和文化适应性的前提下可以获得积极的创业行为，在缺乏文化认同感，难以融入民族文化特性、难以接受民族价值观的情况下，其受到巨大的文化适应压力（Jumageldinov et al.，2020）。受到这种压力影响，创业企业家的风险倾向会受到干扰与影响，创业绩效也会因此降低。

创业企业家在适应国家文化、顺应民族文化的过程中，通过适应市场发展需求及消费者偏好以更好地经营企业（Ashraf et al.，2016）。在特定的国家文化和民族文化产生的市场中，会产生适应该市场的企业文化、组织文化、企业家特质（Duong et al.，2016；Patrick，2015）。由于受到民族文化和社会认同的影响，企业家的创业动机也有所不同，民族文化对企业家创业行为、企业家风险识别、企业家风险倾向都有着巨大的影响作用（Olivari，2016）。作为成熟的行为规范和非正式制度，民族文化促使创业企业家遵守社会中的相关制度，提高社会发展的稳定性（Paul，2015）及经济发展的稳定性。风险规避的企业家更加遵守文化规则、社会规则，对社会舆论产生敬畏；风险偏好的企业家内在的高度冒险精神在一定情况下和不同民族文化所产生的商业环境不够匹配。

因此，本研究提出以下假设：

H3a：民族文化对于风险倾向影响创业绩效具有正向调节作用。

H3b：民族文化对于风险规避影响创业绩效的调节作用高于风险偏好对于创业绩效的调节作用。

(4)产业效应

产业组织理论表明，公司的商业行为对产业结构具有依赖性，这种依赖性会进一步影响创业绩效(Bain，1951)。不同的产业环境中，企业家采取的创业策略，面对的创业风险也有所不同，为了实现企业经营发展战略，企业需要了解产业发展规律，被动接受产业结构条件(Fernandez et al.，2019)。在不同的产业环境中，创业企业家需要综合考虑产业发展速度、产业风险因素、投资回收期等，合理选择自身的风险倾向以提高创业绩效(Lamanda，Zsuzsanna，2015；Michael et al.，2015)。

一方面，传统产业的发展速度较为缓慢，且产业内竞争较为激烈(Reich，2015；Clements，2019)，产业中存在的新机遇较少，需要通过创新模式(Moctezuma et al.，2017)、冒险精神与企业家精神(Mihai Talmaciu，2012)等因素创造新的商业模式，提高产业活力。由于产业处于较饱和状态，保守主义难以在饱和的产业环境中获取优势，具有较高风险倾向的企业家可以更加敏锐地察觉产业内新的机会，提高创业企业绩效。另一方面，高新技术产业本身处于高强度的创新状态中(Beatrix et al.，2018)，也更需要具有冒险精神和创新精神的创业企业家。产业发展不仅仅受到国家产业扶持、人才培养等因素影响，还受到企业家精神的影响。具有开拓精神、冒险精神的创业企业家在促进创新性科技成果转化、获取更多投资机会、培养高层次人才方面具有较大优势，创业企业家的风险倾向会对企业业绩产生重大影响(Garvey，2010)。

基于此，提出以下假设：

H4a：产业效应对于风险倾向影响创业绩效具有正向调节作用。

H4b：产业效应对于风险偏好影响创业绩效的调节作用高于风险规避对于创业绩效的调节作用。

3.2　研究设计

3.2.1　研究方法

元分析(meta-analysis)是一种基于已有研究的分析，是对大量独立研究的定量分析，对已有研究结果的整合与分析(Frese et al.，2014)。本研究通过使用基于皮尔逊积矩阵的相关系数值 r 作为唯一效应值，当效应值所表示有效分布趋势存在时，效应值会集中于一个方向（Rahman，Zhang，2016）。本研究采用元分析进行分析基于以下原因：（1）风险倾向和创业绩效之间关系的研究较多，现有的实证研究数量满足元分析使用条件。（2）风险倾向和创业绩效之间关系的结果不一致，元分析可以对这一现象进行有效整合分析，可以在更大的样本空间上得出更科学的结论。（3）元分析方法已被广泛应用于创业领域尚未达成一致的相关问题的研究（Bierwerth et al.，2015；Lerman et al. 2020；Schwens et al.，2018）。

3.2.2 研究过程

为了保障元分析的数据具有足够的代表性和完整性，本研究以"风险倾向"（Risk propensity，Risk attitude）及其相关术语进行检索，相关术语还包括"风险偏好"（Risk appetite，Risk preferences）、"风险规避"（Risk aversion）等作为关键词进行检索。为了确保文献全面完整，降低"出版偏倚"，按以下步骤对文献进行全面收集整理归纳分析，尽可能覆盖相关研究。（1）在 EBSCO、JSTOR、ISI Web of Knowledge、WILEY、Elsevier、万方数据库，中国知网、维普数据库等数据平台进行文献检索；（2）人工检索与本研究相关的国内外书籍、学位论文、学术会议、工作报告等；（3）对风险态度相关的文献综述和实证文献进行检索，以保证不遗漏相关文献。

在文献检索后，按以下要求进行筛选，以保证研究具有代表性与高质量。第一，研究必须与风险倾向和创业绩效相关；第二，研究为独立研究，且对风险倾向与创业绩效之间的相关系数 r（或其他可以转化为 r 的统计指标）及样本量进行了汇报；第三，若同一数据被多篇文献使用，采用发表年限最早文献作为样本。

本研究在综合其他相关研究的基础上，严格按照 Lipsey 等（2001）推荐的步骤进行处理。由研究方向为创业管理的两位学者分别独立对样本描述项、效应值统计项进行编码。样本描述主要包含文献出版刊登、涉及研究、第一作者、发表年限等常规信息，也包括了各个变量及其类型和维度、样本测量方式、样本间各变量的关系、研究对象等样本特征信息。效应值统计项主要包含了效应值 r（皮尔逊积矩阵的相关系数值）、p 值、t 值、路径系数、F 值等，并全部按公式转化为唯一相关系数 r（Rosenthal，1991）。如果一份报告中存在多个效应值，则按以下原则操作：在效应值统计过程中，若存在来自总体样本中的风险偏好、风险规避与创业企业绩效同类型但不同维度的关系，采取算术平均数的方式来作为相关系数（Schmidt，2004）。若来自不同样本总体的相关系数均为独立的效应值，则进行多次编码处理。原始数据的提取和编码完成后，由独立提取和编码的学者进行逐一交叉核对，对不一致的编码数据进行复核，对存在主观判断差异的效应值进行讨论整理。

其他效应值统计量包括样本容量、样本取样地区、变量测量类型等。数据处理步骤如下：（1）识别变量间的相关统计量，如相关系数，路径系数，回归系数；（2）将统计量转化为唯一效应值相关系数 r；（3）通过 CMA2.0 软件计算综合效应值，即能从整体上反映变量间关系的统计量。

3.3　实　证　研　究

3.3.1　出版偏倚检验

在对风险偏好与创业企业绩效之间关系的文献收集过程中，尽管已按规范步骤进行了详细检索，但仍无法获得与风险偏好和创业企业绩效关系的全部文献，因此需要对所得文献进行偏倚性检验，以保证所选文献不存在出版偏差。在剔除了离群值后，通过 CMA2.0 软件生成了漏斗图，如图 3-1 所示。在图 3-1 中可以看出，大部分样本点分布于漏斗图的顶部且均匀分布于平均效应值附近，漏斗图中的样本点呈现对称的特征，证明其所选择的研究文献中不存在出版偏差。样本的失安全系数为 2497，远大于临界值 235（5K+10）。因此，本研究结论具有可靠性。

3.3.2　异质性检验

对于上述两种检验方法进行了综合使用，具体结果见表 3-1。Q 值为 1011.398 远大于临界值（df）44，说明样本具有异质性。I^2 值为 95.65%，大于 50%，说明样本存在异质性。综合 Q 值检验与 I^2 值检验的检验结果，应采取随机效用模型。采用随机效用模型所得样本的综合效应值为 0.118（$p < 0.001$），由此可知，风险倾向与创业企业绩效之间的相关系数为 0.118，H1 成立。

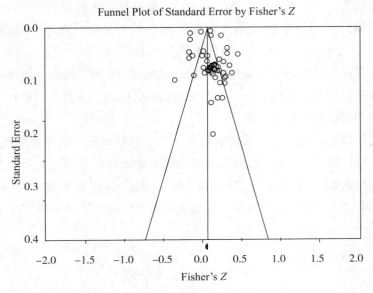

图 3-1　总体样本的漏斗图

表 3-1　　　　　　　　　　　　　　元分析结果

模型	K	综合效应值	95%置信区间		Z 值	异质性检验			
			上限	下限		df	I^2	Q 值	p 值
固定效应	35	0.056	0.049	0.063	15.229	44	95.650	1011.398	0.000
随机效应	35	0.118	0.076	0.159	5.453	44	95.650	1011.398	0.000

3.3.3　主效应检验

在完成异质性检验之后，对样本的整体效应进行假设性检验，结果如表 3-2 所示。

表 3-2　　　　　　　　　　　　　　整 体 效 应

风险倾向类型	样本容量	综合效应值	95%置信区间		df	Q 值	p 值
			上限	下限			
风险偏好	12069	0.110	0.036	0.183	18	297.410	0.000
风险规避	33270	0.138	0.069	0.206	20	491.601	0.000

风险倾向的两种类型风险偏好、风险规避与创业企业绩效之间的相关系数分别为 0.110、0.138(均有 $p<0.001$)，统计结果显著，H2a、H2b 得以验证。上述分析可知，风险倾向与创业绩效之间具有正相关关系，且风险偏好、风险规避与创业企业绩效具有正向关系。

3.3.4　调节效应检验

在对整体样本进行分析的基础上，按 0-1 模型对调节变量进行分类，对调节变量进行二元异质性检验，检验结果如表 3-3 所示。

表 3-3 　　　　　　　　　　**调 节 效 应**

调节变量		K	样本量	效应值	95%置信区间	I^2	p 值
市场 不确定性	风险偏好	16	15351	0.134	[0.052, 0.214]	94.511	0.000
	风险规避	19	28214	0.127	[0.055, 0.198]	96.645	0.000
民族文化	风险偏好	15	16159	0.101	[0.023, 0.178]	94.590	0.000
	风险规避	20	16118	0.148	[0.052, 0.242]	96.135	0.000
产业效应	风险偏好	17	15198	0.115	[0.034, 0.195]	94.539	0.000
	风险规避	18	32432	0.137	[0.068, 0.205]	95.507	0.000

由表 3-3 可知：其一，市场不确定性对风险偏好、风险规避影响创业绩效均具有显著的正向调节作用，其效应值分别为 0.134($p < 0.001$)、0.127($p < 0.001$)，且均通过了异质性检验，I^2 值分别为 94.511，96.645，H2a 得以验证。其中，市场不确定性对于风险偏好影响创业绩效的调节作用的效应值为 0.134，大于风险规避对于创业企业绩效的调节作用的效应值 0.127，H2b 得以验证。

其二，民族文化性对风险偏好、风险规避影响创业绩效均具有显著的正向调节作用，其效应值分别为 0.101($p < 0.001$)、0.148($p < 0.001$)，且均通过了异质性检验。I^2 值分别为 94.590，96.135，H3a 得以验证。其中，民族文化对于风险规避影响创业企业绩效的调节作用的效应值为 0.148，大于风险偏好对于创业绩效的调节作用的效应值 0.101，H3b 得以验证。

其三，产业效应性对风险偏好、风险规避影响创业绩效均具有显著的正向调节作用，其效应值分别为 0.115($p < 0.001$)、0.137($p < 0.001$)，且均通过了异质性检验。I^2 值分别为 94.539、95.507，H4a 得以验证。其

中，产业效应对于风险规避影响创业企业绩效的调节作用的效应值为
0.137，大于风险偏好对于创业企业绩效的调节作用的效应值 0.115，H4b
未得到验证。

3.4　研究结论与管理启示

3.4.1　研究结论

本研究揭示了风险倾向及其类型与创业企业绩效之间的关系，探究了
市场不确定性、民族文化、产业效应在此过程中的调节作用，各假设及其
验证结果如表 3-4 所示。

表 3-4　　　　　　　　　　　　验 证 结 果

项目名称	假 设 内 容	验证结果
假设 H1	风险倾向对创业绩效有显著的正向影响	验证成功
假设 H1a	风险偏好与创业绩效之间存在显著正相关关系	验证成功
假设 H1b	风险规避与创业绩效之间存在显著正相关关系	验证成功
假设 H2a	市场不确定性对于风险倾向影响创业绩效具有正向调节作用	验证成功
假设 H2b	市场不确定性对于风险偏好影响创业绩效的调节作用高于风险规避对于创业绩效的调节作用	验证成功
假设 H3a	民族文化对于风险倾向影响创业绩效具有正向调节作用	验证成功
假设 H3b	民族文化对于风险规避影响创业绩效的调节作用高于风险偏好创业绩效的调节作用	验证成功
假设 H4a	产业效应对于风险倾向影响创业绩效具有正向调节作用	验证成功
假设 H4b	产业效应对于风险偏好影响创业绩效的调节作用高于风险规避对于创业绩效的调节作用	验证失败

主要研究结论如下：

第一，H1 得以验证。该结论与 Oermans 和 Willebrands（2017）等学者
的结论一致，即创业企业家的风险倾向对于提升创业企业绩效具有积极的
作用。创业企业家在创业活动中需要有正确的风险观念，在创业过程中需

对所处的环境进行详细的分析与思考，对可能遇到的风险因素进行细致的了解与认识。理性的风险倾向有助于创业企业家在不同环境、不同条件下寻找潜在的机会，积极承担风险，同时排除影响创业企业发展的风险因素，进一步壮大企业并提高创业企业绩效（Martins et al.，2015）。若缺乏正确的风险倾向，特别是风险倾向过于激进，在充满竞争的市场中盲目冒进，会损害创业企业绩效甚至导致创业失败。若风险倾向过度保守，就会错失良机，无法获得更高的创业绩效，甚至难以在竞争激烈的创业环境中生存。

第二，H1a、H1b、H1c 得以验证。H1a 的结论与 Mudzingiri 等（2019）的观点一致，即风险偏好有利于创业企业家在创业活动中取得更高的创业绩效。风险偏好型的创业企业家倾向于在创业过程中采取冒险的策略，其创业行为亦更加冒险。该类型创业企业家更容易识别已产生的创业成果，并获取更高的创业积极性（Snihur，Zott，2019）。风险偏好型的创业企业家更容易做出创业决策，在遇到创业挫折与阻碍时不容易丧失信心，积极的态度会使这一类风险偏好型的创业企业家对市场动向有着灵敏的感知与判断，最终发现并抓住机会提升创业企业绩效。H1b 的成立与 Heaton（2018）的研究结论类似。风险规避型的创业企业家厌恶风险，会尽量避免承受过高风险以保全创业企业已经获得的成就。在稳定的创业环境中，这一类创业企业家会通过规避其他企业家较难察觉的风险，更大程度上维护创业企业业绩（Nabiha，2018）。在竞争性强的环境中，风险规避型的创业企业家可以更好地稳固企业的市场份额，保护其忠诚的消费者。在快速变化的环境中，这类企业受市场影响较小，不盲目冒进（Geer，2012）。其虽然会丧失一定的机会，但总体上不会动摇创业企业根基，也有利于提升创业企业绩效。风险规避型的创业企业家虽然不及风险倾向型的创业企业家可以获得极高的创业企业绩效，但在时刻变化的市场环境中，前者更能适应外部环境（Caicedo，2018）。其通过对市场的考察与判断，积极调整自身的风险倾向，以期获取更高的创业企业绩效。

第三，H2a 得以验证。即市场不确定性对于风险倾向影响创业企业绩效具有正向调节作用。市场不确定性是影响创业企业绩效的重要因素，良好的市场环境更利于创业企业发挥优势，获取更高绩效。目前的研究多侧重于市场不确定性本身对创业企业绩效的影响（Witjaksono，Rahmadyanti，2014），其忽略了市场不确定性的调节作用。根据权变理论，由于市场不确定性，创业企业家需选择适应市场环境的风险倾向以提高创业绩效。在此过程中，市场环境的变化时刻要求创业企业家调整自身风险倾向，制定相应风险策略以对抗市场不确定性。H3a 得以验证，即民族文化对于风险倾向影响创业企业绩效具有正向调节作用，验证了 Olivari（2016）的研究结论。创业企业家对风险的态度既会受到本民族文化的影响，也会在社会文化交流中受到其他民族文化的影响，在文化碰撞过程中，创业企业家的风险倾向会发生改变，进一步影响创业企业绩效。如中国文化侧重集体主义，中国的创业企业家会考虑企业行为对于社会的影响，不会有特别激进的风险倾向。但随着中西方文化交流加深，个人主义文化也影响了中国的创业企业家，"个人英雄主义"会引起过度的风险偏好（Seo et al.，2021），导致创业企业绩效的改变。H4a 得以验证，即产业效应对于风险倾向影响创业绩效具有正向调节作用。创业企业产品及技术服务、企业合作（Kim，Reinschmidt，2011）等有利于适应产业创新的因素受创业企业家风险倾向影响程度较大。无论是传统产业还是新型产业，创业企业家在创业时既要考虑产业当前发展水平又要考虑产业未来的发展方向，通过综合产业内的多种信息，采取正确的风险倾向以提高创业绩效。

　　第四，H2b 得以验证，即市场不确定性对于风险偏好影响创业绩效的调节作用高于风险规避对于创业绩效的调节作用，验证了 Fang 和 An 的研究成果。创业企业家在应对市场不确定性时，风险偏好的企业家更有利于提高创业绩效，企业家必须时刻关注市场情况，识别新生的风险与机会（Bai，2018）。活跃市场中，会存在更多的机遇，市场环境变化大时，善于发现机会的企业往往能获得更高的业绩。H3b 得以验证，即民族文化对于风险规避影响创业绩效的调节作用高于风险偏好对于创业绩效的调节作用。国家和民族的文化有其自身特点，很大程度上反映了一个地区的企业价值取向与企业行为偏好。从所处地区来看，不同地区的资源分布也不均匀，创业企业家也必须采取适应自身环境的风险倾向。风险规避的企业家更能适应稳定社会中的民族文化氛围，并根据社会环境、社会情绪等因素及时调整创业策略（Dong et al.，2015），一方面可以避免过失行为的发生，另一方面也可以顺应市场趋势并发展壮大。产业效应对于风险规避影响创业绩效的调节作用高于风险偏好对于创业绩效的调节作用，假设 H4b 不成立。尽管风险偏好的创业企业家所具有的冒险精神有利于其在产业中识别潜在的机会，获取更多的投资，但由于创业行为本身包含的不确定性，冒险精神并非总是有利于创业企业家。一方面，创业企业家无论是否有产业内的从业经历，其对产业的熟悉程度及运作模式不如已经在产业内经营多年的企业。跨行业的创业企业家或者新进入产业的创业企业家在缺乏相关知识时，其风险倾向会受到较多因素的影响，处于不稳定的状态

（Mudzingiri et al.，2019）。风险偏好的创业企业家不能时刻保持警惕、富有冒险精神的风险态度，也可能会因为产业变化产生规避风险的想法，在这种情况下，风险偏好并不利于创业绩效。另一方面，不同国家和地区的产业结构不同，国民经济的支柱产业不同，对于产业的政策扶持力度也不同（Wu，Wang，2017）。风险偏好的创业企业家在不被重视的产业中难以发挥其全部能力，尽管能发现潜藏的机会，但由于政策限制、区域限制等问题难以发展。因此，风险偏好的企业家并非总能在产业中获取领先地位，相反风险规避的企业家更加能适应产业特性，根据产业特性选择合适的发展战略及创业策略。

3.4.2　管理启示

创业企业家的人格特质普遍不同，受到个人经历和成长环境的影响，会表现出不同的风险倾向。创业企业家在创业活动中的风险倾向决定了其面对风险时的喜好和决策模式，这些喜好和行为最终影响创业绩效。不同类型的企业家应有不同的创业策略。在创业企业进入新市场、新领域过程中，会面临诸多不确定性。创业企业如何进入市场并在市场中生存是创业企业家需要考虑的关键问题。风险偏好的企业家对自身更具有信心，会吸引风险投资，采用更加直接的方式进入市场。该类企业家在获取风险投资后直接进入全新的领域，面对高度的市场不确定性也不会产生退缩，同时也会在创业企业逐步发展过程中吸引更多投资。通过投资产生杠杆以提高自身在新领域的不确定性应对能力。对于风险规避的企业家，其在创业过程中更多依赖现有资源，如现有技术优势、政策优惠，该类企业家并不会通过风险投资、高额贷款的方式经营初创企业。风险规避型的创业企业家更依赖"软实力"，如入股市场中具有一定规模的企业、参与政府制定项目等。

风险偏好的创业企业家具有更高的冒险精神，在风险面前不会产生过多的畏惧情绪，其焦虑水平也较低，该类创业企业家追求高风险高回报的创业活动，其行为有利于创业绩效。一方面，该类型的创业企业家在动荡的市场环境中能够快速适应多变的外部因素，利用自身对风险的敏感性积极寻找机会，开创新的商业模式，该类型的企业家在市场不确定性强的环境中创业更能取得良好的创业绩效。另一方面，该类型的企业家自我人格特质过强导致与民族文化相融性较差，会产生较强的文化压力，因此在跨国创业、跨区域创业过程中，该类创业企业家难以适应东道国的民族文化和社会习惯，难以取得较高的创业绩效。此外，尽管该类创业企业家具有良好的冒险精神，但其在适应产业变化、产业政策方面存在一定不足，该类创业企业家也应尽量避免涉足不熟悉的行业及产业结构过于复杂的行业。

风险规避型的创业企业家具有保守主义精神，其尽量规避不必要的风险，这在一定程度上有利于创业企业规避危机，从而对于创业企业绩效尤其是财务绩效有积极的促进作用。风险规避型的创业企业家在从事风险性较高的行业时具有一定优势，合理的风险决策逻辑和行为模式可以最大程度地保全企业。但该类创业企业家不适合从事高风险高回报的行业，其远离风险的习惯也会降低高收益和丰富的创业机会。当一个国家或地区的民族文化培育出更多风险规避的创业企业家时，该国家的发展会受到一定的阻碍，缺乏足够创新性和冒险性的创业企业家难以带动整个国家的经济发展，此时需要出台相应的利好政策来促进风险规避型的创业企业家采取冒险的创业模式。

针对风险中性型的创业企业家而言，其兼有风险偏好和风险规避创业家的特点，在实际创业活动中，其创业绩效的提高更加稳定。其虽然难以获得高风险条件下的高收益，但也不会因为过度保守失去企业壮大的机会。在市场不确定性强的环境中，风险中性型的创业企业家会获得持续提高的创业企业绩效，且风险中性的创业企业家与不同民族文化、产业结构、产业政策相融性强。在进行跨国创业、跨区域创业、新兴产业时，创业企业家更应保持风险中性的态度以提高创业绩效。整体而言，创业企业家应调整自身的风险倾向，在更多情况下保持中性的态度，识别并规避过高的风险，主动承担风险并获取相应的收益。

第4章 信任与经验中介作用下的
创业学习决策

创业经验的积累、整合、运用是创业学习过程中至关重要的环节，通过对创业经验的吸收、再利用，创业企业家的知识结构得以逐渐完善，并将有助于创业企业在其不同成长阶段提升创业绩效（Burke et al.，2018；He et al.，2018；Madsen，Desai，2010）。创业企业在通过创业学习获取新知识、新方法、新技术的过程中，创业环境普遍存在高度不确定性和不稳定性，其创业能力和资源亦存在严重缺陷。在外部风险和内生动力的同步制约下，创业绩效提升面临巨大挑战，而组织信任是创业学习面临多重挑战下取得创业绩效的基础和保障（闫华飞、胡蓓，2014；余红剑，2009）。基于此，本研究综合运用元分析和结构方程模型的方法，充分探究创业学习、创业经验、组织信任、创业绩效之间的关系和内在影响机理，并运用元分析的亚组比较方式建立相应的调节效应模型进行系统梳理与实证检验，对创业企业在行业异质性视角下的创业学习策略选择提供一定的实践参考。

4.1 理论框架与基本假设

4.1.1 创业学习与创业绩效

创业学习理论的资源基础观认为创业企业的关键性资源主要包括人力资源和社会关系等，通过创业学习，创业企业的人力资源得以积累、更新和整合，社会关系不断拓展、延伸，形成具有较强的相互依赖结构的社会关系网络，进而推动创业企业能力的构建与发展，最终对企业的创业绩效产生积极影响（Bacq，2014；Kisaka，2014；Colucci，2013；Alvarez，Busenitz，2001）。创业学习理论中的创业过程观认为，创业企

业家是创业活动的发起者，其想法、观念、行动均关乎着创业绩效，且
突出表现为创业企业需在引入新的生产要素以克服创业企业新颖性内部
缺陷的同时，通过创业学习行为，不断吸取、总结和反思创业经验，帮
助创业企业在不确定的模糊环境下从独特的有价值的资源新组合中获取
创业绩效有效提升的动力（Cope，2005）。创业学习理论的经验观认为
创业经验是创业学习的源泉，创业学习的过程表现为将创业经验提炼成
创业知识并形成和完善创业理念。因此，创业知识的积累和理念的优化
能够进一步促进创业企业提升创业绩效（Muthusamy，2005）。同时创业
学习理论的能力观认为创业企业拓展社会关系、构建创业理念、组织领
导员工的三种能力能明显提升创业企业的管理效能，而制定战略计划和
履行前期承诺的能力能帮助提升创业企业的可持续经营效能。以上两种
效能的提升有助于创业企业进一步实现创业绩效的整体提升和全面突破
（Man，2002）。综上，提出如下假设：

H1：创业学习对于创业绩效具有正向影响。

4.1.2　创业经验对"创业学习—创业绩效"关系的影响

创业企业在发展的不同阶段，通过创业学习对创业经验进行开发式利
用或探索式利用，在消化和反思创业经验后采取与以往创业经验大体一致
或截然相反的行为，以达到提升创业绩效的目的。在创业初期，创业企业
需要在充分学习前人经验的基础上积累创业知识和掌握必要信息，拓展崭
新的知识视野，把握可利用的知识内涵和方向，在不断变化的政策、市
场、技术等环境中获取适用于创业企业自身情形的创业经验，并在此基础
上发掘新机会、开阔新思路，推动创业企业快速提升创业绩效（Olugbola，
2017；Miralles et al.，2015；Stam et al.，2009）。在初创期之后的其他阶
段，创业企业需要对已有的资源储备进行盘算、梳理及整合，将已有的创
业经验与当前企业的资源结构充分关联，通过不断整合、更新，升级当前
企业的创业知识、社会网络、认知能力等，挖掘更深层次的创业机会，促
进创业绩效的再飞跃（Colucci et al.，2013；Levinthal，March，2010）。由
此可以看出，在不同阶段的创业学习过程中，创业经验的吸收和利用都在
以不同形式影响着创业绩效。因此，提出如下假设：

H2：创业经验对于创业学习正向影响创业绩效具有中介作用。

4.1.3　组织信任对"创业学习—创业绩效"关系的影响

组织信任可以分为情感信任和认知信任（任胜钢等，2016；Larson，

1992）。在创业企业进行探索性学习的过程中，情感信任主要作用于企业内部，使员工保持高度的心理安全感和组织归属感，可以保障创业企业在不确定的动态环境中仍然具有强大的内部支撑动力。此外，亦可避免缺乏信息共享观念而导致的一系列后续风险，并及时拓展知识传播的范围，提升知识转移的效率，从而推动创业机会的持续开发（杨伟等，2015；张旭梅、陈伟，2011；宋华、王岚，2009）。同时在外部，创业企业也可以通过情感信任搭建起人脉关系网络，并协助克服创业企业的新颖性缺陷，从而解决学习成本较高、营运资金短缺等问题。认知信任则是通过在内部运作使得企业员工与创业企业具有高度一致的组织目标，形成组织内部发展合力，有利于隐性知识的传播和专业技术的转移，带动组织内部成员进一步了解、认可及掌握企业的核心技术，为创业绩效的提升继续增添活力（刁丽琳、朱桂龙，2014；夏若江，2005）。此外，创业企业通过建立和认知组织信任，可以丰富关系网络、拓展市场，进而提高创业企业盈利能力（任胜钢等，2016；葛晓永等，2015；程德俊、赵勇，2011）。尽管密集的创业企业关系网络以及庞大的结构洞数量有助于创业企业家识别和开发创业机会（Solano，2018；Fernández et al.，2015；黎赔肆、李利霞，2014；刘璐琳、余红剑，2012），但只有当关系网络中彼此的联系达到相互信任的水平时，各方才会愿意共享稀缺信息和资源，从而形成共同合力提升创业企业的绩效（余红剑，2009）。因此，提出如下假设：

H3：组织信任对于创业学习正向影响创业绩效具有中介作用。

4.1.4　创业企业年龄对"创业学习—创业绩效"关系的影响

在提升创业绩效的过程中，创业企业年龄起着较为重要的作用（Song et al.，2008）。在创业公司的成长初期，其后续的可持续发展容易受到新公司新颖性缺陷的阻碍，通常包括信息堵塞、技能不足和知识有限等方面的困境（Stinchcombe，2004）。行业知识门槛和信息知识匮乏使得创业企业在这一阶段更难去识别、把握、利用现有机会（Aldrich，Wiedenmayer，2019；Cao，Gedajlovic，Zhang，2009）。例如，创业初期的企业通常很难在同一个产品市场上吸引那些已经对其他老牌公司建立了品牌熟悉度、忠诚度和信任度的顾客。同时，创业企业在创业初期亦需尽快面对和适应新的商业环境，这意味着企业在面对外界反应时需要迅速做出决策并立即采取行动。由于这种突发事件的处理需要较强的应急反应能力，因此发展初期的创业企业在资源有限的情形下更可能依赖于其他能力。例如灵活的环境适应能力及优秀的沟通传达能力等，而不是创业经验(Vaillant，Lafuente，2019)。相比之下，在创业企业的发展后期，企业将更依赖于创业经验，因为其在长时间的创业实践中，逐渐具备了更强的感知能力、辨别能力、应对能力以及资源组合能力(Jansen，Simsek，Cao，2012)。以上优势使得处于发展后期的创业企业能够较为容易地通过"跟踪记录"获得更高的创业绩效(Unger et al.，2011)。因此，创业经验在创业企业成长后期比在成长初期对创业绩效的影响更为重要。因此，提出如下假设：

H4：创业经验与创业绩效之间的关系在企业成长后期强于企业成长初期。

4.1.5 产业环境对"创业学习—创业绩效"关系的影响

创业企业的不同产业环境可能会影响创业经验-绩效关系(Batjargal et al.，2013)。与低技术企业相比，高技术企业在市场环境中会面临更多的风险、不确定性和复杂多变性(Unger et al.，2011；Hambrick，Finkelstein，Mooney，2005)。这意味着创业经验在高科技企业所面临的动态环境变化具有重要作用。例如，由于知识密集型产业的需要，高科技企业通常需要更加深厚的知识和复杂的技能(Unger et al.，2011；Keeble，1990)。但是，没有创业经验的创业企业可能难以在这种产业环境下生存，无法及时响应消费者市场需求的变化并合理有效地升级技术(Rosenbusch，Rauch，Bausch，2013)。因此，对于以上创业企业家来说，要充分利用创业经验所吸收和积累的知识和技术，似乎是一个很大的挑战。综合起来，本研究提出如下假设：

H5：创业经验与创业绩效的关系在高技术产业环境中比在低技术产业环境中更强。

4.2 研究设计

4.2.1 变量解释

本研究涉及的主要变量包括：(1)创业学习。其通常被描述为创业活动中知识的累计过程。已有相关文献所采用的创业学习量表主要采纳Gabrielsson的建议，即从开放式学习、探索性学习两个方面对创业学习进行度量。(2)创业经验。其是创业者在以往的创业活动中收获的知

识、技能以及观念。已有相关文献所采用的创业经验量表主要参考
Politics（2005）、Zhang（2007）、Ucbasaran（2009）等学者的研究成果，从
职能经验、行业经验和管理经验等角度来衡量创业经验。（3）组织信
任。其反映了组织内外关系嵌入的水平和黏着性。已有文献所采用的组
织信任量表大多沿用 Doney（1997）和 McAllister（1995）等学者对组织信
任的测量方式，主要就认知性信任和情感性信任等角度对该变量进行度
量。（4）创业绩效。其反映为创业企业的生存与发展状态，亦是创业企
业成长的重要指标（王春艳，2016）。本研究选取的文献采用的创业学
习量表主要包括销售、就业和市场份额的增长等维度。（5）企业年龄。
该变量指创业公司成立的年数（Zahra et al.，2003）。已有研究表明，企
业年龄对于创业企业成长是一个重要的考虑因素，因为企业成长的不同
阶段会影响创业绩效（Song et al.，2008）。如果研究对象包括平均存在
时间少于 8 年的企业，本研究将其归类为新企业；如果研究对象包括平
均存在时间超过 8 年的企业，本研究将其归类为老企业（Bantel，1998；
McDougall，Robinson，1990）。（6）产业类型。根据 Jin（2017）等学者的
建议，本研究将纳入元分析的独立样本分为高技术企业和低技术企业，
计算机软硬件、互联网、电信、医疗、外科及牙科器械、生物技术、半
导体等被划分为高新技术企业，而低技术企业主要包括制造型企业和零
售型企业。

4.2.2　数据来源

为探究"创业学习—创业绩效"的中介模型，本研究选取 CNKI、万
方、CALIS 等数据库，检索论文的标题、摘要和关键词。检索词包括：
"创业学习""信任""创业经验""成功""失败""创业绩效""企业成长"等，
初步收集到 131 篇中文文献。本研究采用如下标准对文献进行筛选：（1）
聚焦于创业领域，研究创业学习对创业绩效的影响机制；（2）研究内容涉
及量化研究，必须采用独立样本，同时在文内报告了相关变量间的相关系
数。在文献编码和数据统计时，当某一变量涉及多个维度时，采取计算平
均数的方式来统计变量间的关系系数。在该标准下，最终筛选出 35 篇中
文文献，共计 35 个中文独立样本。英文文献的收集主要通过检索
Springer、Elsevier Science Direct、Wiley、Emerald、EBSCO 等国际主流学
术数据库，检索词包括："entrepreneur＊""learn＊""trust""reliance"
"experience""failure""success""survival""venture""startup""performance"
"growth"。采用与中文文献筛选相同的标准，剔除内容非量化、主题关联

度不够的文献，得到 28 篇英文文献，共计 28 个英文独立样本。其次，本研究还查阅了 2001—2020 年 *Entrepreneurship Theory and Practice*，*Journal of Business Venturing*，*Strategic Entrepreneurship Journal* 等创业领域的权威期刊和 28 篇英文文献的参考文献，未发现有新文献。本研究最终用于"创业学习—创业绩效"的中介模型元分析的中英文文献总量为 63 篇，包含 63 个独立样本，样本总量为 15645，如表 4-1 所示。用于元分析的所有文献是由本研究的两位作者进行独立编码的，两位作者的 95.2% 初识编码结果是一致的，对于存在分歧的编码结果也在研究团队讨论中予以解决，最终得到表 4-1 所显示的编码结果。

表 4-1　　"创业学习—创业绩效"的中介模型原始研究统计表

原始研究	出版类型	样本量	变量之间关系系数					
			E-G	E-L	E-T	L-T	L-G	T-G
Clercq，2005	J	298	0.04	−0.01	0.04	−0.12	0.1	0.49
Boso，2019	J	240	0.17	0.42	—	—	0.21	—
Mitchell，2008	J	220	—	0.14	—	—	—	—
Muthusamy，2005	J	144	—	0.5	0.3	0.63	—	—
Shepherd，2011	J	257	—	—	—	—	0.2	—
Wiklund，2011	J	239	0.32	—	—	—	—	—
Yamakawa，2015	J	220	—	0.02	—	—	—	—
Davidsson，2003	J	380	0.139	—	—	—	—	—
Madsen，2010	J	107	—	—	—	—	—	0.54
Hsieh，2014	J	71	—	—	—	—	—	0.3
Jiang，2015	J	205	—	—	—	—	—	0.42
Sanjit Sengupta，2000	J	57	—	—	0.14	—	—	—
Politis，2007	J	291	0.17	—	—	—	—	—
Krishnan，2006	J	126	—	—	—	—	—	0.52
He，2018	J	142	—	−0.02	—	—	—	—
Politis，2009	J	231	0.46	—	—	—	—	—
Hewett，2001	J	103	—	—	—	—	—	0.29

续表

原始研究	出版类型	样本量	变量之间关系系数					
			E-G	E-L	E-T	L-T	L-G	T-G
Ranucci，2015	J	86	—	—	0.28	—	—	—
Barney，1996	J	205	−0.11	—	—	—	—	—
Hallam，2016	J	314	—	—	—	0.64	—	—
Ojha，2016	J	128	—	—	—	0.74	—	—
He，2013	D	125	—	−0.06	—	—	—	—
Mahto，2018	J	53	—	—	—	—	0.14	—
Deutsche，2016	J	91	—	—	—	—	0.21	—
Clercq，2016	J	162	—	—	—	0.25	0.35	0.25
Benavides，2014	J	74	—	—	—	0.42		
Fink，2010	J	303	—	—	—	—		0.42
Zheng，2012	J	98	0.08	—	−0.04	—	—	0.1
董静，2018	J	4047	0.05	—	—	—	—	—
荣健，2016	J	208	0.08	0.1	—	—	0.26	—
王巧然，2016	J	173	0.46	0.41	—	—	0.48	—
于晓宇，2015	J	231	0.2	—	—	—	—	—
秦双全，2015	J	94	—	0.33	—	—	—	—
田莉，2012	J	123	0.25	—	—	—	—	—
杨道建，2018	J	288	—	—	—	—	0.85	—
徐占东，2018	J	288	—	—	—	—	0.69	—
王华锋，2017	J	147	—	—	—	—	0.61	—
刘进，2016	J	229	—	—	—	—	0.48	—
马鸿佳，2016	J	142	—	—	—	—	0.45	—
代吉林，2015	J	181	—	—	—	—	0.34	—
马鸿佳，2015	J	136	—	—	—	—	0.31	—
罗明忠，2014	J	216	—	—	—	—	0.31	—
蔡莉，2014	J	160	−0.16	0.15	—	—	0.32	—

续表

原始研究	出版类型	样本量	变量之间关系系数					
			E-G	E-L	E-T	L-T	L-G	T-G
于晓宇，2013	J	177	—	—	—	—	0.36	—
杨隽萍，2013	J	133	—	—	—	—	0.5	
刘景江，2011	J	152	—	—	—	—	0.42	
刘井建，2011	J	120	—	—	—	—	0.72	
蔡莉，2010	J	341	—	—	—	—	0.33	—
黄佳，2009	J	198	—	—	—	—	0.58	
张玉利，2011	J	173	—	0.04	—	—	—	
谢军，2018	J	217	—	—	0.04	—	—	
祝振铎，2017	J	212	—	—	—	—	—	0.37
陈忠卫，2016	J	199	—	—	—	—	—	0.31
易朝辉，2011	J	334	—	—	—	—	—	0.37
葛晓永，2015	J	158	—	—	—	0.46	0.33	0.37
宋华，2009	J	194	—	—	—	0.43	0.47	0.58
孙晨，2013	D	207	0.66	0.31	—	—	0.22	—
张蕊香，2015	D	118	0.1	0.12	—	—	0.14	—
周金平，2016	D	233	0.55	—	—	—	—	—
郑鸿，2017	J	199	—	—	—	—	—	0.31
任胜钢，2016	J	203	0.13	—	0.14	—	—	0.03
朱娜，2015	D	220	—	—	—	—	—	0.49
张广琦，2014	D	224	—	—	—	—	—	0.31

注：E-G 表示创业经验-创业绩效；E-L 表示创业经验-创业学习；E-T 表示创业经验-组织信任；L-T 表示创业学习-组织信任；L-G 表示创业学习-创业绩效；T-G 表示组织信任-创业绩效。

4.2.3　研究方法

现有关于创业学习与创业绩效关系的量化研究对于两者之间是否存在

正相关性以及程度如何，并未形成一致结论，同时涉及创业学习、创业经验、组织信任、创业绩效 4 个变量的研究亦并不多见。元分析和结构模型方法的综合运用可以很好地弥补这一缺陷，充分利用只报告了部分变量相关性的量化研究，通过科学的测算规则，使研究者能够在变量间的关系中发现更广泛的规律和模式，更好地构建和解释理论框架（Viswesvaran，1995）。此外，元分析和结构方程模型已被广泛应用于创业领域的相关研究中（Schlaegel，2014；Haus，2013；Rosenbusch，2013）。因此，本研究综合运用该方法开展创业学习与创业绩效关系的研究。

（1）元分析

本研究依照 Hunter & Schmidt（2006）给出的程序和步骤录入元分析的效应值。具体而言，本研究首先将原始研究中涉及本研究变量之间的相关关系作为元分析过程中的效应值，当多个相关系数代表某两个研究变量间的相关系数时，采用计算平均数的方式提取两个研究变量间的效应值。此外，运用 Comprehensive Meta Analysis 2.0 软件，检验原始研究的出版偏倚，以验证样本的全面性和代表性。为了测算真实的效应值并得到研究变量之间的相关系数矩阵，本研究还计算了 Q 同质性统计量，显著性 Q 表示给定关系的异质性。研究表明，当关系是异质时，随机效应模型能提供比固定效应模型更准确的测算（Cheung，Chan，2005；Jiang，2003；Erez，Bloom，Wells，1996）。

（2）结构方程

本研究使用 Viswesvaran & Ones（1995）提出的方法对元分析数据并结合结构方程模型的方法进行分析，采用元分析过程中获得的创业学习、创业经验、组织信任、创业绩效之间的相互关系作为结构方程模型分析的基础。由于每个原始研究的样本量并不相同，本研究通过计算 63 个原始研究样本量的调和平均数确定结构方程模型分析过程的样本量。与算术平均值相比，调和平均值与现有数据中存在的总体精度一致。在该研究中，各项原始研究的样本量的调和平均数为 157。参考 Hu（1999）的做法，本研究采用已建模型拟合统计量来检验结构模型的可行性，即 χ^2、IFI、CFI、GFI、NFI、RMSEA、SRMR 来检验结构模型的可行性。可接受的模型拟合要求 IFI、CFI、GFI、NFI 值大于 0.9，RMSEA 值小于等于 0.08，SRMR 值小于 0.1（Kline，2011）。为了进一步分析相关变量的中介作用，本研究还使用了 Sobel（1982）、Aroian（1947）和 Goodman（1960）检验方法以验证间接效应的显著性。

（3）调节效应

本研究通过 Comprehensive Meta Analysis 2.0 进行调节变量分析，当调节变量为分类变量时，分别验证其在不同类型变量的条件下效应值的显著情况。通过 Q 检验的方式，确认差异系数是否显著，而亚组分析支持检验类别调节因子对效应大小的影响。

4.3　实　证　研　究

4.3.1　同质性检验

用于分析"创业学习—创业绩效"中介效应模型的原始研究数据，经过 Comprehensive Meta Analysis 2.0 元分析软件的处理，各变量关系效应值的异质性得到了检验，其结果如表 4-2。创业学习—创业绩效、创业经验—创业绩效、组织信任—创业绩效、创业学习—组织信任、创业学习—创业经验的效应值均小于 0.001，且 I-squared 均大于 75%，表明以上 5 个变量关系的效应值均极其显著且存在高异质性。此外，创业经验与组织信任间的效应值的 p 值小于 0.05 且 I-squared>50%，亦表明该变量关系之间效应值显著且存在异质性（Higgins，2003）。因此，在变量关系均显现异质性的情况下该项元分析研究采用随机效用模型对相关数据进行测算。

表 4-2　　"创业学习—创业绩效"中介效应模型同质性检测结果

变量关系	异质性				Tau-squared			
	Q 值	$df(Q)$	p 值	I-squared	Tau-squared	SE	方差	Tau
创业学习—创业绩效	398.256	26	0.000	93.472	0.078	0.024	0.001	0.279
创业经验—创业绩效	265.743	17	0.000	93.603	0.046	0.028	0.001	0.215
组织信任—创业绩效	76.677	17	0.000	77.829	0.019	0.009	0.000	0.138
创业经验—组织信任	13.106	6	0.041	54.220	0.008	0.009	0.000	0.090

续表

变量关系	异质性				Tau-squared			
	Q 值	$df(Q)$	p 值	I-squared	Tau-squared	SE	方差	Tau
创业学习—组织信任	175.188	7	0.000	96.004	0.136	0.081	0.007	0.367
创业学习—创业经验	88.048	13	0.000	85.235	0.033	0.016	0.000	0.181

用于分析"创业经验—创业绩效"调节效应模型的原始研究数据，经过 Comprehensive Meta Analysis 2.0 元分析软件的处理，各变量关系效应值的异质性得到了检验，如表 4-3 所示。创业经验-创业绩效的效应值的 p 值小于 0.001，且 I-squared 均大于 75%，表明以上变量关系的效应值均极其显著且存在高异质性。因此，在变量关系均显现异质性的情况下该项元分析研究采用随机效用模型对相关数据进行测算。

表 4-3　　"创业学习—创业绩效"中介效应模型同质性检测结果

变量关系	Research number	异质性				Tau-squared			
		Q	$df(Q)$	p	I-squared	Tau-squared	Standard Error	Variance	Tau
Priorexperience-performance	46	387.7	45	0.000	88.394	0.020	0.007	0.000	0.141

4.3.2　出版偏倚检验

首先，本研究运用 Rosenthal's Classic Fail-safe N 检验和 Egger 检验对各变量关系效应值的失安全系数进行测算，以保障元分析样本具有代表性，结果具有可靠性，测算结果如表 4-4。从表 4-4 可知，除创业经验与组织信任相关性研究，其他变量关系相关性研究的失安全系数均大于 5K+10，因此这些变量关系相关性研究的样本具有代表性，不存在出版偏倚。其次，本研究运用剪补法对数据进行了修正，修正之后各变量关系的 Tau 值的 p 值均大于 0.1，表明各相关变量的研究均不存在严重的出版偏倚。最后，本研究采用了漏斗图对各变量关系之间的出版偏倚进行了验证，见图 4-1 至图 4-6，从漏斗图中可以看出，各变量关系的研究文献基本分布于中线两侧，依据丁凤琴（2018）的观点，用于各变量之间相关性研究的文献出现出版偏倚的可能性较小。

表 4-4   失安全系数表

变量关系	失安全系数（N_{fs}）	等级相关检测（Tau）	回归截距法	Trim and fill		
				观测值	调整值	变化值
创业学习—创业绩效	6594	0.071（$p=0.602$）	−2.911（$p=0.492$）	0.40932	0.40932	0
创业经验—创业绩效	890	0.020（$p=0.909$）	3.136（$p=0.057$）	0.21304	0.06984	0.1432
组织信任—创业绩效	2300	−0.099（$p=0.570$）	−1.899（$p=0.475$）	0.370	0.370	0
创业经验—组织信任	21	0.190（$p=0.548$）	1.891（$p=0.428$）	0.122	0.062	0.06
创业学习—组织信任	650	0.107（$p=0.711$）	8.281（$p=0.494$）	0.460	0.259	0.201
创业学习—创业经验	277	0.066（$p=0.743$）	1.984（$p=0.685$）	0.18134	0.18134	0

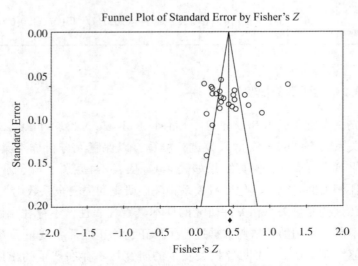

图 4-1 创业学习—创业绩效的效应值漏斗图

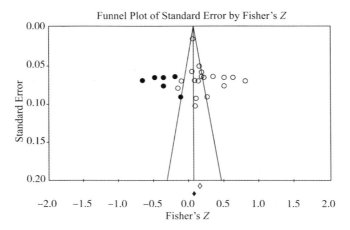

图 4-2　创业经验—创业绩效的效应值漏斗图

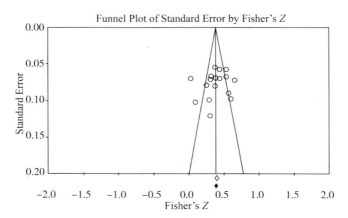

图 4-3　组织信任—创业绩效的效应值漏斗图

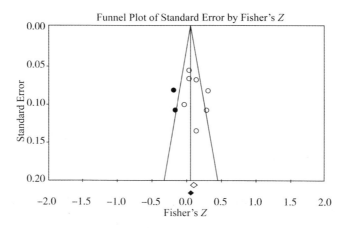

图 4-4　创业经验—组织信任的效应值漏斗图

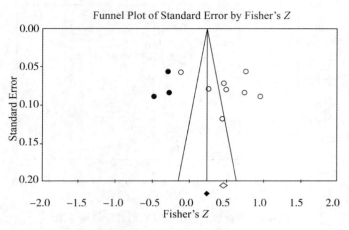

图 4-5　创业学习—组织信任的效应值漏斗图

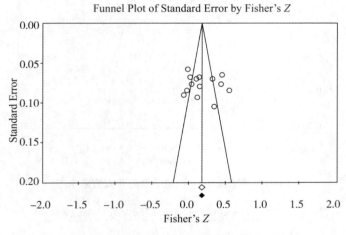

图 4-6　创业学习—创业经验的效应值漏斗图

4.3.3　效应值测算

本研究运用 Comprehensive Meta Analysis 2.0 软件得出表 4-5 主效应随机模型结果，其报告了效应值、置信区间等信息。其中，创业学习与创业绩效、创业经验和创业绩效以及组织信任与创业绩效的关系研究中，相关系数分别为 0.409、0.213、0.370（p 值均小于 0.001）。依据 Wilson 和 Lipsey（2001）的观点，相关系数的绝对值大于 0.1 时为中等相关，大于 0.4 时为高相关。由此可得出创业学习与创业绩效呈高度相关关系，创业经验和组织信任均与创业绩效呈中度相关关系。此外，除了创业经验与组织信任的关系显著性程度较低($p = 0.009$)，创业经验($p = 0.000$)和组织信任($p = 0.001$)均与创业学习有着显著的相关关系，创业经验与创业绩效之间亦存在显著相关性。

表 4-5　　　　　　　　　　　　随机模型分析

变量关系	效应值及95%置信区间			双尾检验	
	效应值	下限	上限	Z 值	p 值
创业学习—创业绩效	0.409	0.314	0.496	7.788	0.000
创业经验—创业绩效	0.213	0.111	0.310	4.057	0.000
组织信任—创业绩效	0.370	0.305	0.431	10.412	0.000
创业经验—组织信任	0.122	0.031	0.212	2.612	0.009
创业学习—组织信任	0.460	0.231	0.641	3.720	0.000
创业学习—创业经验	0.181	0.08	0.279	3.478	0.001

4.3.4　结构方程模型

依据元分析的结果以及所提出基本假设的逻辑框架，运用 Lisrel 软件，得出以创业学习为外源变量，以创业经验、组织信任、创业绩效为内生变量的结构方程模型，结果如图 4-7 所示。其中，$\chi^2 = 0.26$，$df = 1$，RMSEA $= 0.000 < 0.05$，IFI、CFI、GFI、NFI 等拟合系数为 1，均大于 0.9，SRMR $= 0.012$，在可接受的范围内，创业学习与创业绩效间的路径系数 t 值大于 1.96。因此，假设 1 创业学习对于创业绩效具有正向影响成立。根据温忠麟等(2004)在总结已有的中介效应验证方法基础上提出的中介作用验证程序，创业学习和组织信任之间以及组织信任和创业绩效之间的路径系数 t 值均大于 1.96，由此可以支持假设 3，亦即组织信任对于创业学习正向影响创业绩效具有显著的中介作用。此外，依据该中介作用验证程序，由于创业学习和创业绩效的路径系数 t 值大于 1.96，但创业经验和创业绩效间的路径系数不显著(t 值小于 1.96)，需进一步通过 Sobel 测试以确定经验是否对于创业学习影响创业绩效具有中介作用。本研究采用通用的 Sobel、Aroian、Goodman 等检验方法对创业经验的中介作用做了进一步测度。从结构方程模型的结果可知 $t_{LE} = 2.28$，$t_{EG} = 1.84$，由此得出中介效应验证结果如表 4-6 所示，各种检验数据均证明了创业经验的不显著

中介作用，因此假设 2 未得到支持，亦即创业经验对于创业学习影响创业绩效的中介效应不显著。

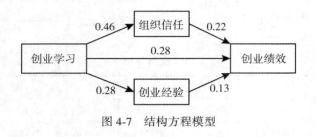

图 4-7　结构方程模型

表 4-6　　　　　　　　　　　　中介作用检验结果

中介作用的路径	创业学习—创业经验—创业绩效
$a(t_a)$	0.18(2.28)
$b(t_b)$	0.13(1.84)
Sobel test	1.432($p=0.152$)
Aroian test	1.355($p=0.175$)
Goodman test	1.523($p=0.128$)

注：$p>0.1$ 中介效应不显著。

4.3.5　调节效应模型

(1)企业年龄的调节效应

为了进一步探究企业年龄对创业经验和创业绩效关系的影响，本研究检验了企业年龄的调节作用。创业经验在旧企业中对创业绩效有显著影响，效应值为 0.126($p=0.093$)。创业经验在新企业中亦对创业绩效有显著影响，效应值为 0.107($p=0.001$)。此外，创业经验与创业绩效之间在创业初期比创业后期显现出更强的相关性。该结果验证了假设4，即创业学习与创业绩效之间的关系在创业企业成长后期强于创业企业成长初期。

表 4-7　　　　　　　　　企业年龄的调节效应检验

Variables	K		Sample size	Effect value	P-value	Confidence interval
Entrepreneurial performance	Old	11	18608	0.126	0.093	[−0.021, 0.267]
	Young	15		0.107	0.001	[0.043, 0.170]

（2）产业环境的调节效应

本研究采用随机效应模型分析了行业条件对创业经验对创业绩效的调节作用。如表 4-8 所示，在创业经验与创业绩效的关系中，本研究考虑了两类变量：高技术企业和低技术企业。在高科技产业中，创业经验对创业绩效有显著影响，效应值为 0.109（p<0.1），但在低技术产业中，创业经验对创业绩效的影响不显著，效应值为 0.054（p=0.102）。

表 4-8　　　　　　　　　产业环境的调节效应检验

Variables	K		Sample size	Effect value	P-value	Confidence interval
Entrepreneurial performance	High-tech	23	18608	0.109	0.015	[0.022, 0.196]
	Low-tech	7		0.054	0.102	[−0.011, 0.118]

此外，高技术产业下的创业经验与创业绩效的相关性高于低技术产业下的创业经验与创业绩效的相关性，该结果与假设 5 相悖。

4.4　研究结论与管理启示

4.4.1　创业学习对创业绩效的影响

本研究验证了假设 1，即创业学习正向影响创业绩效。该结论与 Mahto（2018）、Shepherd（2016）、Carswell（2001）等学者的研究结论一致。从创业学习的作用机制来看，创业学习能促进创业企业获取和吸收新想法，增强对商业情报的获取能力，加强对动态市场环境的观察能力，进而转化为创业企业把握创业机会和市场动向的行为，最终对创业绩效产生积极的影响。这一结论在创业者的个体层面具有重要的启示作用，创业企业家需在创业学习过程中，不断更新自身的知识结构，实现知识和能力的有效转化，逐步矫正和改善发展策略。在动态、复杂、不确定的创业环境下，精准识别创业机会，为创业绩效提升创造更大可能性。这一结论对于创业企业组织层面的启示在于，创业企业必须加强知识管理，不断优化自身的学习曲线，通过创业学习提升试错水平及自矫正能力，从而提升创业绩效。

4.4.2　创业经验的中介作用

本研究驳斥了假设 2，即创业经验对于创业学习正向影响创业绩效不具有中介作用。该结论与当前学术界的主流观点不一致。比如，支持创业机会论的学者往往认为创业经验与特定的创业机会紧密相关，创业经验能提炼创业学习中的知识，转变以往的认知模式，转移更新的知识技能到创业活动中，通过识别和创造有价值的创业机会来提升创业绩效（McKenzie，Woodruff，2013；Shane，2000）。此外，支持能力构建论的学者们亦认为顾客偏好的领悟能力、市场动向的把控能力、关键获利信息的收集能力、高新科技的掌握能力等一系列创业能力均取决于创业企业对于经验的积累、总结。通过创业学习，创业企业能够找到指导企业的决策方式和思维模式，引导自身成长（Jenkins et al.，2014；Mantere et al.，2013）。但是，本研究的元分析结果表明创业经验并非能显著影响创业学习和创业绩效之间的关系，其支持了以 Yamakawa Y.（2015）为代表的部分学者的观点，即快速成功或失败经验及其随之产生的不良情绪并不能帮助创业企业通过创业学习推进创业企业成长。究其原因，一种可能的解释是当前对于创业经验的度量方法关注于企业经验库的更新与扩展程度，而不是如何运用创业经验获取新知识（Barney et al.，1996）。此外还存在一种可能，即随着创业企业的成长和经验库的扩充，过量的经验储备和自大的情绪易阻碍创业经验在创业学习和创业绩效提升过程中发挥作用（He，2013）。虽然企业成长理论能支持先前提出的假设 2，但通过对当前研究的总体评估得到了截然相反的结论，这对于当前理论框架的调整和完善具有一定的启示。未来的研究可以进一步探索相关变量的调节效应，例如失败的负面情绪、骄傲的自大情绪在创业学习和创业绩效关系间的调节作用。此外，未来的相关研究可改善当前对于创业经验的度量方式，兼顾在创业经验运用过程中的新知识再造，进一步考量创业经验转换为创业知识的具体环节对创业学习和创业绩效间的作用机制产生了影响。虽然理论上创业学习具有较强的经验性，但不宜过度讲求经验主义，在创业学习中需科学合理地运用创业经验以实现创业绩效的提升。创业企业需要区分已掌握的创业经验，在创业学习中根据自身需要借鉴合适的创业经验，并开展二次筛选、深度反思、再度提炼，将升华后的创业经验运用到创业学习过程中，以提升创业绩效。此外，创业企业还需关注创业情境相似性的影响，即创业经验只有在创业情境相似度较高的前提下进行知识迁移，在创业经验中获取的产品、供应商、顾客等信息才能被有效运用，进而促进创业学习取得较高的创业绩效。

4.4.3 组织信任的中介作用

本研究验证了假设 3，即组织信任对于创业学习正向影响创业绩效具有中介作用。这与 Clercq(2005)的研究结论相悖，即相互信任的组织内部易产生群体思维，不同个体对彼此的行动和意见变得不再挑剔，这会降低信息流和决策的质量，并最终导致创业学习提升创业绩效的效率降低。以往的研究多关注于组织信任或创业学习对于创业绩效的单一作用，鲜有学者将组织信任、创业学习与创业绩效整合到一个研究框架中，研究三者间彼此的关系和作用机制，而这正是本研究的切入点。利用多国多行业的原始研究，通过更全面的数据整理和统计分析，本研究发现组织信任的建立是影响创业学习能否取得成效的中间环节，验证了以郑鸿(2017)为代表的学者观点的客观性和正确性。对创业企业而言，组织信任在创业学习和创业绩效提升之间的中间环节作用具有以下启示：第一，组织信任能在创业企业创业学习过程中稳固创业企业和合作伙伴的关系，促进组织之间的相互学习。在创业环境国际化、跨领域的发展趋势下，组织信任使得企业之间的广泛合作关系具有高度的认知信任，这种关系表现为合作伙伴了解彼此的能力，建立彼此的合作信心，进而促进合作双方在信息交换和合力解决问题过程中实现创业绩效的提升(宋华、王岚，2009)。第二，创业企业可通过组织信任的培养拓展创业学习的范围，延伸创业学习的内容，满足创业环境对创业知识更新速度的要求。组织信任有助于创业企业与其他伙伴建立相互信赖的人际关系，在跨领域合作情境下，创业企业间资源的开放性增强，通过人际网络间的知识共享，创业企业能在学习过程中接触涵盖多领域信息的知识库，从而扩充自身的知识容量。创业企业的学习能力亦在知识的不断更新中得以延展，适应当前创业环境对知识和能力的需要(Fleig-Palmer，Schoorman，2011)。第三，组织信任能为创业企业进行创业学习提供支持，在激烈的开放式国际市场竞争中降低创业风险，提升创业绩效。首先，信任能为组织内部员工带来安全感和归属感，促进创业企业内部凝聚力的形成，在一系列创业障碍面前获取强大的内部支撑力（陈忠卫等，2016）。其次，组织信任增强了这种外部合作关系的安全性，与不同领域的合作企业形成风险分担、知识互换的合作学习模式，进一步拓展了投入资本的来源渠道（谢军，2018），并且在具有信任感的社会网络支持下实现目标市场的拓展（杨特等，2018；任胜钢等，2016）。

4.4.4　创业企业年龄的调节效应

本研究验证了假设 4，即创业经验与创业绩效之间的关系在创业企业成长后期强于成长初期。该研究结论呼应了 Song、Podoynitsyna 和 Halman（2008）的学术观点，即企业年龄在提升创业绩效过程中发挥着至关重要的作用。在此基础上，本研究还进一步证明了创业经验在创业企业成长后期对创业绩效的提升作用更强，这说明创业企业发展后期将对创业经验更具依赖性，处于该发展阶段的创业企业往往依靠创业经验中积累的知识和能力以促进企业成长（Jansen，Simsek，Cao，2012；Unger et al.，2011）。相反，在创业企业成长初期，企业在当今的"企业家"经济下，面临高度的环境不确定性（Audretsch，Thurik，2004）。创业经验较难与当前复杂的创业情境相匹配。因此这一成长阶段的企业更需要增强自身的环境适应能力和应急能力以幸存下来，并增强创业能力，突破新颖性缺陷的瓶颈，为创业企业实现后期的可持续成长创造可能（Vaillant，Lafuente，2019）。然而，当创业企业发展到平稳的后期，创业企业为了抢占先机，获取创新优势，因此需在消化连续演进的创业经验基础上发现和开发获利机会（Bruke，2018）。

4.4.5　产业环境的调节效应

本研究驳斥了假设 5，即创业经验与创业绩效的关系在高技术产业环境中并不比低技术产业环境强。相反，该违反直觉的结论凸显了创业经验对促进高科技产业提升创业绩效的重要性。该结论在一定程度上印证了权变理论的观点，即创业企业发展中的某些关键条件（譬如产业环境和组织过程）会对创业绩效产生较大的影响（Lawrence，Lorsch，1967）。同时，本研究亦在一定程度上呼应了 Teece（2000）从创业企业动态体验式学习过程角度提出的观点，即创业企业所处的产业环境亦可能影响创业企业的知识管理过程，进而影响创业企业的后续发展。该结论与当前一些学者的研究结论相悖，例如，Bosma（2004）以荷兰 1994—1997 年的近 1000 名新企业创始人为研究对象的量化研究并未发现包括创业经验在内的人力资本没有在知识密集型企业中显现出与创业成功更强的关系。Davidsson（2004）亦指出创业者现有知识而不是先前的创业经验对创业者采取有效措施稳固企业发展更重要。究其原因，一种可能的解释是虽然高科技企业所处的产业环境相对于低科技产业环境更具有动态性、不确定性以及复杂性，而创业经验可能有助于创业者的知识积累和辨别力提升，进而在一定程度上减少了动态环境的不确定性。另一种可能的解释是高科技产业的动态环境更能激发创业者的学习能力，因此面对层出不穷的新挑战时创业者能不断适应新的发展方向，保障创业企业的成长。

结合创业经验与创业绩效的元分析结果，本研究绘制如图 4-8 所示的创业经验对创业绩效的影响分布图。可以看出，在高技术产业环境和创业企业成长后期创业经验对创业绩效的提升作用最强，因此充分利用创业经验更容易带来好的创业绩效。在低技术产业环境和创业初期，由于高端知识技能的需求有限，且面临市场竞争环境的诸多不确定性，因此对创业经验来说，创业企业更需注重应急能力以实现创业企业的可持续发展。而对于其他两种情境，创业经验对创业绩效显现中度的影响。因此，创业企业需要兼顾企业优势和环境状况，统筹资源并选择合适的发展策略才能最大程度提升创业绩效。

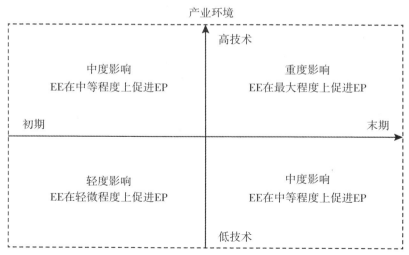

图 4-8 创业经验对创业绩效的影响分布图

注："EE"代表创业经验，"EP"代表创业绩效。

本研究综合运用元分析和结构方程模型的方法，探究了创业学习、创业经验、组织信任、创业绩效之间关系和影响机理，并运用元分析的亚组比较方式建立了调节效应模型，探讨了企业和创业者可持续发展视角下创业经验和创业绩效的关系，弥补了当前相关量化研究数据样本的局限性，更客观地解释了相关变量间的影响规律。本研究的局限性在于：（1）在文献筛选过程中，只涵盖了中文、英文这两种语言的文献，并且排除了未报告能转换为相关系数的定性研究，因此用于该项元分析的独立样本仍有待更新和完善。（2）由于用于元分析的各项原始研究所包括的控制变量不尽相同，本研究未找到合适的变量检验创业学习和创业绩效之间潜在的调节效应，今后将对两者之间的潜在调节效应进行深入研究。（3）本研究探究了创业者创业经验与创业绩效的显著正相关关系，但由于只有少量原始研究将创业经验划分为成功经验和失败经验，因此研究未能揭示不同的创业经验结果对创业绩效的关系。

第5章 政策导向视角下创业企业应对融资约束的研发创新决策

我国正逐步实施高质量发展战略，创业企业研发创新、高新技术攻关已经成为培育核心竞争力、抢占市场份额的重要手段与有效策略。但研发创新行为具有风险性高、不确定性强、持续期长等特点，往往需要巨大的资金投入，创业企业需要综合考量自身融资能力、现有资金及投入产出效率以降低风险。政府部门为提高企业抗风险能力并鼓励企业加大创新力度，出台相关政策提高了研发强度的认定标准，即当且仅当研发支出占据主营业务收入达到相应阈值，才可以享受政策补贴及税收优惠。以财政补贴、税收优惠等为主要方式提高企业研发投入、创新意愿的政策导向在多个国家均有所应用。国内资本市场存在制度不够完善、融资渠道不够多样、融资覆盖不够充分等问题，大部分民营企业及中小微企业的融资渠道难以优先，其融资普遍存在困难，这也进一步加大了创业企业的研发创新难度。创业初期不确定性强，创业企业经营风险较大，且面临一定融资约束，使得各类经营活动受到限制。通过政策引领，为创业企业提供稳定的政策优惠、规范创业企业融资方式、拓宽创业企业融资渠道、提高创业企业研发创新的积极性和主动性，对创业企业助推高质量发展具有积极作用。同时，在政策导向下，资本市场会进一步规范化和标准化，具有高研发创新能力的企业、具有高度创新意愿的企业可以获得更好的融资机会，在现有融资约束环境下产生更高的创新能力，这对推动我国创新驱动战略具有重要意义。

5.1 理论基础与研究假设

5.1.1 融资约束与创业企业的研发创新投入

研发创新活动通常具有较高的不确定性和风险性，因此创业企业对研发创新活动的投入往往会较为谨慎。学术界普遍认为，研发创新能力关系到创业企业核心竞争力的高低、影响创业企业的可持续发展（Wu et al.，2020）。因此，创业企业需要充足的资金和人员投入研发创新活动。融资是创业企业研发创新活动的重要资金来源之一，然而，基于优序融资理论，由于企业内外存在信息不对称情景，创业企业开展外部融资的所需成本会高于内部融资的所需成本，进而产生融资约束问题（黄文娣、李远，2022），企业会优先选用内部融资方式进行融资。融资约束总是被认为与创业企业的创新活动高度相关，亦有学者提出，融资约束是公司决定是否启动研发创新项目的决定因素（Yu et al.，2021）。在融资受限的情况下，创业企业会更加谨慎地考虑研发创新问题，进而逐步削减研发创新的投入。

创业企业研发创新活动的主要资金来源是内部盈余和外部融资，学者们尝试从不同的视角出发，探讨融资约束对创业企业研发创新投入的影响。一方面，学者们利用现金持有量来测量创业企业的内部融资约束，得出现金持有量水平较低的创业企业在研发创新决策的制定上受到的限制较大（彭华涛、吴瑶，2021）。另一方面，外部融资约束集中体现在金融机构与创业企业之间的关系。特别是，创业企业内部风险较高的研发创新项目更加需要外部融资的扶持（Chen，Matousek，2020）。此外，短期的信贷约束会对创业企业产生较大的影响，迫使企业家利用额外的现金流来弥补公司营运所需的资金（Nicolas，2022），进而不利于研发创新活动的投入，对创业企业正常运转产生消极影响。

一般而言，创业企业受到融资约束会制约其研发创新资金投入。当创业企业面临较强的融资约束时，内部资金获取和外部资金获取均将存在一定程度的短缺。基于资源基础理论，创业企业的资源是有限的，在某一价值链活动投入资金资源时，必然会占用其他企业活动（比如研发创新活动）的资金资源。在此情况下，具有风险大、回报不确定、周期长等特点的研发创新活动很难获得资金支持。因此，创业企业的研发创新活动难以开展。并且，创业企业受到的融资约束会制约研发创新人员投入。除了研发创新资金获取和利用存在限制性，研发创新人才资源的投入同样会受到负面影响。现有研究已认识到研发创新人员密度（张征、古银华，2017）与激励制度（Chattopadhyay，Chatterjee，2019）对创业企业研发创新能力提升与高质量发展的重要性。一方面，创业企业的研发创新人员越充足，拥有的知识面和技术能力越全面，对于研发创新和绩效提升更有帮助。另一方面，创业企业对于员工的激励制度越有效，其工作积极性和主动性更强，会将企业的发展与个人发展联系起来。研发创新人员密度以及激励制度的积极效应与企业内外部融资的可能性密不可分。越是融资约束性强的创业企业，其在研发创新人员层面的投入力度和发展力度就越小，越不利于创业企业的可持续和高质量发展。综上，当创业企业进行创新活动时，更高的融资约束将增强企业的研发不确定性并限制企业研发创新活动中的资金投入和人员投入。

基于以上分析，提出研究假设：

H1：创业企业受到的融资约束对研发创新投入起到消极的影响。

H1a：企业受到的融资约束对研发创新资金投入起到消极的影响。

H1b：企业受到的融资约束对研发创新人员投入起到消极的影响。

5.1.2　研发费用加计扣除强度的调节效应

研发费用加计扣除政策是政府对于创业企业的研发创新行为和获得的成果进行的一种事后奖励，其为创业企业进行研发创新活动提供了良好的政策环境，激励了创业企业加大研发创新投入、增加研发创新行为的动力。基于资源基础理论，创业企业具有各种有形和无形的资源，资源会转变成企业独特的能力，能力无法在企业之间流动与复制，均是企业具备的独特竞争优势。研发费用加计扣除减轻了创业企业在研发投入方面的资源限制，能提升创业企业创新产出概率，提升核心竞争力。作为创业企业广泛运用于研发创新活动的一项财政激励政策，研发费用加计扣除政策通过吸引和刺激创业企业提升研发创新意愿，以此缓解其面临的外部资源限制（Sterlacchini，Venturini，2019）。已有文献中，学者们从企业规模、行业属性、风险规避等方面展开讨论，明确了研发费用加计扣除政策对于激励创业企业研发创新决策的作用（Bai et al.，2019；Nunes et al.，2013）。虽然研发费用加计扣除政策并不能保障创业企业研发创新投入总额的不断增加，但是可以作为其研发创新活动的资金补充措施，带动创业企业对于高质量研发创新项目进行投资的积极性（Álvarez-Ayuso et al.，2018）。

创业企业的研发创新活动需要直接融资与间接融资、内源融资与外源融资、股权融资与债券融资的合力作用。无论何种融资方式，对于创业企业研发创新决策至关重要的是金融资源的有效获取。缺乏有效的激励措施，创业企业表现出较低的研发创新投资取向，其将不利于创业企业的创新行为（Zhang et al.，2020）。此外，根据信号传递理论，政府针对创业企业研发活动出台相应的优惠政策从某种意义上传递出一种积极的信号，使得创业企业家降低对研发创新活动的风险感知，提高预期收益，从而在一定程度上削减融资约束对创业企业研发创新活动的影响，带动创业企业向研发创新项目积极投入资金和人员（Li，Lu，2018）。

基于以上分析，提出研究假设：

H2：创业企业的研发费用加计扣除强度对融资约束与研发创新投入之间的关系起到消极的影响。

H2a：创业企业的研发费用加计扣除强度对融资约束与研发创新资金投入之间的关系起到消极的影响。

H2b：创业企业的研发费用加计扣除强度对融资约束与研发创新人员投入之间的关系起到消极的影响。

5.1.3　研发费用加计扣除强度与创业企业的研发创新投入

创业企业在研发创新活动方面的资金投入和人员投入能够在一定程度上提升创业企业的抗风险能力，税收优惠则是国家政策层面为缓解创业企业的研发创新压力提供的有效手段。国内外已有诸多研究证明，税收优惠对于创业企业提高研发创新投入具有积极的影响作用。康丽珍和李竹梅（2018）以2012—2016年191家高新技术上市公司的面板数据为样本，研究得出税收优惠对企业绩效和创新研发创新投入均有显著的正向影响，即企业通过有效利用税收优惠政策，刺激研发创新投入，从而进一步作用于企业的绩效提升。姜玲和张小宁（2019）利用2009—2015年中国31个省区市的面板数据进行实证研究，结果得出研发创新活动的税收优惠政策对引导企业增加研发创新投入具有显著的正向激励作用。其中，研发费用加计扣除政策的激励作用特别显著（韩仁月、马海涛，2019）。近年来，研发费用加计扣除的相关政策逐渐升级利好。自2013年起，中国的研发费用加计扣除政策不断修正和改善，经过长时期的改革，其政策优惠范围得到了较大的细化。研发费用加计扣除政策具有诱导作用（Han，Manry，2004），不仅有助于降低创业企业的经营风险，还能进一步激发创业企业的研发创新意识（姚维保 et al.，2020），推动创业企业加大研发创新投入。此外，研发费用加计扣除政策还可以缓解创业企业外部环境高不确定性和高风险造成的市场失灵问题，进而优化创业企业的资源配置，增加创业企业研发创新活动的现金流（梁富山，2021），提高创业企业的研发创新投入。

国内外学者研究发现，研发费用加计扣除强度对创业企业的研发创新投入影响主要表现在研发创新资金投入和研发创新人员投入两个方面

（Gupta 等，2013；Shen，Lin，2020）。其中，对研发创新资金投入强度的积极影响显而易见，研发费用加计扣除属于财政激励政策，因而在资金层面具有显著的支持作用。对研发创新人员的影响，亦获得了学者们的关注。在高新技术企业中，超过 50% 的研发创新活动支出用于支付科学家和工程师的薪酬。根据内生增长理论，人力资本是技术创新的源泉，是促进经济增长的重要因素。研发费用加计扣除优惠政策能够增加创业企业研发创新活动数量，提升对研发创新人员的激励作用，促进创业企业加大对研发创新活动的人员投入。

基于以上分析提出研究假设：

H3：创业企业研发费用加计扣除强度对研发创新投入起到积极的影响。

H3a：创业企业研发费用加计扣除强度对研发创新资金投入起到积极的影响。

H3b：创业企业研发费用加计扣除强度对研发创新人员投入起到积极的影响。

5.1.4　股权集中度的调节效应

基于委托代理理论，公司治理最本质的问题就是解决所有权和控制权分离所产生的代理问题，由于两权分离而产生的代理问题和信息不对称问题会产生道德风险，增加代理成本。当公司存在一个或多个联合股东对公司具有绝对的控制权，公司话语权的适当集中有助于高层管理者内部达成共识（Francis，Smith，1995）。充足控制权往往会避免企业管理层的内部冲突，管理层的创新决策实施的阻碍也随之减少，企业更愿意进行创新活动（宋清、张凯，2022）。

对于创业企业的研发创新资金投入而言，第一，股权集中度较高有利于强化绝对控股股东与企业管理层的控制。在此情况下，创业企业研发创新活动在很大程度上受到企业管理层创新意愿的影响。而管理层较稳定的内部结构对充分利用政府研发费用加计扣除政策来推动创业企业的研发创新资金投入具有重要的作用。股权集中度较高，其不仅可以优化资源配置，还能够提升资源利用效率（李云鹤，2014），进而为创业企业研发创新活动提供有效的资金保障。第二，较高的股权集中度意味着创业企业更愿意将内部资源投入到研发创新活动中去（Charles，Snell，1988），更愿意充分利用税收优惠政策提升创业企业的创新能力。第三，股权集中度有利于强化对公司管理层的监管（艾永芳、佟孟华，2017），从而进一步确保研发费加计扣除政策落实到创业企业的研发创新资金投入中去。对于创业企业研发创新人员投入来说，股权高度集中并不能解决研发技术人员与高层管理者之间的信息不对称问题，同时专业知识壁垒的存在，导致股权高度集中的股东会基于自身的利益和风险度量，制约研发创新人员投入计划，即使在研发税收优惠政策支持下也无法对研发创新活动高效决策和有效实施。

基于以上分析，提出研究假设：

H4：创业企业股权集中度对研发费用加计扣除强度与研发创新投入之间的关系起到消极的影响。

H4a：创业企业股权集中度对研发费用加计扣除强度与研发创新资金投入之间的关系起到消极的影响。

H4b：创业企业股权集中度对研发费用加计扣除强度与研发创新人员投入之间的关系起到消极的影响。

根据以上分析，本研究构建相应的研究框架，具体如图 5-1 所示。

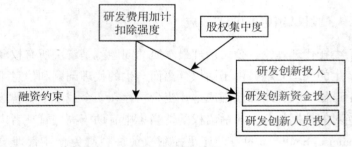

图 5-1　研究框架

5.2　研 究 设 计

5.2.1　数据来源

本研究目的是探究政策导向视角下创业企业融资约束对研发创新投入（包括研发创新资金投入和研发创新人员投入）的影响机理。在样本选取上，根据 Li(2018)等的样本定义，本研究选择 ICT 行业（包括计算机、通信与其他电子设备制造业相关企业以及信息传输、软件及信息技术服务业)的中国上市公司作为研究对象。本研究的样本选择主要基于以下考虑：(1)行业代表性。近年来，ICT 产业逐渐成为国民经济的重要产业，经济社会发展与 ICT 行业息息相关。ICT 行业作为典型的知识密集型行业，其创新活动具有快速迭代、科技水平较高等特点。与其他行业相比，研发创新对 ICT 行业的生存与发展至关重要。(2)政策辅助性。出于国家经济高质量发展以及企业自身创新发展的要求，政府出台了诸多政策帮扶 ICT 行业，尤其是与研发创新活动相关的税收优惠政策。(3)数据可获得性。中国 ICT 行业中国上市公司数量众多，具有充足的样本基础。中国上市公司的相关数据可以在专业数据库收集，信息可查且完整。因此，探讨 ICT 行业企业的融资约束问题，对于推进企业创新和可持续发展具有重要的作用。

本研究使用的样本数据主要来自 CSMAR 数据库。为保障样本数据的完整性和有效性，本研究对 ICT 行业的中国上市公司研究样本进行如下筛选：(1)在国泰安 CSMAR 数据库中导出 ICT 行业企业。ICT 行业包括 ICT 制造业(计算机、通信与其他电子设备制造业)以及 ICT 服务业(信息传输、软件及信息技术服务业)，基于以上行业分类在 CSMAR 数据库导出样本企业。(2)删除了股票代码含有 ST 和 *ST 的公司以及信息严重缺失的企业样本，保证数据可靠性和稳定性。(3)剔除观测期间数据严重缺失的样本企业。

本研究选择 2014—2020 年的样本数据进行分析。最终，本研究得到 955 家 ICT 行业的上市公司样本企业，共计 4778 个有效观测值。对于最终数据，本研究使用 excel 进行数据的预处理，并使用 stata16 进行回归分析。

5.2.2　变量定义及测度

(1)被解释变量

已有文献对创业企业研发创新活动的测量一般采用研发创新投入或研发创新产出。研发创新投入主要由管理层决定，因此其在一定程度上反映出创业企业管理层对于科技资源如何分配的决策行为，体现管理层的研发创新意愿。创业企业的研发创新产出可变性较大，一般来说，研发创新产出受到管理层的影响程度较弱(David et al.，2001)，其更多受到外界复杂因素的影响。基于本研究主要探讨的是政策导向下创业企业融资约束对研发创新决策的影响，其被解释变量为创业企业的研发创新决策，需要体现创业企业管理层的研发创新意愿与行为，因此，使用研发创新投入作为被解释变量更加合适。

现有研究中，对于创业企业研发创新投入指标的测量，学者们通常采用三类替代性指标进行分析。一为创业企业是否进行研发创新投入，具有研发创新投入则为1，不具有研发创新投入则为0；二为创业企业进行研发创新投入的绝对值，即创业企业在研发创新活动方面投入资金和投入人员的绝对数额；三为创业企业进行研发创新投入的强度，包括创业企业在研发创新活动方面的收入、资产以及人员的研发创新密度。

参考诸多学者衡量创业企业研发创新投入的指标选取做法，本研究采用研发创新资金投入强度和研发创新人员投入强度予以反映创业企业研发创新强度。其中，研发创新资金投入强度用研发支出/营业收入予以表示（Cui et al.，2021），研发创新人员投入强度用研发创新人员数/企业总职工数予以表示（Röd，2016）。

(2) 解释变量

在中国现行的会计准则中，因缺乏特定的财务指标计算企业的融资约束程度，学术界对企业融资约束的测量方式主要包括单一指标和多个指标两种衡量方式。单一指标主要选择企业的股利支付率等指标进行测量，但是股利支付率很难对企业融资整体情况进行度量。因此，其完整性和概括性较为不足。多个指标的衡量方式主要是指 SA 指数、WW 指数、KZ 指数等。针对以上三种指数进行更细致的分析，可以发现 SA 指数不具有内生性问题，受内部因素的影响较小。因此，使用 SA 指数测量创业企业融资约束的准确度较高（花俊国等，2022），进而保证了回归结果的稳健性。本研究借鉴 Zhang 和 Guo（2019）的研究，使用 SA 指数衡量创业企业受到的融资约束程度。诸多学者研究显示，SA 指数通常小于零，SA 指数越大，表示公司受到的融资约束程度越严重。SA 指数的具体计算公式如下所示：

$$SA = 0.043 * Size^2 - 0.737 * Size - 0.04 * Fage$$

在以上公式中，Size 代表创业规模，以企业总资产计数，计量单位为百万元，并对百万元单位的总资产取其自然对数表示创业企业规模；Fage 代表创业企业年龄，计算创业企业成立至当期的年份，即当前年份减去创业企业成立年份。

（3）研发费用加计扣除

针对研发费用加计扣除强度的测量，学术界提出了绝对数的衡量和相对数的衡量两种方式。由于绝对数的衡量方式受到企业和行业的内外部影响，例如，企业的规模越大、成立时间越久、体制机制越完善，企业接受的研发费用加计扣除政策可能越优惠。因此，将绝对数用于创业企业的研发费用加计扣除强度的测量缺乏准确性，研究结果的可靠性不强。

本研究选择相对数衡量研发费用加计扣除，以消除内外部因素的影响。基于 Bai（2019）的研究，本研究选择加计扣除的绝对值（当年加计扣除的税率与企业所得税率之间的乘积）与企业总资产的比值进行衡量。

（4）股权集中度

股权集中度反映出公司内部股权的分布情况和权力的制衡情况。对于创业企业股权集中度的衡量方式主要包括两种方式。第一，使用创业企业的第一大股东的持股数额与企业总股数的比例来衡量创业企业的股权集中度。这一方式反映出创业企业最高控股者的话语权和决策权力较大，创业企业的创新决策和发展路径会较多地受到这一单一最高控股者的影响。第二，使用创业企业的前十大股东的持股数额与企业总股数的比例来衡量创业企业的股权集中度。这一方式反映了企业前十大股东这一群体对公司的控制权和管理权，因而创业企业的研发创新决策和发展路径会较多地受到前十大股东这一群体的影响。借鉴李健（2016）的研究，本研究选择创业企业第一大股东的持股数额与企业总股份的比例来衡量创业企业的股权集中程度。第一大股东持股比例越高，意味着创业企业的股权越集中。

（5）控制变量

本研究选取了公司特征和财务特征两个方面的可能影响创业企业研发创新投入的控制变量。在公司特征上，本研究选取了公司年龄（Fage）、公司规模（Size）和公司性质（Nature）三个控制变量。从公司年龄来看，成立时间越久的创业企业越可能具有成熟的经营管理体系，越有可能产生正确的研发创新决策。从公司规模来看，创业企业规模以总资产的自然对数进行计算，规模越大，创业企业越可能具有进行大规模研发创新活动的能力。从公司性质来看，不同性质企业的研发创新意愿不同，例如国有企业的经营状况较稳定，一般来说研发创新意愿低于民营企业。在财务特征上，本研究选取了资产负债率（Lev）和营业增长率（Growth）两个控制变量。从资产负债率来看，资产负债率反映出创业企业的融资水平。创业企业的净资产收益率影响利益相关者对创业企业研发创新的态度，关系到研发创新决策的制定和实施。从营业增长率来看。创业企业会以研发创新的方式获取持续成长能力，而营业增长率体现出创业企业的成长能力。

本研究的变量及计算方式如表 5-1 所示。

表 5-1　　　　　　　　　　　　变 量 说 明

变量	名　　称	符号	计 算 方 式
被解释变量	研发创新资金投入	RDF	研发创新投入/营业收入×100%
	研发创新人员投入	RDP	研发创新人员数/员工总数×100%
解释变量	融资约束	SA	$0.043×size^2-0.737×size-0.04age$
调节变量	研发费用加计扣除强度	ADI	∣（当年研发支出×当年扣除税率×企业所得税率）∣/总资产×100%
	股权集中度	SHR	第一大股东持股比例
控制变量	公司年龄	Fage	当期年份–公司成立年份
	公司规模	Size	ln（公司总资产）
	公司性质	Nature	国企=1，非国企=0
	资产负债率	Lev	总负债/总资产×100%
	营业收入增长率	Growth	（本年度营业收入–上年度营业收入）/上年度营业收入×100%

5.2.3　模型构建

为探究融资约束对研发创新资金投入的影响，本研究建立回归模型(5-1)进行实证检验。为探究融资约束对研发创新人员投入的影响，本研究建立回归模型(5-2)进行实证检验。

$$RDF_{i,t} = \beta_0 + \beta_1 × SA_{i,t} + \beta_2 \sum Control_{i,t} + \sum Year +$$
$$\sum Industry + \varepsilon_{i,t} \tag{5-1}$$

$$\text{RDP}_{i,t} = \beta_0 + \beta_1 \times \text{SA}_{i,t} + \beta_2 \sum \text{Control}_{i,t} + \sum \text{Year} + \\ \sum \text{Industry} + \varepsilon_{i,t} \tag{5-2}$$

为探究研发费用加计扣除强度对融资约束与研发创新资金投入之间的关系的影响，建立回归模型(5-3)检验研发费用加计扣除强度的调节作用。为探究研发费用加计扣除强度对融资约束与研发创新人员投入之间关系的影响，建立回归模型(5-4)检验研发费用加计扣除强度的调节作用。

$$\text{RDF}_{i,t} = \beta_0 + \beta_1 \times \text{SA}_{i,t} + \beta_2 \text{ADI}_{i,t} + \beta_3 \times \text{SA}_{i,t} \times \text{ADI}_{i,t} + \\ \beta_4 \sum \text{Control}_{i,t} + \sum \text{Year}_{i,t} + \sum \text{Industry}_{i,t} + \varepsilon_{i,t} \tag{5-3}$$

$$\text{RDP}_{i,t} = \beta_0 + \beta_1 \times \text{SA}_{i,t} + \beta_2 \text{ADI}_{i,t} + \beta_3 \times \text{SA}_{i,t} \times \text{ADI}_{i,t} + \\ \beta_4 \sum \text{Control}_{i,t} + \sum \text{Year}_{i,t} + \sum \text{Industry}_{i,t} + \varepsilon_{i,t} \tag{5-4}$$

为探究研发费用加计扣除强度对研发创新资金投入的影响，本研究建立回归模型(5-5)进行实证检验。为探究研发费用加计扣除强度对研发创新人员投入的影响，本研究建立回归模型(5-6)进行实证检验。

$$\text{RDF}_{i,t} = \beta_0 + \beta_1 \times \text{ADI}_{i,t} + \beta_2 \sum \text{Control}_{i,t} + \sum \text{Year} + \\ \sum \text{Industry} + \varepsilon_{i,t} \tag{5-5}$$

$$\text{RDP}_{i,t} = \beta_0 + \beta_1 \times \text{ADI}_{i,t} + \beta_2 \sum \text{Control}_{i,t} + \sum \text{Year} + \\ \sum \text{Industry} + \varepsilon_{i,t} \tag{5-6}$$

为探究股权集中度对研发费用加计扣除强度与研发创新资金投入之间的关系的影响，建立回归模型(5-7)检验股权集中度的调节作用。为探究股权集中度对研发费用加计扣除强度与研发创新人员投入之间的关系的影响，建立回归模型(5-8)检验股权集中度的调节作用。

$$\text{RDF}_{i,t} = \beta_0 + \beta_1 \times \text{SA}_{i,t} + \beta_2 \text{SHR}_{i,t} + \beta_3 \times \text{SA}_{i,t} \times \text{SHR}_{i,t} + \\ \beta_4 \sum \text{Control}_{i,t} + \sum \text{Year}_{i,t} + \sum \text{Industry}_{i,t} + \varepsilon_{i,t} \tag{5-7}$$

$$\text{RDP}_{i,t} = \beta_0 + \beta_1 \times \text{SA}_{i,t} + \beta_2 \text{SHR}_{i,t} + \beta_3 \times \text{SA}_{i,t} \times \text{SHR}_{i,t} + \\ \beta_4 \sum \text{Control}_{i,t} + \sum \text{Year}_{i,t} + \sum \text{Industry}_{i,t} + \varepsilon_{i,t} \tag{5-8}$$

5.3　实证研究

5.3.1　描述性统计

本研究采用面板回归的方式，运用年份固定效应模型，选取 955 家 ICT 行业上市公司的 2014—2020 年样本数据，使用 stata16 进行回归分析。面板数据模型不仅控制了公司样本的个体异质性和时间异质性，而且便于处理信息量更大的数据集合，更适合进行动态分析。

本研究各变量的描述性统计结果如表 5-2 所示。创业企业研发创新资金投入的最小值、最大值、均值和标准差分别为 0、307.72、8.440 和 9.071，研发创新人员投入的最小值、最大值、均值和标准差分别为 0、94.49、26.048 和 18.430，这表明 ICT 行业的各企业对研发创新活动的重视程度较为不同，在研发创新资金投入和人员投入方面存在较大差异。创业企业受到融资约束的最小值、最大值、均值和标准差分别为 -4.718、-2.704、-3.769 和 0.251，这说明 ICT 行业的创业企业均受到一定程度的融资约束限制。创业企业的股权集中度最小值、最大值、均值和标准差分别为 -2.87、100、30.027 和 13.628，这表明同一行业内不同创业企业对于最高控制权存在不同的追求，反映出创业企业的异质性特征。创业企业年龄的最小值、最大值、均值和标准差分别为 -1.099、3.689、2.780 和 0.348，这说明 ICT 行业的创业企业普遍较为年轻，创业企业发展时间较短，因而 ICT 行业的创业企业内外部融资约束问题突出，其非常需要外部的政策支持。创业企业性质的最小值、最大值、均值和标准差分别为 0、1、0.229 和 0.421，这说明大多数 ICT 行业的创业企业为非国有企业，相对于国有企业来说，非国有企业具有更强烈的研发创新需求和更迫切的创新资源需要，证明了探究 ICT 行业的创业企业研发创新决策问题是非常有意义的。创业企业的营业收入增长率最小值、最大值、均值和标准差分别为 -28.589、865.908、0.805 和 13.515，这表明 ICT 行业内的大多数创业企业成长发展速度较快、经营状况良好。

表 5-2　　　　　　　　　　描述性统计结果

变量	Min	Max	Mean	Sd
RDF	0	307.72	8.440	9.071
RDP	0	94.49	26.048	18.430
SA	−4.718	−2.704	−3.769	0.251
Fage	1.099	3.689	2.780	0.348
Size	17.879	27.146	21.793	1.152
Nature	0	1	0.229	0.421
Lev	0.140	11.386	0.382	0.328
Growth	−28.589	865.908	0.805	13.515
ADI	0	0.439	0.003	0.014
SHR	2.87	100	30.027	13.628

5.3.2　相关性分析

本研究各变量的相关性分析结果如表 5-3 所示。创业企业受到的融资约束程度对研发创新资金投入的相关系数显著为负（$r = -0.071$，$p < 0.01$），呈负相关关系。创业企业受到的融资约束程度对研发创新人员投入的相关系数显著为负（$r = -0.067$，$p < 0.01$），呈负相关关系。创业企业受到的研发费用加计扣除强度对研发创新资金投入的相关系数显著为正（$r = 0.080$，$p < 0.01$），呈正相关关系。创业企业受到的研发费用加计扣除强度对研发创新人员投入的相关系数显著为正（$r = 0.074$，$p < 0.01$），呈正相关关系。研发费用加计扣除强度对创业企业受到的融资约束与研发创新资金投入之间的关系的影响、研发费用加计扣除强度对创业企业受到的融资约束与研发创新人员投入之间的关系的影响、股权集中度对创业企业受到的研发费用加计扣除强度与研发创新资金投入之间的关系的影响、股权集中度对企业受到的研发费用加计扣除强度与研发创新人员投入之间的关系的影响，这四种调节作用还需要进一步分析和检验。此外，本研究绝大多数变量的相关系数的绝对值小于 0.5，且方差膨胀因子 VIF 均小于 10，这表明研究模型不存在多重共线性。因此，本研究的各个变量的选取较为合理，研究模型具有一定合理性，为后续进一步检验提供了基础。

表 5-3   相关性分析结果

变量	RDF	RDP	SA	Fage	Size	Nature	Lev	Growth	ADI	SHR
RDF	1									
RDP	0.471***	1								
SA	−0.071***	−0.067***	1							
Fage	−0.064***	−0.072***	0.900***	1						
Size	−0.116***	−0.107***	0.237***	0.153***	1					
Nature	−0.039***	−0.033**	0.158***	0.139***	0.147***	1				
Lev	−0.043***	−0.128***	0.109***	0.113***	0.209***	0.095***	1			
Growth	−0.008	−0.005	0.025*	0.022	0.004	0.013	−0.004	1		
ADI	0.080***	0.074***	−0.008	−0.005	−0.007	0.010	−0.018	−0.004	1	
SHR	−0.120***	−0.133***	−0.050**	−0.022	−0.006	0.031**	−0.002	−0.013	0.026*	1

注：***、**、*分别表示在1%、5%和10%的水平上显著。

5.3.3 回归分析结果

为保证模型设计的科学性，本研究进行如下处理：（1）对连续变量进行双侧5%的缩尾处理；（2）对变量进行共线性诊断，结果表明所有 VIF 低于10，因而不具有共线性问题；（3）基于 Hausman 检验的结果，本研究采用公司和年份的固定效应模型。

（1）研发费用加计扣除强度下的融资约束与研发创新投入的关系检验

融资约束对研发创新投入的影响以及研发费用加计扣除强度对上述关系的调节作用的回归结果如表 5-4 所示。模型(5-1)和模型(5-2)是融资约束与研发创新投入的全样本的基准回归模型。其中，模型(5-1)是融资约束与研发创新资金投入的主效应检验。结果显示，融资约束的系数显著为负（$\beta_1 = -0.110$, $p<0.01$）。融资约束(SA)的回归系数在1%水平上显著为负，创业企业受到的融资约束的水平每提高1%，创业企业对研发创新活动的资金投入就会减少11%。这表明融资约束对于创业企业的研发创新资金投入具有显著的负向关系。因此，H1a 通过。模型(5-2)是融资约束与研发创新人员投入的主效应检验，结果显示，融资约束的系数显著为负（$\beta_1 = -0.065$, $p<0.05$）。融资约束(SA)的回归系数在5%水平上显著为负，创业企业受到的融资约束的水平每提高1%，创业企业对研发创新活

动的人员投入就会减少 6.5%。这表明融资约束对于创业企业的研发创新人员投入具有显著的负向关系。因此，H1b 通过。

模型(5-3)和模型(5-4)是研发费用加计扣除强度对融资约束与研发创新投入之间关系的调节效应回归模型。其中，模型(5-3)是研发费用加计扣除强度对融资约束与研发创新资金投入之间关系的调节作用检验。结果显示，融资约束与研发费用加计扣除强度的交互项的系数显著为正($\beta_3 =$ 0.101，$p<0.01$)。融资约束与研发费用加计扣除强度的交互项(SA×ADI)的回归系数在 1% 水平上显著为负，创业企业接受的研发费用加计扣除优惠强度的水平每提高 1%，创业企业受到的融资约束对研发创新活动的资金投入的影响程度就会降低 10.1%。这表明研发费用加计扣除强度对融资约束与研发创新资金投入之间的负向关系具有正向的调节作用。因此，H2a 部分通过。模型(5-4)是研发费用加计扣除强度对融资约束与研发创新人员投入之间关系的调节作用检验。结果显示，融资约束与研发费用加计扣除强度的交互项的系数显著为负($\beta_3 = -0.052$，$p<0.1$)。融资约束与研发费用加计扣除强度的交互项(SA×ADI)的回归系数在 10% 水平上显著为负，创业企业接受的研发费用加计扣除优惠强度的水平每提高 1%，创业企业受到的融资约束对研发创新活动的人员投入的影响程度就会降低 5.2%。这表明研发费用加计扣除强度对融资约束与研发创新人员投入之间的负向关系具有负向的调节作用。因此，H2b 通过。

表 5-4　　　　　　　　　　融资约束与研发创新投入

变量	主效应		调节效应	
	(1-1)	(1-2)	(2-1)	(2-2)
	RDF	RDP	RDF	RDP
SA	−0.110 ***	−0.065 **	−0.144 ***	−0.053
	(−3.12)	(−2.02)	(−3.96)	(−1.59)
ADI			0.011	0.067 ***
			(0.57)	(4.35)
SA×ADI			0.101 ***	−0.052 *
			(3.11)	(−1.91)
Fage	0.284 ***	0.168 **	0.290 ***	0.162 **
	(4.00)	(2.54)	(4.10)	(2.46)

续表

变量	主效应		调节效应	
	(1-1)	(1-2)	(2-1)	(2-2)
	RDF	RDP	RDF	RDP
Size	−0.104***	0.068***	−0.105***	0.069***
	(−4.68)	(3.40)	(−4.75)	(3.49)
Nature	0.003	0.006	0.003	0.007
	(0.37)	(0.93)	(0.41)	(1.01)
Lev	−0.011	−0.062***	−0.010	−0.060***
	(−0.80)	(−5.03)	(−0.73)	(−4.93)
Growth	−0.038***	0.007	−0.036***	0.008
	(−3.65)	(0.84)	(−3.45)	(0.97)
Constant	0.232***	0.241***	0.225***	0.225***
	(3.65)	(4.08)	(3.57)	(3.82)
Observations	4,778	4,279	4,778	4,279
R-squared	0.035	0.036	0.048	0.046

注：***、**、*分别表示在1%、5%和10%的水平上显著，括号内是 t 值。

（2）股权集中度作用下的研发费用加计扣除强度与研发创新投入关系检验

研发费用加计扣除强度对研发创新投入的影响以及股权集中度对上述关系的调节作用的回归结果如表5-5所示。模型(5-5)和模型(5-6)是研发费用加计扣除强度与研发创新投入的回归模型。其中，模型(5-5)是研发费用加计扣除强度与研发创新资金投入的主效应检验。结果显示，研发费用加计扣除强度的系数显著为正（ $\beta_1 = 0.062$ ， $p < 0.01$ ）。研发费用加计扣除强度（ADI）的回归系数在1%水平上显著为负，创业企业受到的融资约束水平每提高1%，创业企业对研发创新活动的资金投入就会增加6.2%。这表明研发费用加计扣除强度对于创业企业的研发创新资金投入具有显著的正向关系。因此，H3a通过。模型(5-6)是研发费用加计扣除强度与研发创新人员投入的主效应检验。结果显示，研发费用加计扣除强度的系数显著为正（ $\beta_1 = 0.041$ ， $p < 0.05$ ）。研发费用加计扣除强度（ADI）的回归系数在5%水平上显著为负，创业企业受到的融资约束的水平每提高1%，

创业企业对研发创新活动的资金投入就会增加 4.1%。这表明研发费用加计扣除强度对于创业企业的研发创新人员投入具有显著的正向关系。因此，H3b 通过。

模型(5-7)和模型(5-8)是股权集中度对研发费用加计扣除强度与研发创新投入之间关系的调节效应回归模型。其中，模型(5-7)是股权集中度对研发费用加计扣除强度与研发创新资金投入之间关系的调节作用检验。结果显示，研发费用加计扣除强度与股权集中度的交互项的系数不显著，表明股权集中度对研发费用加计扣除强度与研发创新资金投入之间的正向关系不具有调节作用。因此，H4a 不通过。模型(5-8)是股权集中度对研发费用加计扣除强度与研发创新人员投入之间关系的调节作用检验。结果显示，研发费用加计扣除强度与股权集中度的交互项的系数显著为负（$\beta_3 = -0.054, p < 0.05$）。研发费用加计扣除强度与股权集中度的交互项（ADI×SHR）的回归系数在 5% 水平上显著为负，创业企业的股权集中度水平每提高 1%，创业企业接受的研发费用加计扣除优惠强度对研发创新活动的人员投入的影响程度就会降低 5.4%。这表明股权集中度研发费用加计扣除强度与研发创新人员投入之间的正向关系具有负向的调节作用。因此，H4b 通过。

表 5-5　　　　　　　　　研发费用加计扣除强度与研发创新投入

变量	主效应		调节效应	
	（3-1）	（3-2）	（4-1）	（4-2）
	RDF	RDP	RDF	RDP
ADI	0.062***	0.041***	0.060***	0.060***
	（6.67）	（5.41）	（3.90）	（4.84）
SHR			−0.089***	0.033
			（−3.89）	（1.58）
ADI×SHR			0.002	−0.054**
			（0.06）	（−2.00）
Fage	0.458***	0.273***	0.404***	0.287***
	（10.02）	（6.59）	（8.36）	（6.55）
Size	−0.076***	0.085***	−0.089***	0.086***
	（−3.73）	（4.62）	（−4.30）	（4.64）

续表

变量	主效应		调节效应	
	（3-1）	（3-2）	（4-1）	（4-2）
	RDF	RDP	RDF	RDP
Nature	0.004	0.007	0.005	0.007
	（0.55）	（1.07）	（0.66）	（1.08）
Lev	−0.006	−0.059***	−0.003	−0.058***
	（−0.43）	（−4.83）	（−0.22）	（−4.70）
Growth	−0.036***	0.008	−0.035***	0.007
	（−3.50）	（0.91）	（−3.34）	（0.83）
Constant	0.026	0.117***	0.103***	0.094***
	（1.02）	（4.91）	（3.20）	（3.16）
Observations	4,778	4,279	4,699	4,224
R-squared	0.043	0.043	0.048	0.045

注：***、**、*分别表示在1%、5%和10%的水平上显著，括号内是t值。

5.3.4　稳健性检验

为避免各变量之间的内生性问题、保证回归结果的可靠性和稳健性，本研究采用核心解释变量的滞后一期（融资约束滞后一期与研发费用加计扣除强度滞后一期），重新进行回归。由于创业企业受到的融资约束与研发费用加计扣除强度可能具有滞后性，对创业企业研发创新投入的影响需要观察后一期的表现。基于此，本研究对"研发费用加计扣除强度下的融资约束与研发创新投入的关系"与"股权集中度下的研发费用加计扣除强度与研发创新投入的关系"进行再次检验。

研发费用加计扣除强度下的融资约束滞后一期与研发创新投入的回归结果如表5-6所示。模型（5-1）和模型（5-2）是融资约束滞后一期与研发创新投入的全样本的基准回归模型。其中，模型（5-1）是融资约束滞后一期与研发创新资金投入的主效应检验。结果显示，融资约束滞后一期的系数显著为负（$\beta_1 = -0.211$，$p < 0.01$），表明融资约束对于企业的研发创新资金投入具有显著的负向关系。融资约束滞后一期（l.SA）的回归系数在1%水平上显著为负，创业企业受到融资约束滞后一期的水平每提高1%，创业企业对研发创新活动的资金投入就会减少21.1%。模型（5-2）是融资约束滞后一期与研

发创新人员投入的主效应检验，结果显示，融资约束滞后一期的系数显著为负（$\beta_1 = -0.064$，$p<0.05$），表明融资约束对于创业企业的研发创新人员投入具有显著的负向关系。融资约束滞后一期（l.SA）的回归系数在5%水平上显著为负，创业企业受到的融资约束滞后一期的水平每提高1%，企业对研发创新活动的人员投入就会减少6.5%。模型(5-3)和模型(5-4)是研发费用加计扣除强度对融资约束滞后一期与研发创新投入之间关系的调节效应回归模型。其中，模型(5-3)是研发费用加计扣除强度对融资约束滞后一期与研发创新资金投入之间关系的调节作用检验，结果显示，融资约束滞后一期与研发费用加计扣除强度的交互项的系数显著为正（$\beta_3 = 0.139$，$p<0.01$），表明研发费用加计扣除强度对融资约束滞后一期与研发创新资金投入之间的负向关系具有正向的调节作用。融资约束滞后一期与研发费用加计扣除强度的交互项（l.SA×ADI）的回归系数在1%水平上显著为负，企业接受的研发费用加计扣除优惠强度的水平每提高1%，企业受到的融资约束滞后一期对研发创新活动的资金投入的影响程度就会降低13.9%。模型(5-4)是研发费用加计扣除强度对融资约束滞后一期与研发创新人员投入之间关系的调节作用检验。结果显示，融资约束滞后一期与研发费用加计扣除强度的交互项的系数显著为负（$\beta_3 = -0.054$，$p<0.1$），表明研发费用加计扣除强度对融资约束与研发创新人员投入之间的负向关系具有负向的调节作用。融资约束滞后一期与研发费用加计扣除强度的交互项（l.SA×ADI）的回归系数在10%水平上显著为负，创业企业接受的研发费用加计扣除优惠强度的水平每提高1%，创业企业受到的融资约束滞后一期对研发创新活动的人员投入的影响程度就会降低5.4%。

　　综上，对研发费用加计扣除强度影响下的融资约束与研发创新投入的关系进行再次检验，发现创业企业的融资约束负向影响创业企业的研发创新资金投入与研发创新人员投入之间的关系。同时研发费用加计扣除强度正向调节融资约束与研发创新资金投入的关系，负向调节融资约束与研发创新人员投入的关系。回归结果与前文一致。

表 5-6　　　　　　　　　　　融资约束滞后一期与研发创新投入

变量	主效应		调节效应	
	(1-1)	(1-2)	(2-1)	(2-2)
	RDF	RDP	RDF	RDP
l.SA	−0.211***	−0.064**	−0.246***	−0.050
	(−5.44)	(−2.06)	(−6.22)	(−1.59)

变量	主效应		调节效应	
	(1-1)	(1-2)	(2-1)	(2-2)
	RDF	RDP	RDF	RDP
ADI			−0.019	0.069 ***
			(−0.87)	(4.09)
l. SA×ADI			0.139 ***	−0.054 *
			(3.92)	(−1.90)
Control Variables	YES	YES	YES	YES
Constant	0.432 ***	0.242 ***	0.423 ***	0.224 ***
	(5.53)	(3.86)	(5.44)	(3.60)
Observations	3847	3814	3847	3814
R-squared	0.046	0.034	0.060	0.044

注：*** 、 ** 、 * 分别表示在 1%、5% 和 10% 的水平上显著，括号内是 t 值。

　　股权集中度作用下的研发费用加计扣除强度滞后一期与研发创新投入的关系的回归结果如表 5-7 所示。模型 (5-5) 和模型 (5-6) 是研发费用加计扣除强度滞后一期与研发创新投入的回归模型。其中，模型 (5-5) 是研发费用加计扣除强度滞后一期与研发创新资金投入的主效应检验。结果显示，研发费用加计扣除强度滞后一期的系数显著为正 ($\beta_1 = 0.038$, $p < 0.01$)，这表明研发费用加计扣除强度滞后一期对于创业企业的研发创新资金投入具有显著的正向关系。研发费用加计扣除强度滞后一期 (l. ADI) 的回归系数在 1% 水平上显著为正，创业企业研发费用加计扣除强度滞后一期的水平每提高 1%，创业企业对研发创新活动的资金投入就会增加 3.8%。模型 (5-6) 是研发费用加计扣除强度滞后一期与研发创新人员投入的主效应检验。结果显示，研发费用加计扣除强度滞后一期的系数显著为正 ($\beta_1 = 0.303$, $p < 0.05$)，表明研发费用加计扣除强度滞后一期对于创业企业的研发创新人员投入具有显著的正向关系。研发费用加计扣除强度滞后一期 (l. ADI) 的回归系数在 5% 水平上显著为正，创业企业受到的研发费用加计扣除强度滞后一期的水平每提高 1%，创业企业对研发创新活动的资金投入就会增加 30.3%。模型 (5-7) 和模型 (5-8) 是股权集中度对研发费用加计扣除强度滞后一期与研发创新投入之间关系的调节效应回归模型。其中，模型 (5-7) 是股权集中度对研发费用加计扣除强度滞后一期与

研发创新资金投入之间关系的调节作用检验。结果显示，研发费用加计扣除强度滞后一期与股权集中度的交互项的系数不显著，表明股权集中度对研发费用加计扣除强度滞后一期与研发创新资金投入之间的正向关系不具有调节作用。模型(5-8)是股权集中度对研发费用加计扣除强度滞后一期与研发创新人员投入之间关系的调节作用检验。结果显示，研发费用加计扣除强度与股权集中度的交互项的系数不显著，但其 p 值小于 0.2。

综上所述，对股权集中度作用下研发费用加计扣除强度与研发创新投入的关系进行再次检验，发现创业企业研发费用加计扣除强度正向影响创业企业的研发创新资金投入与研发创新人员投入。同时创业企业的股权集中度不能调节研发费用加计扣除强度与研发创新资金投入的关系。然而，创业企业的股权集中度负向调节研发费用加计扣除强度与研发创新人员投入的关系未能得到验证，但其交互项回归系数的 p 值较小，结果基本与前文一致。

表 5-7　　　　滞后一期研发费用加计扣除强度与研发创新投入

变量	主效应		调节效应	
	(3-1)	(3-2)	(4-1)	(4-2)
	RDF	RDP	RDF	RDP
l. ADI	0.038 ***	0.303 ***	0.059 ***	0.043 ***
	(3.74)	(3.72)	(3.54)	(3.27)
SHR			−0.079 ***	0.035
			(−2.85)	(1.59)
l. ADI×SHR			−0.058	−0.036
			(−1.61)	(−1.25)
Control Variables	YES	YES	YES	YES
Constant	0.031	0.113 ***	0.108 ***	0.085 ***
	(0.94)	(4.24)	(2.64)	(2.60)
Observations	3847	3814	3783	3733
R-squared	0.041	0.037	0.047	0.0382

注：***、**、* 分别表示在 1%、5% 和 10% 的水平上显著，括号内是 t 值。

基于以上分析，通过对核心解释变量的滞后一期(融资约束滞后一期与研发费用加计扣除强度滞后一期)进行再次回归，回归结果基本与前文一致。因此，本研究的结论具有可靠性。

5.4　研究结论与管理启示

创业企业普遍面临融资约束问题，创业初期不确定性强，因而在政策导向视角下创业企业如何有效运用优惠性政策的信号传递作用，以削弱创业企业面临的融资约束问题，进而刺激研发创新决策，并加快创新成果产出的效益与效率，已成为社会各界关注的重点。在研发费用加计扣除强度作用下的融资约束对研发创新投入的影响机制研究中，以融资约束为核心解释变量，研发创新投入（研发创新资金投入和研发创新人员投入）为被解释变量，研发费用加计扣除强度为调节变量，探讨融资约束对研发创新投入的影响以及研发费用加计扣除强度对上述关系的调节作用。在股权集中度作用下的研发费用加计扣除强度与研发创新投入的影响机制研究中，以研发费用加计扣除强度为核心解释变量，研发创新投入（研发创新资金投入和研发创新人员投入）为被解释变量，股权集中度为调节变量，探讨研发费用加计扣除强度对研发创新投入的影响以及股权集中度对上述关系的调节作用。本研究利用中国 ICT 行业的上市公司 2014—2020 年的面板数据，控制公司年龄、公司规模、公司性质、资产负债率和营业收入增长率因素的影响，进行回归分析，得出如下结论：

（1）融资约束对企业的研发创新资金投入和研发创新人员投入均具有消极的影响。这与本研究的假设一致。融资约束对企业研发活动的消极影响已得到诸多研究的证实（黄文娣、李远，2022；李世刚等，2022；马文聪等，2022）。本研究从研发创新资金和研发创新人员投入视角出发，探究融资约束下创业企业研发创新决策变化。从研发创新资金投入来看，ICT 行业的创业企业具有较强的创新需求，其仅利用内部资源不能满足研发创新的需要，因而对外部资金的依赖性较强。同时，ICT 行业的创业企业关键技术研发具有高风险和高投入的特征，外部资金对此可能较为谨慎、持观望状态。受内外部的双重融资约束，创业企业进行相应权衡后，会对较具风险性的研发活动减少相应投入。从研发创新人员投入来看，人才资源是衡量创业企业创新能力的重要指标，而融资约束所带来的投资金额问题会进一步影响创业企业研发人才招聘和人员配置，研发创新项目的减少最终导致减少研发创新人员的投入，降低研发成本。因此，ICT 行业的创业企业应积极拓展融资的多元化渠道，以解决内外部融资的约束影响，克服研发创新投入的阻碍。

（2）研发费用加计扣除强度对融资约束与研发创新资金投入之间的负向关系具有正向影响，对融资约束与研发创新人员投入之间的负向关系具有负向影响。这一结论与假设存在部分差异。研发费用加计扣除强度使得融资约束阻碍研发创新资金投入的程度加剧，这一结论与部分研究结论相反（彭华涛、吴瑶，2021），且与研发费用加计扣除强度对融资约束与研发创新人员投入的关系具有相反的差异化效应。其可能的原因是，创业企业对于研发创新资金投入和人员投入具有较大差异，资金投入可能风险更大。研发费用加计扣除强度使得融资约束阻碍研发创新人员投入的程度得到缓和，基于这一调节路径，政策导向下创业企业需要加大对研发创新活动的人员支持力度以支持研发活动持续进行。同时考虑到研发创新人员密集度对技术创新和产品创新的积极影响，有必要加强研发创新人员的投入，推进研发创新活动的成果转化。基于政策导向对融资约束的弱化影响，政府部门应该积极推动相关扶持政策制定和优化，营造良好的融资环境以此支持创业企业的创新活动。

（3）研发费用加计扣除强度对研发创新资金投入和研发创新人员投入均有积极的影响。本研究分别以研发创新资金投入和研发创新人员投入为被解释变量，从多视角层面验证 Shen（2020）等学者关于研发费用加计扣除对研发创新投入的直接作用关系。研发费用加计扣除对研发创新资金投入的积极作用反映在多个方面，例如补充创业企业研发创新资金（Bai et al.，2019）、改变创业企业对研发活动的风险态度进而提升创新意愿（Song et al.，2020）等。对外部环境变化剧烈、竞争环境复杂的 ICT 行业来说，为快速适应内外部环境，ICT 行业的创业企业会积极主动借助研发费用加计扣除政策来刺激研发创新资金投入，以期提高创新产出效率抢占市场。推动创业企业加大研发创新人员投入的主要表现在于：研发优惠政策促进创业企业与外部组织、机构之间进行知识和技术的交流，有效展现创新政策需求方的积极效用，显著增加研发创新人员投入和专利产出。鉴于研发费用加计扣除对研发创新资金投入和研发创新人员投入的促进作用，应该规范此类研发优惠政策实施，实现政策制定的最终目标。

（4）企业的股权集中度对研发费用加计扣除强度与研发创新资金投入之间的关系不具有调节作用。创业企业股权集中度对研发费用加计扣除强度与研发创新人员投入之间关系具有消极的影响。本研究使用公司第一大股东的持股比例作为股权集中度的替代性指标，这不仅反映出创业企业最大股权的控股情况，还反映出创业企业内部权力的制衡情况。然而，这一结论与假设存在部分差异。一方面，创业企业股权集中度的高低对于研发费用加计扣除优惠强度促进研发创新资金投入的程度并无影响，这一结论与 Martins(2020)等学者的观点相反。可能的原因是，研发创新资金的投入受到公司管理层的密切关注，资金的使用对于第一大股东来说，在一定程度上决策权并不充分，仍需要企业管理层的集中商讨和决策。另一方面，股权集中度会削弱研发费用加计扣除优惠强度促进研发创新人员投入的程度，这与创业企业研发创新资金投入存在不同。研发创新人员投入在一定程度上未能引起企业管理层足够重视，因而股权集中度会对研发费用加计扣除强度与研发创新人员投入的关系产生影响。当公司第一大股东对公司具有较高的控制权、股权集中度较高时，第一大股东的话语权使得企业管理层达成共识(Francis，Smith，1995)，其创新意愿直接关系到创业企业的研发创新决策。在此情况下，企业内部管理层的冲突虽然得到减少，但创业企业是否进行研发创新活动主要取决于第一大股东。但是，未经充分讨论而由第一大股东独立确定产生的研发创新决策，可能难以全面考虑创业企业的发展现状及现有资源，从而导致研发创新决策失效甚至对公司发展产生威胁。同时，当创业企业的第一大股东持有风险规避态度时，其研发创新决策可能过于保守，因而削弱研发费用加计扣除优惠强度对研发创新人员投入的影响。

第6章　复杂国际环境下创业企业的
双元创新决策

近年来，随着新兴经济体崛起和国际创业门槛降低，来自新兴经济体的天生国际化企业正在全球范围内兴起一股新的创业热潮，这种新的创业现象既打破了传统乌普萨拉式渐进国际化路径，也有别于早期国际化由"西方进入东方"时所存在的制度顺差。天生国际化企业不仅成为母国经济发展新的驱动力，也是改变国际创业竞合格局的重要影响因素。在日益激烈的国内竞争态势、持续拓展的国际市场边界以及外向发展的战略导向作用下，以天生国际化企业、国际新创企业以及跨国企业等为主体的国际创业企业积极开展探索性创新与开发性创新（Li，Deng，2017）。"中兴事件""华为事件"等表明中国企业国际创业中"基础/应用基础研究→技术开发→产业化"创新链纵向或横向的探索性创新或开发性创新已不能适应复杂的国际竞争环境。快速国际化现象是全球经济一体化的产物，全球化的成功也在挑战传统的国际制度和贸易体系，全球创业环境变得更为复杂和敌对性，"逆全球化"成为新趋势，新兴经济体的天生国际化企业在新的制度环境中将面临更为严峻的"新进入者"和"外来者"双重劣势。中国企业在国际创业中如何有效实现双元创新均衡已成为参与国际竞争、应对复杂环境特别是贸易摩擦迫切需要解决的现实问题（Sasan，2019）。针对国际创业的双元创新是否需要均衡发展，学术界存在维持不均衡状态和力求均衡发展两种差异化观点（Sinha，2015；García-Lillo et al.，2017；Sharma，Martin，2018）。部分学者认为国际创业企业不宜一味地追求创新均衡，双元创新方式之间存在张力，整合两者创新实现均衡需要高额的协调成本。亦有学者认为双元创新必须均衡发展才能借助不同创新方式的优势，提升国际创业企业的综合竞争能力。此外，针对国际创业如何实现双元创新均衡，学者们揭示出了差异化条件下的单一突破和双元协调两种机制。亦即当相对冲突的两类创新水平存在显著差异时，国际创业企业宜采取单一突破机制，以在特定领域谋求短板突破。当相对冲突的两类创新水平相近时，国际创业企业应该采取双元协调机制，寻求合适的均衡度以确保链条延伸、技术升级、产品开发等绩效。由此可见，国际创业的双元创新如何实现均衡发展尚未形成定论。事实上，国际创业的双元创新并非完全孤立或者相对割舍，而是在资源与能力相对有限的条件下，基于对机会窗阶段及类型的判断以及竞争环境的审视，努力寻求探索性创新与开发性创新之间适度的平衡、有效的交互并实现对于环境约束的破解。基于此，本研究试图立足国际创业的机会窗及竞争环境，运用探索性案例研究方法对于国际创业的双元创新均衡机制展开研究。

6.1　理　论　基　础

6.1.1　双元创新

双元创新是企业同步追求与整合探索性创新和利用式创新以达到较高的财务绩效并且得以永续经营。双元创新通常被界定为兼顾利用现有知识和资源开展速度慢、程度低、水平方向的开发性创新，以及运用新的知识和资源开展速度快、程度高、垂直方向的探索性创新。天生国际化企业往往具有更高的学习承诺，倾向于在更大的国际市场上组织网络资源，吸收高层次人才参与企业产品创新、品牌建设和市场推广，从而有利于企业通过有效的竞争行为和前瞻性的行动提升双元创新能力，进而推动国际化绩效的提升。天生国际化企业的国际外派人员能够根据创业者的共享愿景，有针对性的积累和分享第一手的国际经验、跨文化知识和见解，利用其在国际业务中建立起来的网络和关系，搜寻国际新创企业边界以外的机会和资源，开展有针对性的双元创新活动，进而获得较高的财务和非财务绩效。情境双元的问题可能会带来高层管理团队的目标相异和观点相互冲突的负面影响，在共享愿景的影响下这种负面影响的结果会大大降低，进而防止高管团队发展成支离破碎的结构。同时，共同国际化愿景和共享价值观可以促进不同部门之间的资源交换和结合来开发国际市场中的机会和资源，进而促进双元创新的产出，双元创新能力的提升为企业绩效的提升提供了保障。此外，组织成员共享愿景和知识分享意愿的提升对个人创新行为有显著的正影响。鉴于当前部分国际创业企业的技术环节与产业链条仍处于全球价值链的低端，低端向高端逐步跃迁仍是当前企业国际创业的客观要求与必然选择，在此背景下，双元创新对于国际创业的作用不容忽视。然而，双元创新对国际创业的影响较为复杂且学术界尚未达成一致结论。一方面，双元创新对国际创业绩效能产生积极的影响。如探索性创新和开发性创新之间的平衡可以加速创新能力和学习吸收能力，两者相互之间的深度融合可以最大限度地降低创新风险，从而提高国际创业的创新组合绩效。另一方面，双元创新对国际创业亦可能产生消极影响。例如当探索性创新与开发性创新在国际竞争环境的极端约束条件下，双元创新所带来的内部组织张力将变得无法控制，对国际创业企业绩效提升反而具有抑制作用。部分学者研究发现，双元创新与国际创业绩效之间存在非线性影响曲线关系。虽然一定的创新能力能够促进国际化进程，但是随着创新水平的逐步提高，双元创新与国际创业绩效之间反而呈现下降趋势。探索性创新和开发性创新将同时利用企业的稀缺资源，为了各自的目标而相互分离。双元创新的均衡机制为双元创新对国际创业的复杂性影响提供了解释。在同时追求探索性创新战略与开发性创新战略的过程中，决策导向和动态竞争市场等因素导致的相对失衡与国际创业绩效增长呈现负向相关趋势。过度的探索性创新或开发性创新均会对国际创业绩效带来负面影响，增大国际创业失败的概率。相应地，国际化的竞争环境亦会增加国际创业企业的创新成本与风险，从而进一步阻碍双元创新。由此可见，双元创新对于国际创业成效的影响较为复杂，并且学者们对于何种程度的双元创新均衡度更能决定国际创业成效尚未得出一致结论。

6.1.2　创业机会

国际创业是跨国界的机会行动，一方面创业机会被视为独特的发现和国际化的起点，另一方面创业机会是在国际交流互动的成果，因此创业机会在国际创业进程中至关重要。国际机会识别通常被定义为企业通过识别和利用国际机会以驱动自身跨国行为的复杂过程。在这一过程中，受动态环境的影响，识别机会主体以不同认知方式识别国际机会。其中，主动性机会识别意味着中小企业感知或发现有利环境以创造价值行为或过程，甚至为了有效感知而不惜塑造、创造有利环境；偶然性机会识别则更加强调管理者对机会的识别是偶然无意且无序的。创业机会通过创造性破坏使市场走向非均衡状态，企业家因而能在该状态下创造出比现有选择更有市场价值的新解决方案。创业机会识别是一个识别、发现、创造新国际机会的过程，这一过程受到多种因素影响，来自于企业的创新能力并建立于企业家对当前选择的不满之上。个体在商品交易市场上由于信息不对称，对所配置资源理解形成差异，从而形成创业机会，发生创业活动。这意味着与机会的联结，能帮助个体理解、发现并利用机会，获取和利用资源。因此，对于天生资源匮乏的中小企业，探索其与国际机会之间所存在的互动关系能够进一步优化资源配置，提升中小企业自身的国际化绩效。在不平衡套利机会的状态下，市场供应和需求之间存在视差，创业者往往需要先识别国际创业机会才能开展业务（Anokhin et al.，2011）。在拓展国际市场的过程中，资源、能力与机会窗的动态匹配不容忽视，其使得国际创业需要依据寡头、垄断以及超竞争等不同竞争态势下的机会窗口大小及持续时间做出决策。创业机会和企业创新被视作跨国公司发展的核心。企业的创新能力具有知识创造和知识整合的功能，对于在瞬息万变的国际环境中运营的跨国公司而言，以创新的方式开发现有资产和资源以及探索新技术以捕获现有的和新的机会非常重要。强调探索性创新而忽视开发性创新，会使创新活动的成本和风险更高，从而降低或仅仅只能开发与现有功能相关的收益，相反，对开发性创新的单一关注可能会获得短期利益，但也会损害或剥夺未来发展的机会。因而探索性与开发性双元创新能力之间的均衡在国际创业的机会识别和开发过程发挥着至关重要的作用。当前相关研究主要从关系网络、制度环境及资源理论等视角展开。归纳来看，关系网络视角认为创业者通过关系网络获得信息、情感支持，促进创业意愿的形成，进而影响国际创业机会识别；制度环境视角主要从管制性、规范性、认知性维度来分析东道国和母国制度差异对于机会识别的影响；资源理论视角强调创业者通过合理配置资源来有效识别国际创业机会，该视角的解释也得到了更多关注。不少研究认为先前经验是重要的异质性资源，对国际创业机会识别具有关键影响作用。然而，围绕先前经验的研究并未形成共识：一些学者认为，创业者先前工作中所积累的经验能够启发创业者识别国际创业机会。Zhou（2016）的研究进一步指出，跨国公司应针对国际创业机会识别与开发的不同情境进行具体考虑并制定相应的策略。例如，跨国公司在创业机会较多的情境下更多地发挥开发性创新能力，而在创业机会不足的情境下努力积累探索性创新能力。企业在规避国际市场高风险时应更多地利用开发性创新能力，反之则应更多地依赖其探索性创新能力，以此促进新产品开发和商业化。由此可见，创业机会在国际创业进程中不容忽视，而已有研究亦表明跨国公司创业情境与双元创新能力的动态匹配规则较为复杂。因此本研究将依据国际创业不同阶段的机会窗以及不同情景下的竞争环境研究其双元创新均衡的形成。

6.1.3　动态能力

国际创业既是在国际市场中识别、开发与利用机会的动态过程，亦是在国际竞争中应对技术封锁、市场壁垒、制度冲突等复杂情景的决策过程，还是从天生全球化企业、国际初创企业到成熟国际化企业的转变过程。因此国际创业过程中对于探索性创新与开发性创新的双元均衡在很大程度上取决于国际创业企业的动态能力。动态能力的重要特征之一在于改变导向与快速创新，其意味着国际创业中将在速度可控、成本可行的条件下实现探索性创新与开发性创新的有效组合，以此满足国际化广度、深度与速度对于双元创新均衡的需求。动态能力观认为，可持续竞争优势不仅包括企业拥有哪些资源，还包括企业如何通过适当的能力来开发、整合和协调这些资源。动态能力有不同的表现形式，其中国际创业导向是一种具体形式，可以为企业带来难以被转移、复制、取代的可持续竞争的能力，国际创业导向能够提升企业的国际化绩效。动态能力建立在网络型组织的基础之上，因此大量的国际创业企业特别是成熟国际化企业在全球范围内布局研发网络、组建创新驿站、积极打造"备胎"，以此确保双元创新均衡能够帮助国际创业企业应对不同国家和地区的技术法规、专利壁垒与贸易冲突。动态能力是企业面对不断变化的外界环境所做出一定的调整的一种能力，它是企业能够长期生存的前提，是企业获取或保持竞争优势的关键。作为一种抽象的组织内部能力，动态能力区别于一般的组织学习能力和创新能力，它是企业为了应对不断变化的市场外部环境，进而感知市场环境、发现机会和威胁，最终在全球范围内获取和整合资源的一种能力。大量学者研究企业动态能力的初衷是希望企业在市场上建立竞争优势，从而获得良好的企业绩效。而在国际市场的背景下，新创的小企业没有雄厚的资金优势，也没有成熟的销售渠道和客户资源，在这种情况下面对国际市场的竞争对手和复杂多变的国际环境，想要创造良好的企业绩效是十分困难的。所以，研究者们根据资源基础理论，证明了企业可以通过资源整合来获得并且维持竞争优势，从而取得企业绩效。而资源基础观点在天生国际化企业上应用也比较成熟，所以可以得知天生国际化企业动态能力与企业绩效有一定的关系。

国际创业企业在提升动态能力以实现技术在国际市场中转移、转化并产业化的过程中，表现出显著的正向或负向技术溢出效应。国际创业的双元创新均衡正是针对探索性创新与开发性创新两种差异化创新策略的技术溢出综合效应予以权衡后做出的选择。"基础/应用基础研究→产品开发→产业化"创新链纵向与横向双向的双元创新均衡促进了国际创业企业的技术得以在国际与国内、行业内与行业间溢出(Lin et al.，2013)。从非对称创新的视角而言(孙聪、魏江，2019)，大市场、强政府、弱技术情境下的中国国际创业企业若要实现从跟跑、并跑向领跑的转变，必须在卡脖子技术领域加强探索性创新并有效避免其负向溢出效应，在非关键技术领域采取开发性创新并积极发挥其正向溢出效应。前者有助于催生新的产品与技术及其范围经济，实现从产业链低端向中高端转移；后者有利于巩固现有客户与市场及其规模经济，实现产业链条的延伸与细分。从整合式创新的视角而言(陈红花等，2019)，依托跨界产业链、根植全球价值链，纵向与横向创新链上的探索性创新与开发性创新交叉融合的溢出效应有助于国际创业企业的"知识反转"，并可为双元创新均衡设定相对最佳的均衡度标准。整合式创新助推国际创业企业在跨国界、跨行业、跨部门之间实现知识共享与技术溢出，并在探索性创新与开发性创新的双元均衡中真正做到"自主创新"。国际创业企业国际化的进程与通过技术溢出来识别、开发与利用创业机会不可分割，国际创业的双元创新均衡正是在试错、锁定与再试错等反复迭代过程中基于对技术溢出效应的评判做出的创新策略选择(Lin et al.，2013；苏敬勤等，2020)。

　　整体而言，动态能力通过拓展资源边界、增强组织柔性、优化业务流程、弱化层级尺度等方式，为国际创业的双元创新均衡奠定了基础动态能力使得国际创业的双元创新均衡不可或缺的创新资源合理配置、创新组织快速反应、创新链条持续改进、创新网络不断优化等条件得以满足，而在此过程中双元创新均衡的技术溢出效应是"纵向—横向"创新链的"探索性创新—开发性创新"所构筑的四象限组合交互作用的结果。因此本研究将研究动态环境下双元创新均衡的演化机制。

6.2　复杂国际环境下双元均衡创新与国际创业的逻辑建构

　　本研究采取案例研究方法对复杂国际环境下双元均衡创新与国际创业的逻辑进行建构。主要出发点包括：本研究聚焦于国际创业中区别于探索性创新、开发性创新或者一般双元创新的双元创新均衡以及双元创新的均衡机制，属于典型的"是什么"以及"如何"问题范畴，使用案例研究不仅能够对该现象进行翔实的描述，还要对现象背后的原因进行深入的分析。其既要回答"怎么样"，也要回答"为什么"，适合于通过探索性的案例研究方法演绎和归纳出现象背后的深层次逻辑、范式与规律。此外，建立在多角度和较丰富数据与信息基础之上的深度个案研究适用于解决内在机制相关问题。

　　本研究选取上汽通用五菱汽车股份有限公司（以下简称 SGMW）作为国际创业的典型案例，其发展历程及里程碑事件如图 6-1 所示。对 SGMW 的双元创新均衡机制展开研究，主要基于如下考虑：（1）SGMW 是国际创业的成功典范。截至 2019 年底，SGMW 累计共销售各类微车及乘用车约 1660007 辆，用户认可超过 2100 万，成为 2019 年中国品牌汽车销量第一的企业。其国际创业的足迹已遍布中南美洲、中东、非洲、东南亚等 40 多个国家和地区，出口量已占到全国微车年度出口总量约 10% 的份额。在 2019 年全球汽车行业不景气、国 5 标准向国 6 标准转型的特殊时期，SGMW 出口总量多达 70000 台套，相比 2018 年增长 120%；出口创汇达 4.68 亿美元，相比 2018 年增长 112%。因此，SGMW 是逆势增长的国际创业成功典型。SGMW 亦是全国第一家总销量超过 2000 万辆的汽车企业。（2）SGMW 国际创业中开展了卓有成效的双元创新。2010 年 SGMW 推行的是"产品输出、运营模式输出和管理人员输出"旧三大输出模式，仅仅局限于供应链特定环节的国际输出或者整车出口，主要以开发性创新为主。当前，已成功转型为"知识与产品输出、人力资本与团队输出、业务运营与最佳实践输出"新三大输出模式，探索性创新与开发性创新并重。2012 年 SGMW 的埃及 N300 CKD 项目正式 SOP，标志着在国际创业过程中首次实现自主产品在中国以外地区以散件出口方式进行批量组装生产，是对其双元创新均衡能力的全新挑战和重要经验积累。SGMW 在纵向创新链上通过探索性创新全力打造 CN202S（宝骏 530）全球车平台、在新能源汽车的电池领域开展源头创新、在五菱宏光车型基础上推进海外版的突破式创新，在横向创新链上依托宝骏 530 全球平台车型，分别开发出与中国、印度尼西亚、印度、泰国、南美等国家和区域市场需求相适应的宝骏、五菱、雪佛兰、名爵等品牌产品，取得了显著成效。2015 年 SGMW 在印度尼西亚的国际创业意味着中国车企首次向海外输出涵盖冲压、焊接、涂装、总装等完整四大制造工艺领域的探索性创新成果以及包括质量检测系统在内的开发性创新成果。特别是从 2016 年开始，SGMW"造船出海"，国际创业进程进一步加速，自主产品、自建基地、自主品牌、自建供应体系、自建营销网络体系等等，标志着其探索性与开发性双元创新均衡的能力已全面建成。SGMW 的专利申请与授权数一直位居行业前列，在广西壮族自治区持续 10 多年位居前三，其专利数据如图 6-2 所示。

2019 年 SGMW 正式授牌为"国家技术创新示范企业"，成为入选的全国 12 家单位之一。

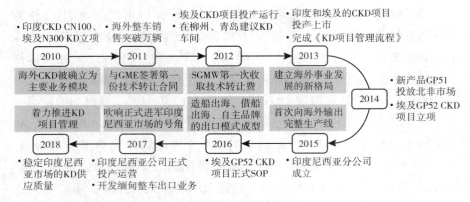

图 6-1　SGMW 国际创业里程碑事件（2010—2018 年）

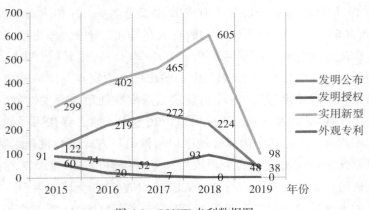

图 6-2　SGMW 专利数据图

　　本研究所涉及的资料来源于：第一阶段，于 2019 年 7 月—2019 年 9 月与 SGMW 海外事业部工作人员进行访谈。首先，向其详尽解释国际创业以及探索性创新、开发性创新、双元创新均衡等相关概念；其次，重点针对国际创业中知识与产品输出、人力资本与团队输出、业务运营与最佳实践等"三大输出"包含的产品、工艺、市场、资源、组织等创新背景、动因、行为及结果展开调研；最后，针对印度尼西亚、印度、南美等不同地区的负责人分别就项目导入、进程及成效进行补充调研。此阶段获取的主要资料为 SGMW 海外事业部部门历史沿革、国际创业历程中的里程碑事件时间节点、事件背景与细节及影响、意义等。第二阶段，于 2019 年 9 月

9 月—2019 年 10 月进一步搜集与 SGMW 国际化及国际创业有关的书面文字资料。具体包括《SGMW"走出去"业务计划报告》《60 周年海外事业部汇报材料》《印尼市场合作典型案例》等。第三阶段，于 2019 年 11 月整理人民日报、光明日报、新华网等权威媒体对于 SGMW 国际创业的相关报道。如《从"两根烟囱"到"二次创业"》《中国汽车，沿着一带一路跑起来》《中国上汽通用五菱印尼工厂正式投产》。第四阶段，于 2019 年 12 月底查询专利数据库。为了解 SGMW 在国际创业中的海外知识产权布局情况，本研究在专业的国际专利数据网站上对于 SGMW 的国际专利数据进行了查询。

　　本研究选取案例研究方法的主要出发点包括：第一，本研究聚焦于国际创业中区别于探索性创新、开发性创新或者一般双元创新的双元创新均衡以及双元创新的均衡机制，属于典型的"是什么"以及"如何"问题范畴，适合于通过探索性的案例研究方法演绎和归纳出现象背后的深层次逻辑、范式与规律。第二，本研究试图根据国际创业不同阶段的机会窗以及不同情景下的竞争环境探究其双元创新均衡的形成及演化机制，属于尚无成熟的理论可用于解释或既有理论解释时难以形成定论的探索性问题研究（王欢、汤谷良，2012；苏敬勤等，2020）。目前学术界对于探索性创新、开发性创新以及双元创新的相关理论体系较为系统完善，但对于国际创业的双元创新是否必须均衡、如何均衡以及均衡度究竟应该如何等问题均未有效得到解决（Dunlap-Hinkler et al.，2010；Hagen et al.，2014；Chen，Kannan-Narasimhan，2015）。此外，建立在多角度和较丰富数据与信息基础之上的深度个案研究适用于解决内在机制相关问题。

　　SGMW 在具有辐射推广性的平台型产品（如 CN202S 车型、五菱宏光海外版等）以及具有引领示范性的新兴产品（如新能源车、互联网车等）领域以探索性创新为主，在市场细分领域的衍生产品开发以及本土化改进过程中以开发性创新为主。由此形成探索性与开发性双元创新图谱如图 6-3 所示（说明：图中椭圆表示探索性创新，框图表示开发性创新）。

6.2.1　国际创业中双元均衡创新的平衡机制

　　国际创业中双元创新的平衡机制以知识、资源与能力相对有限为前提，建立在隐性与显性知识整合、内部与外部资源拼凑、内生与外生能力集成等行为的基础之上。相对而言，国际创业中双元创新的平衡机制力求适应短期竞争态势、巩固现有市场地位，而双元创新平衡的交互机制主张赢得长期竞争优势、抢占市场先机。以 He 等为代表的学者认为探索性创

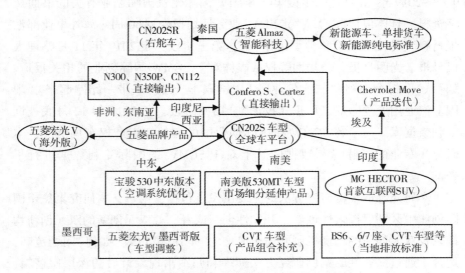

图 6-3　SGMW 国际创业中的双元创新图谱

新与开发性创新两者的绝对差可以用来度量双元创新的平衡程度（He，Wong，2004），从这一角度而言当差距为零时，两者趋于平衡。事实上，随着全球创新网络不断扩散拓展、资源边界不断趋于模糊，国际创业的探索性创新与开发性创新从资源占用角度而言并非"零和博弈"。从动态能力演进与创新溢出效应的角度而言，国际创业中双元创新的平衡更多地体现为探索性与开发性创新由组合 A 向组合 B 的转变，如图 6-4 和表 6-1 所示。

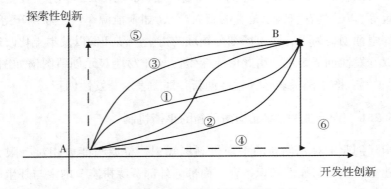

图 6-4　国际创业与双元创新均衡路径

注：①② 震荡型均衡，③ 渐进型均衡，④ 突变型均衡，⑤⑥ 极限型均衡

表 6-1　　　　　　　　　国际创业与双元创新均衡路径

双 元 创 新		国 际 创 业	
平衡路径	比值斜率	机会窗阶段	创新情景
震荡型	$0 \to \infty$ 或者 $\infty \to 0$	完全垄断	"卡脖子"技术或基础研究
渐进型	递减	超竞争	趋同或同质技术
突变型	递增	寡头垄断	平台型或先导型技术
极限型	不确定	垄断竞争	转型或替代技术

具体而言，路径①与路径②本研究将其归纳为震荡型平衡，表现为探索性与开发性两类创新模式的组合随转型技术或替代技术的动态变化而导致其在双元创新平衡中均无法占据主导地位，因而适用于国际创业所涉及领域的技术生命周期交替、市场机会窗口处于垄断竞争阶段的情形，以获得动态竞争优势。在国际创业的过程中，SGMW 采取了先易后难再易再难、先开发后探索再开发再探索的动态切换方式。比如在埃及市场仅仅只是将南美原型换标雪佛兰并更名为 Chevrolet Move，随后再逐步根据区域市场的特定需求变化积极推进产品迭代规划。出于整合已有资源并进一步细分市场的目的，SGMW 已着手将国内 CN180 平台系列产品以 CKD 形式导入市场，以此巩固竞争地位与动态优势。

路径③本研究将其归纳为渐进型平衡，表现为双元创新平衡中以开发性创新为主导即可丰富产品类型、拓展产品线数量、降低产品成本，因而适用于国际创业中技术趋于相同或者大致相当的情形，以提高国际创业的国际化宽度。在印度尼西亚市场的国际创业中，SGMW 面临的竞争压力主要来自日本汽车品牌在印度尼西亚的先占地位与成本优势。SGMW 公司高层素有"成本杀手"之称，且其微车领域五菱品牌系列产品的成本及价格优势在中国境内长期位居行业榜首。因此 SGMW 在印尼市场中主打五菱宏光和宝骏 730 两款车型进行质量满意、成本最优的适应性改进，推出 Confero 和 Cortez 两款开发性创新产品，以满足印度尼西亚市场对于经济适用、性价比高产品的需求。

路径④本研究将其归纳为突变型平衡，其适用于国际创业依赖的技术具有平台性或者先导性，表现为双元创新平衡中必须以探索性创新为主导锁定价值链高端环节，其可提升国际创业的国际化深度。2012 年 SGMW 在埃及的国际创业中，凭借其探索性创新领域的优势在 CKD 项目中第一次收取技术转让费，首次实现知识产权费由"缴"到"收"的转变并成为海外发展史上的标志性事件。此后，SGMW 依托 CN202S 平台车的探索性创新，并结合拉丁美洲、中东、埃及、印度等区域的差异化需求引发的开发性创新，SGMW 先后开发诸多具有国际竞争力和全球影响力的宝骏 530 系列产品。

路径⑤⑥本研究将其归纳为极限型平衡，表现为特定条件下双元创新平衡中探索性创新与开发性创新相互替代的相对刚性，因而适用于国际创业中的卡脖子技术领域存在基础研究短板、面临技术瓶颈且急需突破的情形，以提高国际创业的国际化高度。SGMW 历经 10 余年的持之以恒与创新突破，其联合 CATARC（中国汽车技术研究中心）共同取得的成果中国微车加速外噪被写入 UN/ECE 法规（联合国欧洲经济委员会汽车法规），突破了欧系、美系、日系微车法规的垄断与封锁，从而使得 SGMW 具备了国际创业的"通行证"。

6.2.2　国际创业中双元创新均衡的交互机制

国际创业的探索性创新与开发性创新并非此消彼长、非此即彼的关系，而是互促互进、演进迭代的过程，由此形成双元创新均衡中探索性与开发性创新的交互机制（Linhart et al.，2019；Buccieri et al.，2020）。其因为国际创业中的技术、市场及制度等情景因素的差异性而表现为"基础/应用基础研究→产品开发→产业化"创新链横向、纵向或双向等不同交互形式的双元创新均衡，如图 6-5 和表 6-2 所示。探索性与开发性创新所依赖的外部与内部资源、新辟与既定技术轨迹、当前与新型知识结构本身存在互补性、传承性和溢出性，使得双元创新均衡中的两类创新模式交互并嵌入创新链的不同环节（Nuruzzaman et al.，2018）。国际创业中探索性创新与开发性创新的动态能力增长趋势以及技术创新溢出路径决定了双元创新均衡的交互效应在创新链上的具体表现。

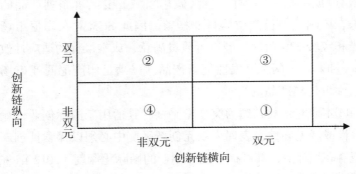

图 6-5　双元创新均衡交互矩阵

表 6-2　　　　　　　　　　国际创业的双元均衡交互机制

双元创新均衡的交互机制		国 际 创 业	
交互形式	交互载体	机会窗类型	预期目标
①横向交互	资源	市场机会窗	1→N
②纵向交互	知识	技术机会窗	0→1
③双向交互	能力	制度机会窗	0→∞
④正交交互	平台	综合机会窗	N→∞

交互形式①为横向交互，其适用于国际创业中面临市场壁垒、亟需推动市场份额 1→N 增长并力求打开市场机会窗时的双元创新均衡。当国际创业企业锁定于特定的产业链与价值链环节，技术水平与国际水平相当甚至处于并跑或领跑阶段时，探索性创新涉及的外部资源内化、隐性知识显性化、技术路线并轨，使得开发性创新所需要的各类条件产生量变与倍增效应。最终，两者交互并在横向创新链上共同致力于发展相关多元化产品。在中东市场的国际创业中，SGMW 的创新策略主要体现为基于当地的气候条件及特殊需求，对于空调系统的功能与性能进行了改进，得到了消费者的高度认可。在墨西哥市场中，SGMW 重点针对当地消费者对于 SUV 车型的需求在既有平台上进行拓展和集成。在南美的国际创业亦是如此，SGMW 先将宝骏 530 导入通用 SUV-C 细分市场，再进一步开发 CN180 平台以完善相关产品并作为产品改进的重要支撑。

交互形式②为纵向交互，其适用于国际创业中遭遇技术封锁、有待实现技术水平 0→1 突破并构建技术机会窗时的双元创新均衡。国际市场的科技战与技术封锁等现象倒逼国际创业企业的产业链与价值链由中低端向高端攀升并努力寻求技术突破，开发性创新涉及的显性知识隐性化、内部资源外化、技术跨界融合，形成对于探索性创新所需条件的质变及触发效应，从而两者交互并推动国际创业企业在纵向创新链上实现内涵式发展。在对消费诉求、市场需求、法规标准等经验与知识快速积累和沉淀的基础之上，SGMW 进一步突破性地融入智能多媒体科技等诸多技术，开发出印尼首款 SUV 产品五菱 Almaz（CN202SR）。与此同时，面向未来的机会感知、技术预见与产品方向，SGMW 试图着力打造新能源和单排货车产品，其中 E300P 作为当地第一款新能源产品，将在新能源领域纯电标准规范具有重要的引领和示范作用。国际创业过程中五菱荣光海外车型因其技术生命周期接近尾声导致的技术机会窗、消费者需求变化导致的市场机会窗、新法规调整导致的制度机会窗等逐步消失，使得 SGMW 不得不积极寻求创新突破。SGMW 开发的五菱宏光 V 海外版本涉及发动机前置后驱的车身结构、操控性、驾乘舒适性、噪音表现、承载能力及空间等诸多领域的探索性创新。依托已取得的技术突破，SGMW 得以在拉丁美洲、非洲等诸多国家不断优化产品组合。

交互形式③为双向交互，其适用于国际创业中存在制度冲突、需要在技术与市场全面追赶并力求制度 $0\rightarrow\infty$ 变化以创造制度机会窗时的双元创新均衡。国际创业中的贸易战往往演化升级为科技战，以制度冲突为表征的竞争情境通常与技术封锁、市场壁垒等不可分割。探索性创新与开发性创新的双向交互取决于不同国别的竞争程度对于不同技术层级与水平的产品进入国际市场难易程度的影响。因此，国际创业企业通常会选择在竞争程度强的国家或地区沿纵向创新链的方向以探索性创新为主的方式进入，并带动横向创新链的开发性创新技术发展。反之，则沿横向创新链的方向以开发性创新为主的方式进入，进而逐步寻求纵向创新链上的探索性创新技术突破。2017 年 SGMW 斥资 6.23 亿元用于印度首款互联网 SUV、MG HECTOR（CN202SR）产品与技术的开发，并于 2019 年 4 月底按计划在名爵印度 Halol 工厂投产。借助知识与产品、管理团队以及业务模式等在国际创业中的有效输出，SGMW 正致力于开发印度 MG Hector BS6 车型（当地排放标准升级车型）、6/7 座车、CVT 车型和年度车型等衍生产品，从而有效拓展 MG Hector 的产品线。

交互形式④为正交交互，其适用于国际创业中技术、市场与制度等复杂情景因素交织、主导因素不确定，必须立足现有基础并实现 $N\rightarrow\infty$ 以应对机会窗更迭时的双元创新均衡。当企业因其探索性创新而在国际创业中实现竞争反锁定时，其将采取绝对的开发性创新行为以扩散探索性创新领域的成果。反而，当企业因其开发性创新而在国际创业竞争中被锁定时，将全力开展绝对的探索性创新行为以弥补开发性创新存在的缺陷与不足。SGMW 集成多个股东方的优势，开发出具有原创性和领先性的 CN202S（宝骏 530）全球车平台，以此为基础在全世界诸多国家范围内探寻创业机会，并采取差异化的创新策略，包括印度尼西亚五菱、印度 MG、南美科帕奇、泰国挂雪佛兰，等等。在南美市场的国际创业中，SGMW 依托 CN202S 产品及技术平台，宝骏 530MT 车型雪佛兰版本、南美版 530 MT 车型、CVT 车型等系列产品相继推出，在优化配置基础之上的产品组合满足了不同细分市场的客户需求。在充分利用公司已有知识、资源及产品的基础之上，SGMW 进一步依托探索性创新的成果 CN202 车型平台弥补前两款产业在技术创新性、突破性等方面存在的不足，着力开发具有未来前景及潜在竞争力的智能科技与新能源领域新车型。

6.2.3　国际创业中双元创新均衡的干预机制

国际创业中探索性与开发性双元创新均衡态的形成既是创新资源匮乏、创新能力瓶颈、创新环境约束等条件下的自组织过程（Amorós et al.，2016；Solís-Molina et al.，2018），亦需要借助来自内部与外部积极干预的他组织作用以实现国际创业中技术封锁向技术突破、市场壁垒向市场开发、制度冲突向制度的转变（Lynch，Jin，2016）。亦针对国际创业中的技术、市场、制度等各类情景，通过基础研究领航、知识产权导航、创新生态续航、财政金融护航相结合的组合干预机制对其约束予以破解，如图 6-6 和表 6-3 所示。

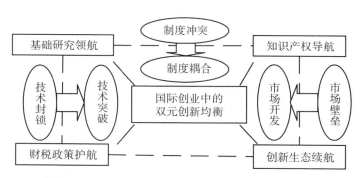

图 6-6　国际创业中双元创新均衡干预机制逻辑框架

表 6-3　　　　　国际创业中双元创新均衡的干预机制表现

双元创新均衡的干预机制			国际创业情景应对		
干预方式	方式分解	干预方式评价	技术	市场	制度
基础研究领航	强度	基础研究经费占 R&D 经费比例	✓		
	国际竞争力	引领指数、结构均衡指数、卓越指数	✓	✓	✓
知识产权导航	国际专利数	PCT 国际专利申请量	✓		✓
	海外专利布局	知识产权海外护航工程	✓	✓	✓

续表

双元创新均衡的干预机制			国际创业情景应对		
创新 生态续航	创新机构	内外部研发机构数量	✓	✓	
	创新资源	研发人员及研发经费折合当量	✓		
	创新环境	鼓励支持创新的文化、设施等软硬环境	✓	✓	✓
财税 金融护航	财政支持	财政专项资金、政府采购等	✓	✓	✓
	税收支持	科技创新税收优惠	✓		✓
	金融支持	信贷产品、金融增值服务、融资平台等			✓

（1）领航机制。基础研究对于国际创业的双元创新均衡锚定前沿关键技术领域的发展趋势、预见具有全球领先优势的产品与技术、缩短与国际竞争对手的潜在差距等具有重要的引领作用。中国情境下企业从事基础研究的投入动力先天不足、能力储备相对薄弱，在汽车行业中动力、材料、噪音、轻量化、智能化、新能源等领域亦是如此。因此，发挥干预双元创新均衡的基础研究领航机制尤为重要。一方面通过刺激国际创业企业的基础研究，助推双元创新均衡实现"两条腿走路"，另一方面可以引领国际创业企业通过探索性创新开辟新"赛道"并弯道超车、实现突破式创新，同时也可以引领从创新链纵向基础/应用基础研究之后的技术开发与产业化。广西在国家出台《关于全面加强基础科学研究的若干意见》的基础之上，颁布了《关于印发进一步加强基础科学研究实施方案的通知》（桂政办发〔2019〕2号）以支持企业重视基础研究领域的创新。SGMW作为传统汽车行业的代表性企业，但一直致力于维护品牌形象、杜绝短期和功利化的出口行为，努力通过基础研究领航双元创新均衡并实现国际创业的高质量与内涵式发展。2018年SGMW通过其印度尼西亚公司联合中国境内顶级研究机构中国汽车技术研究中心在印度尼西亚联合成立"中国东盟汽车标准法规汽车研究中心"。该中心致力于车辆安全性、环境影响、能源效率、防盗等领域技术法规和认证制度的基础研究与探索性创新，以此提升技术标准在东盟各国以及国际上的话语权，并有效支持在印度尼西亚、马来西亚、泰国、菲律宾、柬埔寨、老挝等地方的国际创业并带动相关领域的开发性创新。SGMW高度重视基础研究领域的源头创新与工艺创新，如在锂电池化学工艺、矿产资源原材料冶炼工艺以及新能源汽车行业标准

等领域开展原始创新。

（2）导航机制。海外知识产权布局是国际创业企业针对不同国家和地区的竞争态势、技术壁垒以及自身的创新资源与能力，对于双元创新均衡成果进行合理的专利挖掘与专利组合，进而为国际创业的发展进程导航。国际创业的国际化广度、深度与速度等战略需以双元创新均衡决定的研发战略为支撑，而海外知识产权布局是研发战略的源头环节。知识产权导航机制决定了国际创业在安全与生存阶段、成本控制阶段、利润增长阶段、战略整合阶段与未来预见阶段的海外知识产权布局策略及对于双元创新均衡的差异化要求。SGMW 已在全世界主要国家拥有 132 项国际专利，已着手初步完成全球范围内的海外知识产权布局。其中不乏智能驾驶、智能网联、大数据、云计算等诸多关键技术的专利成果，SGMW 将其创新性地应用于新能源汽车领域。

（3）续航机制。创新生态系统为国际创业企业在全球范围内从探索性创新与开发性创新双元视角整合创新资源、提升创新能力、孵化创新成果、搭建创新平台、加快创新应用提供了动力源。国际创业的双元创新均衡能否实现螺旋式演进，需要以嵌入创新生态系统的人力、资金、产品、市场、硬件等若干要素构筑的具有国际影响力的科学创新中心或者产业创新中心为支撑，并为双元创新均衡根据实际情况不断优化探索性与开发性创新组合提供续航动力。创新生态系统的资源边界弥补了双元创新均衡资源不足的短板，其网络效应增强了双元创新均衡的溢出效应，其整合功能加速了动态能力的集聚。SGMW 联合柳州城市职业学院、加拉旺职业学校成立中印汽车学院，在印度尼西亚组建"中国东盟汽车标准法规汽车研究中心"，在拉丁美洲、非洲等多个国家和地区联合供应商共同成立研究中心等，从而有效构建国际创业的创新生态系统。为切实推进未来具有国际竞争力和影响力的创新，SGMW 在四步走策略中的重要一步即在于组织生态的构建，如在印度尼西亚组建由警察、城市规划、科技、财政等诸多行政部门及利益关联方组成的新能源生态建设小组。

（4）护航机制。财政税收对于国际创业的双元创新均衡而言，绝不仅仅是通过补贴、补贴或者保险等不同形式降低创新成本、规避创新风险或者减少创新损失，而是通过财政补贴、税收优惠、金融支持等多种政策工具的信号示意及其组合效应来化解国际创业中的制度冲突及其为双元创新均衡设置的门槛。财政税收政策嵌入国际创业的双元创新均衡涉及的创新成果研发、孵化、保护、转化与推广全链条中，为潜在国际创业企业、国际新创企业向成熟国际化企业的成长转变护航。广西壮族自治区商务部门多年来致力于将 SGMW 作为重点培育和发展的广西出口名牌，科技部门长期支持 SGMW 的科技创新活动并以财政科技经费撬动企业的自主创新投入。SGMW 综合运用出口信用保险、汇率、通关及出口退税等诸多组合政策，帮助企业在国际创业中实现由制度冲突向制度协调的转变。

本研究以 SGMW 为研究对象，运用探索性案例研究方法揭示了国际创业的双元创新均衡机制及其共性规律，主要研究结论包括：

（1）国际创业的双元创新均衡中探索性创新与开发性创新的平衡取决于国际创业的机会窗阶段及技术类型。国际创业所处行业与市场的竞争程度决定了机会窗的阶段、时效与大小，国际创业的技术水平在国际竞争中的前瞻性和先导性抑或滞后性与差距决定了技术寻求适应与突破的类型。因此，相对而言，国际创业中机会窗所处的竞争程度越激烈，基础研究水平与突破性创新能力越强，双元创新均衡中探索性与开发性创新的边际替代系数越大，两者实现平衡的路径越将趋于动态平衡。国际创业中技术导向的可识别、开发与利用的机会窗口预判、试错与锁定的过程，亦是震荡性、渐进型、突变型、极限型等不同类型的双元创新均衡路径交叉演进、趋于稳定与平衡的过程。

（2）国际创业的双元创新均衡中探索性创新与开发性创新的交互依赖于国际创业的机会窗类型及目标导向。国际创业赖以生存与发展的机会窗既可由市场、技术或者制度开启，亦可由三者分别触发的机会窗共同叠加而成。其具体表现为市场供给侧或需求侧变化对于生产者剩余与消费者剩余的影响、技术跟随或跃迁而实现的对于价值链不同环节与状态的锁定（比如高端锁定或低端锁定、被锁定或反锁定）、制度依赖或者突破而取得的制度空间对于国际创业外部环境的优化，等等。其将推动双元创新均衡的探索性与开发性创新为更好地发挥技术溢出效应、获取长期动态能力、实现不同机会窗中的预期目标，选择在创新链纵向或者横向或者双向进行交互。

（3）国际创业的双元创新均衡中探索性创新与开发性创新的干预靶向于国际创业的竞争环境约束破解。国际创业企业在基础研究领域的强度及其国际竞争力引领探索性与开发性创新的方向，拥有的国际专利数与合理的海外专利布局指导探索性与开发性创新的领域，创新机构、创新资源与创新环境增添探索性与开发性持续创新的动力，财政、税收与金融等支持致力于降低探索性与开发性创新的不确定性。亦即基础研究领航、知识产权导航、创新生态续航、财政金融护航等四位一体，共同形成对于国际创业中双元创新均衡的干预机制，并助其实现对于技术、市场与制度困局的破解。

以上基于探索性案例研究得出的结论，针对国际创业的机会窗及竞争环境，归纳出了双元创新均衡机制的几种典型类别，剖析了现象背后的深层次逻辑、范式与规律，解决了学术界上对于国际创业的双元创新是否必须均衡、如何均衡以及均衡度究竟应该如何等问题，在一定程度上完善了探索性创新、开发性创新以及双元创新的理论框架。

经济全球化背景下中国企业抢抓国际创业机会、直面国际竞争格局的趋势已愈演愈烈，但技术封锁、市场壁垒、制度封锁等国际创业的环境约束不容忽视。探索性与开发性双元创新均衡所具有的平衡、交互与干预机制为国际创业企业审时度势、因地制宜地实施创新战略以支撑国际化发展。具体而言，建议如下：

(1)国际创业全球化布局的双元创新均衡地图描绘。根据不同国家与地区技术、市场与制度的约束程度，结合国际创业企业自身的技术创新跟跑、并跑与领跑战略，在资源可集成、能力可匹配、成本可支付、环境可适应的条件下，针对全球化布局设计探索性与开发性创新差异化均衡度的双元创新均衡地图。

(2)国际创业不同类型企业的双元创新均衡矩阵设计。潜在国际创业企业、国际初创企业以及成熟国际化企业对于国际创业情景的感知及嵌入程度相应不同，对于探索性创新与开发性双元创新均衡的平衡、交互与干预等机制相应不同。因此，有必要建立根据国际创业的不同阶段及不同企业类型设定梯度的创新链"纵向—横向"双向双元创新均衡矩阵。

(3)国际创业创新张力与拉力的双元创新均衡矢量模型构建。国际创业中的探索性创新与开发性创新两者之间既可能相辅相成、相得益彰，有效发挥两种创新模式的平衡、交互与干预作用而形成拉力。但也可能因为探索性创新与开发性创新两种相对极端的创新模式固有的创新资源、创新能力、创新组织等差异性而形成张力。因此，国际创业中的双元创新均衡如何扬长避短、取长补短，必须构建探索性与开发性创新的矢量模型。

6.3　复杂国际环境下国际创业的双元均衡创新演化机制

中国企业在全球经济发展的浪潮中扮演的角色日益重要，"走出去"的中国国际创业企业数量亦日益增长，国际创业企业在全球市场中的地位不断提升。然而国际市场环境波谲云诡，国际创业企业如何高效配置创新资源以适应外界环境变化一直以来都是学术界、企业界讨论的热点问题（Shkabatur et al.，2021）。探索性创新超越已有知识边界，强调学习全新的知识或创造全新的技术能力，其是发现、冒险、试错、灵活、创新、变革等多条件共同参与的过程，需要主动把握创新机遇并整合利用大量资源才能实现。开发性创新则建立在现有知识的基础上，强调以客户服务为导向，通过改进和完善企业现有的知识和能力，来降本增效，提升企业的运营效率、改善销售效益、增加当期绩效（Salehi，Yaghtin，2015）。在国际市场上，国际创业企业普遍面临多方面的不确定性问题，包括不同的制度因素、组织结构、资源获取以及消费者需求等。众多不确定性问题导致一部分国际创业企业倾向于通过探索性创新来寻找新的国际商业机会，另一部分国际创业企业更倾向于通过开发性创新将改进自身企业在国际市场上的现有产品、服务作为开辟国际市场的关键战略。事实上，在国际竞争中复杂的动态环境下，成功的组织应当同时具有开发性创新能力和探索性创新能力，做到能够同时配置两类创新资源，才能维持国际创业企业的长期存续。然而，探索性创新与开发性创新所需的技能、知识等存在一定的对立性，不同的创新形式相互过渡亦具有一定困难，因此，国际创业企业需要做到高效配置资源才能推动双元均衡创新（Swift，2016）。

一般来说，国际创业企业在开发国际市场的过程中经常面临严重的资源困境，为了避免损害企业短期和长期的生存能力，分配给探索性创新与开发性创新两个维度的创新资源应当是逐步趋于平衡的。目前学术界对于国际创业的探索性创新与开发性创新的双元创新如何均衡的问题，形成了平衡维度和互补维度两类观点。其中，基于平衡维度的双元创新具有两种可能，一种是认为探索性创新与开发性创新二者间从不平衡但趋向于平衡，另一种是在从低度平衡向高度平衡转变的过程中，组织绩效会逐渐改善。不平衡或者低度平衡的双元创新模式容易使国际创业企业陷入创新陷阱，甚至隐藏"套牢"或"踏空"的风险。故而国际创业企业必须提升资源配置能力，在补足短板的过程中推动双元创新逐渐走向平衡（Gao et al.，2021）。互补维度的双元创新观点认为探索性创新与开发性创新之间存在双向促进效应，需要通过探索性创新诱发增量资源倍增并保障国际创业企业的长期利益，同时打破开发性创新的惯性思维以避免企业保持恶性的路径依赖（Faroque et al.，2020）。由此可见，国际创业企业的探索性与开发性双元创新是资源不断动态配置并优化的过程，其关系到国际创业企业双元创新的成效。

　　合理的双元创新资源配置有助于国际创业企业内部知识流动与创新资源置换，且在双元创新知识资源融合的过程中提高了双元创新的边际收益与组合效率。然而，资源动态配置可能导致内部资源存在超负荷或不足的问题，从而降低双元创新的质量及效率。现有研究多从静态角度描述国际创业企业双元创新的资源配置问题，部分观点认为，基于组织知识的高组合能力，与开发性创新相比，国际创业企业对探索性创新的资源投入可能较少。同时，也有研究表示，根据不同的制度环境，企业的资源配置可能分别侧重探索性创新活动或开发性创新活动。更多学者则认为资源可以在探索性创新和开发性创新活动之间顺畅流动，追求双元创新的灵活变通，进而有利于国际创业绩效的提升。然而，就通过何种方式配置创新资源以实现国际创业企业的双元创新的问题，学术界尚未形成定论。基于此，本研究试图构建国际创业企业双元创新的多阶段资源配置模型，以期实现国际创业企业探索性创新与开发性创新的双元创新最优产出。

　　国际创业企业实施单一的探索性创新/开发性创新战略需要满足一定的条件，大多情况下国际创业企业均需要通过实施双元创新以获取高收益。即探索性创新、开发性创新以及双元创新最终均会促进国际创业企业正向发展，但是国际创业企业的总资源始终是有限的，而且相较于在母国获取资源，在东道国获取资源的能力又有了极大程度的降低。无论何种形式的创新均需要投入大量资源（包括但不限于研发、生产、运营、销售），因此，国际创业企业急需根据东道国情境、创新阶段等合理分配、投入创新资源，即如何利用有限的资源创造出最大价值成为国际创业企业破除发展桎梏的当务之急。

　　国际创业企业不仅需要面对内部创新项目资源争夺而产生的资源困境，更重要的是利用有限资源应对外部复杂多变的环境，即在东道国政府、东道国市场所构造的不同背景环境下做出最优创新战略决策。演化博弈方法可以将国际创业企业、东道国政府、东道国市场视为一个系统，形象地描述出三者之间的相互作用，其将博弈思想与动态演化过程结合在一起，最终呈现各主体应对外界变化的最优解以及稳定解，为此本研究采用演化博弈方法进行研究。此外根据动态能力理论，国际创业企业通过认识和洞察国际市场进而逐步修正双元创新策略。基于此，本研究设置国际创业企业的双元创新总时长为 T，将国际创业企业的双元创新阶段划分为 n 个，记为 s_1，s_2，$\cdots$，s_n，即任意创新阶段时长为 $\dfrac{T}{n}$。国际创业企业双元创新的总资源为 B，其中开发性创新总资源为 B_{kf}，任意 s_i 阶段开发性

创新资源为 B_{ikf}，探索性创新的总资源为 B_{ts}，任意 s_i 阶段探索性创新资源为 B_{its}。因此得到：

$$B_{kf} + B_{ts} = \sum B_{ikf} + \sum B_{its} \leq B \qquad (6\text{-}1)$$

国际创业企业的探索性创新成果集中体现为新产品创造、新技术突破等，而开发性创新成果则致力于产品的迭代更新与技术升级等，总的来说，探索性创新与开发性创新两者相辅相成、相得益彰，共同助力国家创业企业在东道国的技术创造、市场开发以及国际化运营（Miao et al.，2022）。相较于东道国企业而言，国际创业企业实行双元创新策略需要面临与生俱来"新进入者劣势"以及"外来者劣势"两方面的困境，即国际创业企业难以完全融入东道国市场，不可避免地存在各类约束，主要体现为由于与东道国市场存在心理距离、文化距离、制度距离等距离而产生的约束（Bolzani et al.，2019）。为量化受东道国距离影响的国际创业企业双元创新接收度，本研究引入高斯分布。高斯分布不仅适用于自然科学，其亦被广泛应用于解决社会学、经济学、管理学中的复杂问题，故东道国市场因制度、心理、文化距离等方面对国际创业企业双元创新的接受度用多元高斯分布表示为：

$$\theta = k_0 \times \int_{x_1}^{+\infty} \cdots \int_{x_l}^{+\infty} \frac{1}{\left(\sqrt{2\pi}\right)^n \left|\left(\sum\right)_x\right|^{\frac{1}{2}}} e^{-\frac{(x-\mu_x)^{\mathrm{T}}\left(\sum\right)_x^{-1}(x-\mu_x)}{2}} \quad (6\text{-}2)$$

其中，θ 为东道国市场对国际创业企业双元创新的接受度；k_0 为市场接受度系数；$x = [x_1, x_2, \cdots, x_l]^{\mathrm{T}}$ 表示东道国市场对国际创业企业各维度的距离，包括但不限于心理距离、文化距离等；$\left(\sum\right)_x$ 为各维度距离之间的协方差矩阵；μ_x 为理想情况下东道国市场对国际创业企业各维度呈现的距离。

尽管核心能力是国际创业企业在东道国竞争制胜的关键，但是防止国际创业企业陷入"能力陷阱"亦需要格外重视，即核心能力刚性是制约国际创业企业双元创新的掣肘（Eb et al.，2020），故而将核心能力刚性纳入本研究。核心能力刚性可分为绝对刚性以及相对刚性，其中，绝对核心能力刚性与国际创业企业相关，而相对核心能力刚性与东道国市场相关。国际创业企业为了能够在东道国生存发展，必然与时间赛跑，发展其核心能力，故将绝对核心能力刚性视为时间的函数，且随着时间的增加而增大，但增速逐渐放缓。将相对核心能力刚性视为东道国市场接受度的函数，东道国市场接受度越高，期望越高，相对核心能力刚性越大。探索性创新属于新兴领域，故而国际创业企业探索性创新不受相对核心能力刚性约束。

即任意阶段 s_i 投入资源的核心能力刚性为：

$$\mathrm{d}\,\omega_{\mathrm{ikf}} = \frac{k_1}{1+t^2}\mathrm{d}t + k_2\mathrm{d}\,\bar{\theta} \tag{6-3}$$

$$\mathrm{d}\,\omega_{\mathrm{its}} = \frac{k_1}{1+t^2}\mathrm{d}t \tag{6-4}$$

即可得：

$$\omega_{\mathrm{ikf}} = k_1 \times \arctan t + k_2 \times \bar{\theta} + \varphi_1 \tag{6-5}$$

$$\omega_{\mathrm{its}} = k_1 \times \arctan t + \varphi_1 \tag{6-6}$$

$$\omega_{\mathrm{kf}} = \frac{\sum\limits_i \omega_{\mathrm{ikf}} \times B_{\mathrm{ikf}}}{\sum\limits_i B_{\mathrm{ikf}}} \tag{6-7}$$

$$\omega_{\mathrm{ts}} = \frac{\sum\limits_i \omega_{\mathrm{its}} \times B_{\mathrm{iks}}}{\sum\limits_i B_{\mathrm{its}}} \tag{6-8}$$

其中 ω_{kf} 为国际创业企业开发性创新核心能力刚性；ω_{ts} 为国际创业企业探索性创新核心能力刚性；ω_{ikf} 为第 s_i 阶段投入单位开发性创新资源的核心能力刚性；ω_{its} 为第 s_i 阶段投入单位探索性创新资源的核心能力刚性；k_1 为绝对核心能力刚性系数；t 为此资源投放时长；k_2 为相对核心能力刚性系数；φ_1 为常数。

6.3.1　资源投入

开发性创新通常建立在已有产品或技术的基础上，并在此基础上优化迭代，即可视为从 1 至 n 的创新，故开发性创新的资源投入函数可视为时间的函数。随着时间的增加，开发性创新的资源投入函数在逐渐增加。但当开发性创新步入新一轮的优化迭代时，其资源投入函数又恢复至较低的状态，如此循环往复，故理想情况下任意一次开发性创新资源投入 C_{iskf} 函数可设为：

$$C_{\mathrm{iskf}} = \frac{(1+\omega_{\mathrm{kf}})^{1+\frac{s_i}{s_{\max}}} \times A_{\mathrm{kf}} \times \int_0^{t'} \sin\!\left(k_3 \times \frac{t}{t'} + \varphi_2\right)\mathrm{d}t + \varphi_3}{k_4^{\,\theta-1}} + C \tag{6-9}$$

其中，$s_{\max}$ 为国际创业企业的极限创新阶段；s_i 为第 i 个创新阶段；A_{kf} 为初始开发性创新资源投入量；k_3 为系数；$t' = \dfrac{t_n}{T} \times \dfrac{\pi}{2}$，$t_n$ 为开发性创新任意阶段时长；φ_2 为常数，即开发性创新成本初始相位，其决定了任意开发性创新阶段的最低成本；φ_3 为开发性创新启动成本；C 为国际创业企业开发性创新运营成本；k_4 为常数，用以衡量东道国市场接受度对国际创业企业的影响程度。

探索性创新通常为满足未来市场需求，前瞻性地提出相关产品或技术创新概念，并将创新理念付诸行动，可视为从 0 至 1 的创新。在整个创新周期内均需要投入大量资源，尤其是在致力于突破核心技术阶段的资源投入量急剧增大，可设置理想情况下探索性创新资源投入 C_{sts} 函数为：

$$C_{sts}(t) = \frac{(1 + \omega_{ts}) \times A_{ts} \times \dfrac{1}{\sqrt{2\pi}\,\sigma} \displaystyle\int_{t_{il}}^{t_{iu}} e^{-\frac{(v-\mu)^2}{2\sigma^2}} \mathrm{d}v}{k_4^{\theta-1}} \qquad (6\text{-}10)$$

其中，A_{ts} 为初始探索性创新资源投入量；t_{il}，t_{iu} 为第 s_i 阶段开始时间、结束时间；μ，σ 均为常数，决定了探索性创新成本的变化趋势及幅度，μ 为国际创业企业探索性创新突破核心技术时间点，σ 为国际创业企业不同阶段投入资源的离散程度。

在双元创新的第 2, 3, $\cdots$, n 个阶段，国际创业企业均可调整双元创新资源投入，实现创新资源再分配，因此设置探索性创新、开发性创新资源可以双向配置。由于创新资源自身具备一定的核心能力，配置至另一种创新资源后，原创新形式必会产生负面影响，但是探索性创新资源结合开发性创新资源亦会产生双元创新协同效应。借鉴 Illingworth（1991）的物理学概念并结合双元创新的平衡性、互补性，构建国际创业企业双元创新协同度函数，如探索性创新资源配置至开发性创新资源时，双元创新协同度 $r_{kf\text{-}ts}$ 为：

$$r_{kf\text{-}ts} = \frac{2 \times \sqrt{\sum \omega_{ts} \times b \times \omega_{kf} \times \sum B_{kf}}}{\sum \omega_{ts} \times b + \omega_{kf} \times \sum B_{kf}} \qquad (6\text{-}11)$$

其中，b 为配置的探索性创新资源；ω_b 为配置的探索性创新资源核心能力刚性；$r_{ts\text{-}kf}$ 同理。

经过资源拼凑，双元创新资源核心能力刚性为

$$\omega_{new} = (1 - \ln(1 + r)) \times \omega_{old} \qquad (6\text{-}12)$$

其中，ω_{new}，ω_{old} 分别为资源配置前后的核心能力刚性；$r = \dfrac{2 \times \sqrt{r_{kf\text{-}ts} \times r_{ts\text{-}kf}}}{r_{kf\text{-}ts} + r_{ts\text{-}kf}}$ 为双元创新协同度。

此外，国际创业企业将创新成果陆续推向市场，必然需要投入常规的

运营资源(如生产、投放广告等)。常规运营资源投入与东道国市场对国际创业企业的双元创新成果的接受度相关,东道国市场对国际创业企业的接受度越高,投入的资源越小,反之,则越高。基于此,建立理想情况下国际创业企业常规运营资源投入函数 C_{sop}:

$$\frac{\mathrm{d}\, C_{sop}}{\mathrm{d}\, \dfrac{m}{M}} = k_5 + k_6 \times (1 - \bar{\theta}) \times \left(1 - \frac{m}{M}\right) \tag{6-13}$$

可得:

$$C_{sop} = (k_5 + k_6 \times (1 - \theta)) \times \frac{m}{M} - \left(\frac{k_6 \times (1 - \theta)}{2}\right) \times \left(\frac{m}{M}\right)^2 + \varphi_4 \tag{6-14}$$

其中,m 为东道国市场接受国际创业企业开发性创新的市场群体;φ_4 为常数。

由于开发性创新不断地推陈出新,故而将国际创业企业常规运营资源投入 C_{sop} 归于开发性创新资源投入,即 C_{sop} 对应式(6-9)中的 C。

6.3.2　收益函数

东道国市场与国际创业企业之间的距离并非一成不变,而是随着国际创业企业的资源配置而变化,即随着国际创业企业将双元创新成果陆续推广至东道国市场以及国际创业企业持续不断的运营而变化。一般而言,距离随着国际创业企业资源投入的增加而减小,而变化率与东道国市场对国际创业企业的接受度相关,接受度越高,则距离下降越快。探索性创新资源投入一般面向新领域、新市场,产品或技术尚未问世时对东道国市场的实际影响较小,故而在本研究中将国际创业企业与东道国市场的距离看作国际创业企业开发性创新资源投入、东道国市场接受度、双元创新协同度的函数,即 $x = f(B_{kf}, \theta, r)$。

$$x = x_{l_0} \times e^{k_7 \times \theta \times \eta + k_8 \times r \times B_{kf}} \tag{6-15}$$

其中,x_{l_0} 为各维度的初始距离;k_7,k_8 为系数;$\eta = \min\left(\dfrac{\sum B_{kf}}{\sum\limits_i C_{iskf}}, 1\right)$。

东道国市场消费国际创业企业双元创新的成果并非随机偶然的,当且仅当各维度的平均距离均达到阈值时,方可视为东道国市场群体消费了国际创业企业的开发性创新成果,即消费者购买国际创业企业开发性创新成果的群体为 g_{m1}:

$$g_{m1} = \frac{[X]_i - \bar{x}}{[X]_i - [X]_{i+1}} \times M, \quad [X]_{i+1} \leqslant \bar{x} < [X]_i \qquad (6\text{-}16)$$

其中，$[X]_i$ 为第 i 次消费开发性创新的阈值，东道国市场存在的阈值数量 κ 越少，东道国市场对国际创业企业开发性创新成果越敏感，即东道国市场阈值数量 κ 反映了东道国市场敏感度。

当双元创新结束时，东道国市场群体有且仅有一次消费探索性创新的机会。由于东道国市场对国际创业企业探索性创新成果知之甚少，故而将东道国市场消费国际创业企业探索性创新成果的群体 g_{m2} 视为东道国市场接受度、探索性创新投入的函数，即：

$$g_{m2} = \theta \times M \times \frac{\sum B_{ts}}{\sum C_{sts}} \qquad (6\text{-}17)$$

显然，国际创业企业与东道国市场各维度的距离越小时，东道国市场对国际创业企业双元创新成果接受的意愿越强烈，消费的市场群体越大。

6.3.3　目标函数

记东道国市场消费一次开发性创新成果收益为 P，消费一次探索性创新成果是消费开发性创新成果收益的 h 倍，可设置如下目标函数：

$$\text{Max}\left(\sum_{\kappa} \sum_{M} \sum_{s_i} P \times g_{m1} + hP \times g_{m2} - \sum_{s_i} B_{kf} + B_{ts} \right) \qquad (6\text{-}18)$$

s. t.

$$B_{kf} + B_{ts} = \sum B_{ikf} + \sum B_{its} \leqslant B \qquad (6\text{-}19)$$

$$0 \leqslant b \leqslant B_{ikf} \qquad (6\text{-}20)$$

$$0 \leqslant b \leqslant B_{its} \qquad (6\text{-}21)$$

$$0 \leqslant g_{m1} \leqslant \kappa \times M \qquad (6\text{-}22)$$

$$0 \leqslant g_{m2} \leqslant M \qquad (6\text{-}23)$$

$$[X]_{end} \leqslant x \leqslant [X]_1 \qquad (6\text{-}24)$$

$$n, \ B_{ikf}, \ B_{its}, \ b, \ C_{iskf}, \ C_{sts}, \ g_{m1}, \ g_{m2}, \ M \in N^*, \ \forall i \qquad (6\text{-}25)$$

其中：

式(6-18)为本模型的最终目标，即效益最大化，第一项为东道国市场分别消费开发性创新、探索性创新成果的收益，第二项为双元创新资源总投入。

式(6-19)表示国际创业企业双元创新总投入资源有限，不多于其资源总量。

式(6-20)、式(6-21)表示国际创业企业双元创新阶段性拼凑资源不多于实际投入资源。

式(6-22)、式(6-23)表示东道国消费国际创业企业双元创新的市场群体不大于其市场总规模。

式(6-24)表示任意阶段、维度的距离均在东道国市场存在的阈值范围之内。

式(6-25)表示国际创业企业双元创新阶段、任意阶段开发性创新资源投入、任意阶段探索性创新资源投入、拼凑资源、任意阶段理想情况下开发性创新资源投入、任意阶段理想情况下探索性创新资源投入、开发性创新市场消费群体、探索性创新市场消费群体、东道国市场阈值数量、最大市场规模均为非负整数。

6.3.4 算法设计

本研究聚焦的问题是国际创业企业如何针对东道国市场环境，来配置有限的资源使得效益最大化。即国际创业企业需要根据东道国市场环境实时调整双元创新资源投入。本研究问题隶属于动态规划研究问题，难以直接求解，一般采取元启发式算法。而遗传算法能够覆盖其定义域内的所有解，避免陷入"局部最优死循环"陷阱，故而其被广泛用于解决管理学、经济学、社会学以及工学中的复杂性问题。

遗传算法即模拟自然界物种演化、生物进化的智能优化算法，其基本原理为"物竞天择、适者生存"。即将研究问题的可行解通过计算机编码记为代际继承的染色体，再选择性地进行交叉重组、基因变异等操作，通过设置优胜劣汰的法则，最终会演化为求解目标问题的最优染色体，即最优解。具体到本研究问题，为使得算法更快逼近最优解，采取精英保留策略，即任意一代最优解(染色体)不参与后续染色体交叉重组以及基因变异操作。其基本步骤如下：

步骤一：编码。本研究既涉及开发性创新、探索性创新两维度、多阶段的初次资源分配，又涉及阶段、维度间的资源拼凑，常规的编码方式难以一次性覆盖表达信息，故而采取基于三维矩阵的编码方式，维度为 $n \times n \times 2$，即 n 行、n 列、2 页。2 页即开发性创新、探索性创新两个维度所有阶段的资源投入；任意一页对角线上的数字为国际创业企业开发性创新、探索性创新各阶段的资源投入；任意一页的上三角矩阵表示资源拼凑转移的资源；任意一页的下三角矩阵表示资源配置接收的资源。如国际创业企业双元创新共分为三个阶段，阶段一开发性创新、探索性创新初始计划投入资源为 5、7；阶段二分别投入资源 3、6，阶段三分别投入资源 3、2；又有第二阶段的开发性创新资源从第一阶段的探索性创新资源处配置得到 1 单位资源，第三阶段的探索性创新资源从第二阶段的开发性创新资源得到 2 个单位资源。即各阶段最终资源如表 6-4 所示。

表 6-4　　　　　　　　　国际创业企业双元创新资源配置示例

资源	Stage 1 结束	Stage 2 结束		Stage 3 结束		
	Stage 1	Stage 1	Stage 2	Stage 1	Stage 2	Stage 3
开发性创新	5	5	3(+1)	5	4(−2)	3
探索性创新	7	7(−1)	6	6	6	2(+2)

编码如表 6-5 所示。

表 6-5　　　　　　　　国际创业企业双元创新资源配置编码示例

开发性创新			探索性创新		
5			7	−1	
1	3	−2	6		
		3	2	2	

步骤二：初始化种群。即设置种群规模，种群越大，在有限的迭代次数结束后进化为最优解的概率越大，然而会极大地影响算法性能，造成不必要的浪费。但是种群过小，迭代结束后逼近最优解的概率又越小，一般研究将种群规模 N 设置在 20 至 200。种群规模设置完毕后，需要设置种群的维度即国际创业企业双元创新的阶段数。即便是美、日等发达国家，中小企业平均生存年限 10 年，若以每半年作为一个阶段，阶段数为 20，即设置种群最大维度为 N_0，即分 N_0 个阶段。至此，国际创业企业双元创新资源投入的最大维度为 $N_0 \times N_0 \times 2$，若种群维度小于 N_0，则不满 N_0 部分用 0 代替。以上述三阶段双元创新为例，第四至第 N_0 阶段的双元创新资源为 0，其协调转移的资源亦为 0。

步骤三：计算适应度函数。适应度函数是衡量种群个体孰优孰劣的重要指标，由于本研究的目标函数是国际创业企业双元创新效益的最大值，故而直接采取目标函数作为适应度函数。

步骤四：选择运算。选择运算即保留适应度较高的优良染色体(基因)进入下一代。为使得更快收敛，逼近最优解，本研究采用精英保留策略，即每代适应度函数最大的染色体不参与选择运算，完全复制遗传给下一代。适应度不大于种群适应度中位数的个体，将其适应度视为极小数 c_m，最大程度上缩减被选择的概率。剩余染色体遵循轮盘赌选择法，即适应度决定其遗传给下一代的概率，即适应度函数越大，遗传给下一代的概率越大。本研究种群选择函数 p_e 记为：

$$p_e = \begin{cases} \dfrac{f_i}{\sum\limits_N f_i}, & f_{\mathrm{med}} \leqslant f_i < f_{\max} \\ 1, & f_i = f_{\max} \\ c_m, & f_i < f_{\mathrm{med}} \end{cases} \tag{6-26}$$

p_e 函数可以保证适应度函数最大个体一定可以保留，而适应度函数越小个体出现在下一代的概率则越低。

步骤五：染色体交叉重组运算。若缺乏染色体交叉重组，子代群体会一直保留父代群体的特征，持续陷入局部最优陷阱，故而染色体交叉重组会促进算法生成最优解。同时染色体交叉重组又分为单点、两点、多点、均匀交叉等交叉重组方式，本研究选取单点交叉，若交叉前染色体如表 6-6 所示。

表 6-6　　　　　　　　　　　染色体交叉重组前示例

染色体 1(交叉前)						染色体 2(交叉前)					
开发性创新			探索性创新			开发性创新			探索性创新		
6	-2		7	-3		4		-3	9	-2	
3	5			6	-2	2	5			8	-1
	2	4	2	5	-1	6				7	
		3		4		1	7		3		6
1		2			3			8			5

若双点交叉点为(3，3)则交叉后染色体如表 6-7 所示。

表 6-7　　　　　　　　　　　　　　染色体交叉重组后示例

染色体1(交叉后)						染色体2(交叉后)					
开发性创新			探索性创新			开发性创新			探索性创新		
6	-2		7	-3		4		-3	9	-2	
3	5			6	-2	2	5			8	-1
	2	6	2		7			4		5	-1
		7		6		1	3		3		4
		8		5		1	2				3

此外，本研究染色体交叉重组概率采取自适应概率，即交叉重组概率随着种群迭代的适应度而变化（Srinivas，Patnaik，2002），即：

$$p_{cz} = \begin{cases} p_{cz0} - \dfrac{|f_i - 2 \times f_{min}|}{f_{max} - f_{min}}, & f_i \neq f_{max} \\ 0, & f_i = f_{max} \end{cases} \tag{6-27}$$

其中：p_{cz0} 为基础交叉重组概率。

步骤六：基因变异运算。同染色体交叉重组一样，基因变异运算亦为种群产生新个体、保持种群多样性的辅助手段之一，即推动初代染色体迭代进化为最优解的重要操作之一。由于开发性创新的下三角、上三角矩阵与探索性创新的上三角、下三角矩阵一一对应，故而在进行基因变异运算时仅针对开发性创新、探索性创新的下三角矩阵，对应的上三角矩阵进行同步变化即可，如开发性创新的（1，1）、探索性创新的（3，1）、（4，2）发生变异，如表6-8所示。

表 6-8　　　　　　　　　　　　　　基因变异编码示例

染色体1(基因变异前)						染色体1(基因变异后)					
开发性创新			探索性创新			开发性创新			探索性创新		
6	-2		7	-3		4		-1	7	-3	
3	5			6	-2	3	5	-2		6	-2
2	4		2	5	-1	2	4	1	1	5	-1
		3		4				3		2	4
	1	2			3	1	2				3

此外，本研究基因变异概率亦采取自适应概率，即变异概率随着种群迭代的适应度而变化，且基因变异概率取决于种群个体适应度，即：

$$p_{by} = \begin{cases} p_{by0} + \dfrac{f_{max} - f_i}{2 \times f_{max} - f_{min}}, & f_i \neq f_{max} \\ 0, & f_i = f_{max} \end{cases} \quad (6\text{-}28)$$

其中，p_{by0} 为基础基因变异概率。

步骤七：模型终止条件判断。一般而言，常见的终止运行方法有设定的迭代次数、判断最优个体变化趋势、设定最优个体适应度函数与目标函数误差区间等方法。大多情况下均会选择设定最大迭代次数，一方面是由于最优个体长时间陷入局部最优可能导致根据最优个体变化趋势的方法失效，而在未知情况下，难以判断目标函数最优值，故而设定误差区间的方法不适用于本研究。另一方面，在计算中可以增大迭代次数，使设定迭代次数的方法有更大可能性逼近最优解。所以本研究采取设定最大迭代次数的方法以终止算法运行。

以上步骤为本研究使用的遗传算法的基本原理与步骤，如图 6-7 所示：

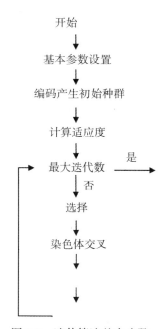

图 6-7　遗传算法基本步骤

6.3.5 仿真分析

国际创业双元创新是一项高风险的复杂系统工程，通过模拟能够提前评估创新项目可行性以提升资源配置效率，因此计算机仿真适用于探究国际创业双元创新最优资源配置问题。

模型参数设置。结合国际创业企业双元创新实际且不失一般性，设置国际创业企业双元创新总时长 T 为 10 年，双元创新阶段最短为 0.5 年，即双元创新阶段为 20，双元创新阶段最长为 10 年，即双元创新阶段为 1。国际创业市场容量 $M = 10000$，对国际创业企业分为 3 种距离，初始设置为 $x = [0.95, 0.97, 0, 99]^T$，理想情况下东道国市场对国际创业企业各维度呈现的距离 $\mu_x = [0.15, 0.15, 0.15]$，协方差矩阵 $(\Sigma)_x =$ [0.80.40.2; 0.40.50.15; 0.20.150.3]；消费一次开发性创新成果的收益为 0.01，消费一次探索性创新与开发性创新的收益比 $h = 10$；东道国市场阈值数量 $\kappa = 5$，即为 $[X] = [1, 0, 8, 0, 6, 0, 4, 0, 2]$。此外常数项参数设为 $k_0 = 3$；$k_1 = 1/3$，$k_2 = 1/2$，$A_{kf} = 10$，$\varphi_2 = \pi/12$，$\varphi_3 = 1$，$k_3 = 1$，$k_4 = 2$，$A_{ts} = 100$，$\mu = T/2$，$\sigma = 1$，$k_5 = -4$，$k_6 = -6$，$\varphi_4 = 8$，$k_7 = -0.2$，$k_8 = -0.01$ 遗传算法参数设置。种群规模 $N = 50$，最大迭代次数为 dd = 500，基础交叉重组概率 jc = 1，基础基因变异概率 by = 0.01，适应度极小数 $c_m = 0.01$。

6.3.6 实验分析

本研究的数学模型以及算法编码运算均涉及矩阵操作，而 Matlab 尤其擅长矩阵运算，故而选取在芯片为 M1、内存为 8G 的计算机上运行 Matlab 以模拟构建的数学模型。因元启发式算法的天然劣势，难以预估求出的可行解与真实最优解之间的误差，故以下最优解均为独立进行 30 次实验选取的最优解。

基于基础参数设置，经算法迭代，如图 6-8 所示，最优值为 471.9，国际创业企业双元创新共分为 7 个阶段，各个阶段投入的资源如表 6-9 所示。

随着算法的迭代，最优解亦在不断增大，直至收敛，即证明了算法的可行性。

整体资源分配呈现出开发性创新资源高于探索性创新资源的局面，因为东道国市场消费探索性创新成果不仅以国际创业企业资源投入为基础，亦依赖于国际创业企业与东道国市场之间的接受度，而接受度取决于国际创业企业开发性创新资源投入。即开发性创新资源投入越高，国际创业企业与东道国市场之间的接受度则越高，进而东道国市场越容易采用国际创业企业的探索性创新成果，即探索性创新受益于开发性创新资源投入。

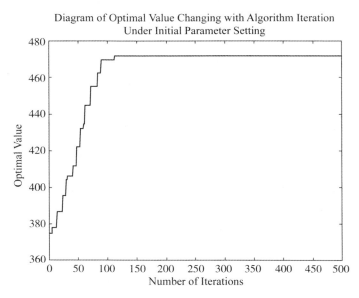

图 6-8　遗传算法作用下模型最优解迭代图

表 6-9　　　　　　　　　　　　　　　　　**模型最优解**

开发性创新						探索性创新					
68	−3		−2			−2	9	1	2	1	
1	11	−1	−1			−1	3	1			
2		3				−1		1	1		
1			4	−1		−1	2	1		3	−1
			1	2		−1			1	1	
				44	−44					1	1
			1	1	2	1	1	1	1	4	1

开发性创新初始阶段配置大量资源，是因为国际创业企业作为东道国市场的"新进入者"，其与东道国市场之间的距离较大，投入大量资源可以极大地缩减与东道国市场的距离，无论是开发性创新的不断迭代，还是

探索性创新成果的"横空出世"，均会受益于前期大量的开发性创新资源投入。在前期投入大量资源后，国际创业企业极大地缩减了与东道国市场的距离，东道国市场对国际创业企业的接受度变高，"外来者劣势"效应减弱，即国际创业企业后续资源投入变少。阶段间的小幅度波动是因为东道国市场消费各阶段的开发性创新成果的群体存在差异，而国际创业企业则需要根据消费开发性创新成果的市场群体对应投入开发性创新资源。在探索性创新资源的阶段性资源配置上，尽管各阶段存在差异，但是资源分配差异不明显。在前期市场接受度较小时，投入资源相对较高，一方面缩减与东道国市场之间的距离，另一方面为后期资源流动，减小核心能力刚性储存资源。

从表 6-9 可得，资源配置发生在任意一个阶段，尤其是开发性创新第六阶段的资源全部配置至探索性创新的第七阶段。一方面由于随着距离地不断缩减，单位资源投入缩减距离的幅度越来越小。即随着开发性创新的不断迭代，国际创业企业与东道国市场之间的距离通过常规性资源投入而得以缩减的难度越来越大，即开发性创新资源投入产生的边际效益越来越小，急需将创新资源转移，增大创新资源的边际效益。另一方面创新资源流动可以促进资源置换，使得创新资源的核心能力刚性减小，即减小了理想情况下任意阶段的资源投入，间接提升了实际资源投入，即提升了资源投入产生的边际效益。

上文给出了基础参数下的最优解，然而并不能完全表现出模型参数对最优解的影响，故接下来讨论可利用资源、东道国市场阈值数量、探索性创新与开发性创新收益比例对最优解的影响情况。

(1) 可利用资源

从图 6-9 中可以看出，随着可利用资源的增加，最终的收益亦随之增加，但是在资源配置阶段，最终收益并未随可利用资源的增加而升高，甚至相较于初始参数设置出现了下降情况。若资源配置阶段过大，即初始阶段为了降低距离而投入的大量资源存在于国际创业企业双元创新体系中的时长越久，则此资源的核心能力刚性越大，对后期资源投入的需求则越高，对资源的过分依赖易于导致"资源诅咒"现象的发生，使得创新条件恶化。且有限的资源限制了无休止的资源投入，故而随着可利用资源的增大，资源配置阶段未出现升高的趋势。根据资源依赖理论，国际创业企业会投入精力以获取东道国市场资源、降低市场距离，而后试图摆脱外部限制，寻求关键资源稳定掌握的方法。类似于初始参数作用下的最优解，即在国际创业企业与东道国市场距离相对较高的时候，国际创业企业投入大量资源以缩短其与东道国市场的距离。随着距离的逐步缩短，东道国市场对国际创业企业的接受度则越来越大，国际创业企业在创新活动和经营活动中受到的限制越少，因而得以逐渐减小资源的投入。同样地，在任意阶段均伴随着资源置换以降低创新资源核心能力刚性，在双元创新后期，国际创业企业开发性创新资源投入产生的边际收益在递减。为了追求利益最大化，国际创业企业则将后期投入的开发性创新资源转移至探索性创新，既"中和"了探索性创新的核心能力刚性，又提高了资源投入产生的边际效益。

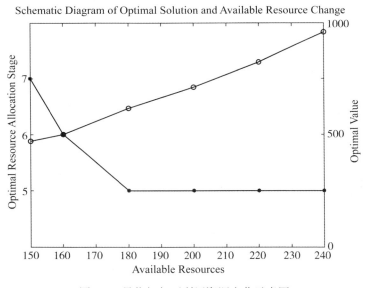

图 6-9　最优解与可利用资源变化示意图

（2）东道国市场阈值数量

从图 6-10 中可以看出，随着东道国市场阈值数量的增加，东道国市场敏感性越加迟钝，国际创业企业获取的收益亦随之增大，而国际创业企业资源配置阶段未随着东道国市场阈值数量的增加而增大，反而当东道国市场阈值数量增加到一定值时，最优资源配置阶段有所下降。从资源禀赋理论角度切入，东道国的市场阈值数量受其资源禀赋程度影响，资源禀赋越高则其国内现存产品市场敏感性越高，市场阈值数量越少。即在国际创业企业与东道国市场保持同样距离的情境下，东道国市场阈值数量越多，东道国市场消费的开发性创新成果则越多，国际创业企业收益越高。对比东道国市场阈值数量等于 5 以及 10 的最优资源配置可以看出，前者前期投入大量资源且将第六阶段的开发性创新资源全部转移至探索性创新的第七阶段，虽然"中和"了核心能力刚性，但是大量资源转移反而可能使得企业陷入"创新陷阱"，即对技术创新优势的过分关注可能会使企业忽略对市场需求的研究和对技术转化的有效管理，故而与东道国市场的距离呈现"反弹"的趋势，减少了开发性创新资源收益；而后者由于东道国市场阈值数量多，对距离"反弹"感知相对不明显，且其创新资源配置阶段少，相对较为充裕，能够满足创新资源分配较为平均，辅以资源置换以降低核心能力刚性，亦能提升资源投入的边际效益。

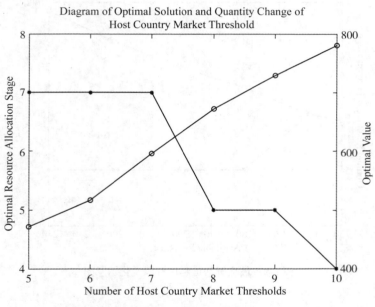

图 6-10　最优解与东道国市场阈值数量变化示意图

（3）探索性创新与开发性创新收益比例

国际创业企业的探索性与开发性双元创新协调最优解随探索性创新/开发性创新收益比变化如图 6-11 所示。

随着探索性创新与开发性创新收益比的增加，国际创业企业收益亦随之增加且其资源配置阶段呈现上升的趋势，即相较于开发性创新而言，探索性创新收益越高，国际创业企业双元创新资源越倾向于以多阶段的形式

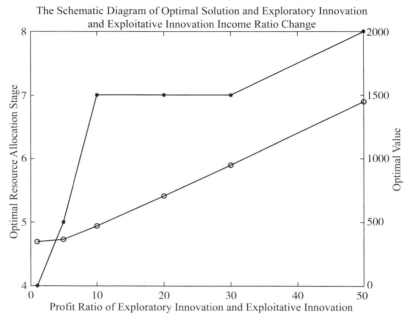

图 6-11　最优解与探索性创新与开发性创新收益比变化示意图

配置其创新资源。对比各双元创新比例之下的资源配置布局，随着探索性创新收益的增强，资源配置格局逐渐从探索性创新资源拼凑至开发性创新向开发性创新资源陆续拼凑至探索性创新的局面转变，即说明了探索性创新与开发性创新资源配置存在平衡点，而此平衡点取决于两种创新的收益，当探索性创新收益较高时，国际创业企业则配置大量资源，且通过转移开发性创新资源以"中和"探索性创新资源产生的核心能力刚性，使得探索性创新资源投入产生更高的边际收益，反之亦然。此外，当国际创业企业通过开发性创新获取主要收益时，其资源配置为前期配置大量资源，而探索性创新为主要收益时，其资源配置为后期配置大量资源。即前者在前期配置大量资源为了开拓东道国市场以及为后期资源拼凑储备资源，而后者在后期配置大量资源为了避免前期因开拓市场而投入大量资源导致后期缺乏探索性创新资源投入进而使得探索性创新"失败"。

　　本研究从国际创业企业内部创新资源配置出发，探究不同情景下国际创业企业创新资源配置以实现最佳双元创新效果。基于假设模型以及仿真实验，可以得出：国际企业可调度资源、东道国市场阈值等级、双元创新收益比例的增加可以显著提升国际创业企业双元创新效益，但是在一定范围内，创新资源配置阶段随着可调度资源、东道国市场阈值等级的增加而减小，随着双元创新收益比例增大而增大。即意味着在一定范围内，随着国际创业企业可调度资源、东道国市场阈值等级的增加以及双元创新收益比例的减小，其最优策略为减小创新资源配置阶段且初始创新阶段应配置大量资源，既可以用来开拓市场，又可以为后期资源置换储存资源。

中国企业在全球经济发展的浪潮中扮演的角色日益重要，"走出去"与"引进来"的国际创业企业也越来越多。然而国际市场环境波谲云诡，如何实施契合企业发展的创新发展战略、高效配置创新资源以及实施适应外界环境一直以来都是学术界、企业界讨论的热点问题。

本研究从国内外主流期刊上关于国际创业探索性创新、开发性创新以及双元创新的研究出发，基于定性研究梳理国际创业双元创新的影响因素，通过对众多影响因素抽象提炼，构建国际创业企业外部演化博弈模型以及内部资源配置数学模型，以探究国际创业企业最优创新策略以及资源配置。

在国际创业企业双元创新演化博弈的研究中，通过将国际创业企业、东道国政府、东道国市场视为一个动力学系统探究其稳定策略。首先分别对三者进行策略稳定性分析，得到三者的稳定策略函数表达式；然后基于稳定策略平衡点得到系统稳定平衡点，通过特征值的形式给出系统稳定的通解；最后通过计算法仿真模拟与稳定策略表达式呼应以探究技术优势、外来者劣势、三者之间的奖惩措施等因素对系统稳定以及国际创业企业协调双元创新战略的影响，并给出不同情景下的稳定性策略。

在国际创业企业双元创新资源配置的研究中，通过构建探索性创新、开发性创新资源需求函数以及目标收益函数，且在多阶段资源需求函数中融入双元创新资源核心能力刚性，利用资源拼凑促进资源置换，实现双元创新资源核心能力刚性"中和"。最后基于改进的遗传算法求解构建的数学模型，并通过计算机仿真实验讨论分析了国际创业企业可调度资源、东道国市场阈值等级以及探索性创新与开发性创新之间的收益比例等因素对国际创业企业多阶段最优资源配置的影响。

6.4 研究结论与管理启示

6.4.1 研究结论

①可利用资源、东道国市场阈值数量及探索性创新与开发性创新收益

比的增加均可提升国际创业企业双元创新经济效益；②在国际创业企业双元创新资源配置方面，随着可利用资源、东道国市场阈值数量的增加，双元创新最优资源配置阶段亦随之增大，资源拼凑趋势逐渐由探索性创新资源向开发性创新资源转移；而探索性创新与开发性创新收益比的增加却使最优资源配置阶段呈现下降的趋势，资源拼凑趋势则逐渐演变为开发性创新资源向探索性创新资源转移。

本研究具有一定创新点：①构建国际创业双元创新演化博弈模型，探究不同情景下国际创业企业双元创新演化机理。即将国际创业企业、东道国政府、东道国市场视为一个动力系统，并以此动力系统构建三方演化博弈模型。在演化博弈模型基础上研究技术优势、外来者劣势、奖惩措施等内外部因素对国际创业企业双元创新策略以及国际创业系统策略的演化过程，厘清了内外部因素与国际创业双元创新战略之间的逻辑关系。②构建国际创业双元创新多阶段资源配置数学模型以探讨国际创业双元创新最优资源配置。即以国际创业探索性创新、开发性创新资源需求函数以及目标收益函数为模型框架，并在此模型框架的基础上利用改进的遗传算法求解可调度资源、双元创新收益比例等不同参数影响下国际创业企业双元创新最优资源配置，并给出国际创业双元创新资源配置最优路径。

6.4.2　管理启示

基于研究过程与结论，可以得出以下启示：

在前期东道国市场对国际创业企业接受度较低时，国际创业企业需要在前期配置大量资源以开拓国际市场，既为国际创业企业储备了创新资源，又提升了东道国市场对国际创业企业的接受度，促进资源投入—产出关系。在后期东道国市场对国际创业企业接受度较高时，单位资源投入提升东道国市场接受度幅度大不如前，故而需要将创新资源转移，促进资源置换，以降低创新资源的核心能力刚性，提升创新资源的边际效益。此外，当国际创业企业可利用资源越多、探索性创新与开发性创新的收益比越低、东道国市场越容易接受国际创业企业开发性创新成果时，国际创业企业越需要减少资源配置阶段。国际创业企业在前期投入大量创新资源的情境下，在后期需要更多的资源通过资源置换"中和"前期资源投入产生的核心能力刚性，然而国际创业企业资源有限，故而需要减少资源配置阶段，以减小前期资源投入产生的核心能力刚性。

突破资源受限的困境仅依赖从外部获取资源显然不是最优解，一方面由于国际创业企业在东道国面临的市场环境复杂多变，不利于从外部获取资源，另一方面源源不断地从外部获取资源强化了国际创业企业的外部依赖性，长此以往，必然会影响国际创业企业的核心竞争力。然而在国际创业企业内部强化资源置换能力，通过双元创新资源双向转换，在降低国际创业企业整体核心能力刚性的同时，又提升了双元创新战略灵活性。即在国际创业企业内部通过资源整合以实现资源置换，既提升了内部创新资源利用效率，又重构了资源价值关系，为国际创业企业减小了资源受限的压力，使得国际创业企业能兼顾探索性创新与开发性创新，即实施双元创新。

探索性创新和开发性创新之间的平衡程度与交互程度影响创新能力和学习吸收能力，两者相互之间的深度融合程度触发创新风险，进而影响国际创业的创新组合绩效。平衡机制力求适应短期竞争态势、巩固现有市场地位，而交互机制主张赢得长期竞争优势、抢占市场先机。SGMW案例研究表明，双元创新均衡中探索性创新与开发性创新的平衡取决于国际创业的机会窗阶段及技术类型，而交互则依赖于国际创业的机会窗类型及目标导向，两者之间相辅相成、相得益彰，形成拉力，但可能因创新资源、创新能力、创新组织等差异性而形成张力。

通过构建国际创业双元创新演化博弈模型和国际创业双元创新多阶段资源配置数学模型，本研究认为探索性创新与开发性创新资源配置存在平衡点，而此平衡点取决于两种创新的收益。当探索性创新收益较高时，国际创业企业配置大量资源，且通过转移开发性创新资源以"中和"探索性创新资源产生的核心能力刚性，使得探索性创新资源投入产生更高的边际收益，反之亦然。因此，在国际创业企业内部通过资源整合以实现资源置换，既提升了内部创新资源利用效率，又重构了资源价值关系，为国际创业企业减小了资源受限的压力，使得国际创业企业能兼顾探索性创新与开发性创新，提高了创业企业的创新绩效。

第 7 章　多重模糊性视角的共享 经济创业治理决策

国家信息中心发布的《中国共享经济发展年度报告(2022)》数据显示，2021 年中国共享经济市场交易额已达 2137 亿元，同比增长约 80.3%。值得注意的是，11 家共享经济领域的创业企业首次进入独角兽行列。近 4 年来，出行、住宿、餐饮等领域共享经济创业引发的新业态对于行业经济增长的贡献率分别为 1.6%、2.1% 和 1.6%。国家发改委《关于促进分享经济发展的指导性意见》亦明确指出"我国分享经济创新创业活跃，发展迅速⋯⋯"。当前共享经济创业呈现出蓬勃发展之势，发展前景广阔，然而亦引发了押金难退、资源浪费、信息泄露、非法集资等诸多问题(王林，2019；Yao，2019)，影响共享经济市场秩序，严重阻碍了共享经济的可持续发展。共享经济公司起到平台的作用，连接起闲置商品的所有者和需求者并创造出商业价值。建立在平台经济基础之上的共享经济创业拓展了资源边界，所有权与经营权、注册地与经营范围的不一致性弱化了责任边界，共享经济新兴领域的知识产权、服务规范等特性混淆了治理行为边界(郝雅立，2019；Hao，2019)。边界问题使得多重模糊性成为共享经济创业治理必须充分考虑的情境因素及约束条件。

目前学术界主要从主体、客体及主客体关系视角对于共享经济创业治理展开了较为系统的研究，具体包括：第一，治理主体的责任边界。共享经济创业的无序行为治理离不开政府的政策规制，但由于受技术水平、法治化程度、居民素养等因素的约束(肖红军，2019；Xiao，2019)，必须依靠各类主体共同参与以发挥市场调节作用并提高闲置资源的再利用效率。然而，由于共享经济创业具备公共管理事务的流动性、综合性、复杂性等特征，其使得政府、所有者、运营方、消费者、中间商等不同主体的责任边界模糊性问题难以得到有效解决，影响共享经济模式的有效运行。第二，治理客体的资源边界。学术界普遍认为押金退还、资源分配、信息安全、平台监管等问题均属于共享经济创业治理的客体对象(王林，2019；

Yao，2019；Luo，2019）。然而，由于共享经济创业涉及的各类物品、信息、资金、空间等主要依托资源拼凑的方式获得，客体视角的共享经济创业治理大多局限于产品的使用权，使得治理过程中资源属性及其所有权的边界问题难以被有效厘清，不利于共享经济中对产品的管理和用户对产品的使用。第三，治理方式的行为边界。学者们在共享经济创业的智能化治理（郝雅立，2019）、协同治理（Jiang，2019）、敏捷治理（Luo，2019）、适应性治理（Ma，2018）、生态化治理（Hao，2019）、平台治理（李晓方，2019）等诸多研究中发现，治理方式及其行为的选择与实施因情境与条件的差异性同样具有模糊性（郝雅立，2019；Hao，2019）。整体而言，共享经济创业治理的边界问题来自于多方面，主要包含政府、企业、用户、社会等多主体的责任边界，硬件、软件、资金、信息等多客体的资源边界，自制、规制、法制等多主客体之间关系的治理方式行为边界，此类边界均具有明显的多重模糊性特征。由此导致共享经济创业治理的主体、客体及主客体关系中的关键条件因素及其组态效应如何有效发挥作用等问题尚未达成共识（肖红军，2019；Hong，2018）。基于此，本研究试图基于公共治理、多中心治理、元治理等相关理论，运用 Nvivo 和 fsQCA 分析方法，以共享单车领域的共享经济创业治理为研究对象，探究多重模糊性视角下共享经济创业的治理机制。

7.1　理　论　框　架

7.1.1　共享经济创业的资源拼凑与公共治理边界

原本闲置资源的共享是为了实现价值再造，但是当前部分共享经济创业引发了大量资源再次闲置或者资源冗余与错配等问题（Martin，2017；Hamari，2016；Hasan，2017），其要求共享经济创业的公共治理必须探究其深层次的原因。共享经济创业涉及的企业与用户供需关系、企业与共享物品所属关系、用户与共享物品租赁关系、政府与企业合作关系等使得资源拼凑目标呈现模糊性（Hao，2019）。共享经济情境、市场供给行为、用户使用方式、政府政策时效、共享经济平台监管等不确定因素的综合作用造成共享经济创业治理中主体的责任边界模糊、客体的资源边界模糊、主客体关系的行为边界模糊（Xue，2018；Kumar，2018）。共享经济创业治理必须考虑资源拼凑引发的多重模糊性对于治理进程的干扰。首先，公共治理主体关乎多主体的权益，主体各司其职有助于资源拼凑并提高资源利用效率，创造商业价值促进社会公众获得更好的共享服务。然而，市场调节引发了企业无序竞争、用户违规使用等现象，共享经济创业治理无效或低效可能与企业的规则制定、服务供给、运营管理等相关，亦可能与用户使用行为的自矫正、互矫正或他矫正有关（Yao，2019；Martin，2017）。共享经济领域的创业企业承担社会责任状况和用户表现出的文明素质水平等差异阻碍了市场灵活的调节作用。虽然政府政策调控介入失灵市场是有效治理的主要解决办法（Vith，2019），但政府颁布政策是否有效、是否充分征求社会意见、是否及时充分、是否匹配市场等不确定性问题直接威胁到公共治理明确目标的制定，政策与市场模糊性共同加剧了主体的责任边界模糊性。其次，共享经济创业平台的创立为企业和用户之间的交易搭建了桥梁，提供了资源拼凑的可能，平台模式的共享经济的本质都是利用存量市场中被闲置的资源，提高整个社会的商品使用率，但闲置资源的提供与使用依赖健康可持续的公共治理。伴随大量资源浪费、押金难退、公共空间被占用等现象的发生（Martin，2017；Hamari，2016；Hasan，2017），共享经济创业的资源未被合理再分配、资源利用效率低，包括硬件与软件、设施与设备、信息与数据等。客体的资源边界模糊使得共享经济创业治理的对象难以具象化，增加了共享经济治理的难度。资源拼凑是对闲置资源充分再利用以实现价值创造的有效途径，社会问题造成的资源"再闲置"制约了资源拼凑功能的发挥，资源利用效率受限，客体的所有权边界对资源拼凑和公共治理的合作提出了挑战。最后，共享经济双边市场释放了共享闲置资源的内在价值，有助于实现资源拼凑。然而，共享经济创业引发的诸多社会问题愈演愈烈，押金难退、信息泄露等问题关系用户使用，物品破坏、非法使用等问题关乎企业运营，空间占用、资源浪费等问题降低了行政效率（Sun，2019）。以上社会问题不仅关系用户、企业、政府三方行为，而且会制约共享经济创造价值。主客体关系之间的行为边界清晰有助于主体责任边界与客体关系清晰，有助于主体、客体更加积极有效地承担责任、约束行为，以此推动共享经济创业高效治理。

7.1.2　共享经济创业的去中心化与多中心治理

共享经济创业的去中心化特征突破了时空限制，其利用快速又自由的供求匹配调动闲置资源，实现了闲置资源的价值再造，但也使得企业与用户之间的利益与风险边界变得模糊，如企业经营资质、用户使用资格等缺少明晰的规则。因此，共享经济创业企业与用户必须在放弃和获得效用之间进行权衡(Hasan，2017)。去中心化的本质是多中心化，其在一定程度上导致权利与义务的不明确性，加剧了共享经济创业的主体、客体与主客体关系的多重模糊性，并对多中心治理提出了更高要求。具体体现在：首先，共享经济创业企业关心其提供的共享服务能否获得用户满意，但企业类型差异导致社会责任的履行具有模糊性；共享用户关注其能否及时获得高质量的产品或服务，但用户个体差异导致文明素质表现水平具有模糊性；政府机构重视社会经济能否得到增长，公共环境是否得到发展，资源是否得到有效利用，但地方政府分权差异导致政策调控方向、速度和程度具有模糊性；社会居民在乎其公共资源是否被损害，社会生活是否被影响等，但公众态度差异导致其监督管理存在模糊性(Cohen，2015)。企业、用户、政府和社会公众呈现出的主体视角的利益、责任、需求等多重模糊性推动了共享经济"多中心"治理模式的建立。其次，共享经济创业治理关乎企业产品与平台建设、用户资金和服务体验、政府政策和公共管理制度建立等，多重主体的出现迫使共享经济的治理需要兼顾多个方面，增加了治理难度。共享经济创业企业因技术差异而投放了不同质量的产品，共享用户因个性差异而获得了不同的服务体验，政府部门因需求差异而提供了不同的基础设施，社会公众因包容差异而接受了不同的产品投放(Hao，2019)。多中心治理模式要求共享经济创业治理中客体的资源边界明晰应该是中心工作而不是边缘工作，只有边界明晰，才能使闲置资源真正得到有效利用、推动供需更好地匹配满足用户需求，更高效地实现共享经济的价值创造。最后，共享经济创业治理在治理工具、治理机制或行动策略上因地域差异、产品类型、技术水平等原因呈现出多样性、目标多重性、制度多义性等特征，从而使得主客体关系的有效性与否具有模糊性(Cohen，2019)。特别是不断涌现的新兴业态及新型商业模式进一步推动了多中心参与后的主体权责和角色模糊化，致使主客体关系的有效行为边界不清晰，表现为公共治理方案效果的迟滞性以及时效性等。

7.1.3　共享经济创业的市场/政府失灵与元治理

信息模糊带来的信息不完全或不对称易导致市场实践呈现效率低下或不公平，共享经济点对点的交易很容易导致市场失灵。共享经济领域的市场失灵易促使共享经济创业企业无序竞争、用户违规使用，致使双方利益变得模糊甚至相互侵蚀。政策调控是市场失灵的主要解决方案（Vith，2019），明晰供需双方的市场交易行为规则、避免资源滥用、规范用户使用产品的行为、促使共享经济创业企业有序竞争是政府和市场的共同任务。然而，如若政府部门对于共享资源责任模糊划分、对信用体系建设模糊支持、对社会经济时紧时松模糊调控等，必将引致短暂或长期的政府失灵（Yao，2019；Sun，2019）。市场失灵、政府失灵容易导致企业无序竞争、用户违规使用，影响闲置资源再利用的效率甚至可能造成再次浪费，制约了共享经济创业治理，可能会使该问题陷入主体、目标、政策三大碎片化模糊治理的困境。共享经济创业涉及的利益主体分散导致治理问题多重而复杂，而碎片化治理困境需要通过整体性治理来解决，这也要求共享经济创业管理过程中必须考虑多中心治理的主体、客体、主客体关系等多重模糊性。因此，共享经济不能仅仅依赖和建立在单一治理模式上，更要求政府、市场、社会公众等参与治理。因为多中心治理易陷入无中心治理的困境，需要元治理弥补多中心治理存在的内在缺陷。元治理强调国家政策调控在治理过程中的主导地位，政府的责任不仅仅是作为一个行政管理部门，更重要的是指导社会的规则制定并确立相应的行为准则。元治理侧重于以政策调控为中心的多中心治理策略，明晰了政府机构应承担的角色，向"有所为，有所不为"的服务型政府转变。政府不仅是共享经济创业治理的主体，亦是其他治理主体的指挥者，主要体现在政府机构干预供需双方资源的配置与使用，其政策调控方向、速度和程度直接限制共享经济创业企业资源投放总量和用户使用资源资格（Sun，2019）。市场失灵产生了资源错配、资源浪费、资源再闲置等现象，而政府失灵加剧了企业肆意占用空间、用户随意毁坏资源等情形。因此，市场失灵和政府失灵均不利于共享经济的治理甚至可能阻碍共享经济可持续发展，需要通过元治理避免以上两种不利局面。多种资源如闲置物品、公共空间、消费数据、资金链条等配置涉及多方利益，仅依靠政府直接命令型管控并不能解决问题，相反更容易加剧资源错配的程度，造成资源再度闲置甚至浪费。在共享经济创业情境中，政府职能是基于不同情境和场合并综合运用多样化方式的监督、管理与服务。其包括对新经济的发展持包容审慎的态度，利用多方合力明晰资源的配置条件、使用标准、运维措施等界限，协调共享经济创业企业有序竞争，引导用户明确培养道德素养和增强法律意识（Vith，2019），督促公民监督并举报企业非法经营、用户违法行为（Yao，2019）。

7.2　研究设计

7.2.1　研究方法

　　当前权威新闻媒体对共享经济创业中存在的诸多经济与社会问题已展开系列跟踪报道。Nvivo 作为一种质性分析方法(Li，2019)，其分析的材料可以包括文章、访谈、调查结果、音频与视频文件、图片、网页以及社交媒体内容，对搜集到的新闻文字资料进行高频词汇分析，凝练共享经济创业治理的主要条件因素。共享经济创业治理涉及主体、客体及主客体关系多维度的影响因素，且责任边界、资源边界、行为边界等多重模糊性引发的错综复杂的因果关系决定了共享经济创业治理需从组态视角予以考虑。fsQCA 方法已被广泛用来讨论诸多要素之间的隶属关系和组态关系，可挖掘多个案例蕴含的普遍特征、机制与路径(樊红敏，2019)。其采用多案例研究，通过建立起因果关系的多元分析构成，充分地注意到了个案本身的异质性和复杂性，能分析多重因果关系组合，能识别影响给定结果出现的前因条件组态。其能够探究不同前因组态间的等效性，并对给定结果存在或不存在的前因组态单独分析，适用于探究多主体、多层次、多角度的共享经济创业治理及其成效的因果关系。本研究首先基于"共享经济创业引发的热点问题是什么"收集新闻资料，并运用 Nvivo 方法分析出高频词汇以此找出共享经济治理的关键因素，进而确定合适的条件变量，然后记录相关数据运用于 fsQCA 分析，最后挖掘共享经济创业治理的最佳构型及运行机制，并进一步得出治理的举措和路径。研究思路如图 7-1 所示。

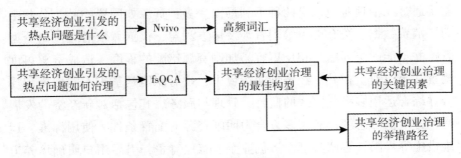

图 7-1　研究方法

7.2.2　案例样本

共享经济创业领域涉及出行共享、空间共享、物品共享、知识技能共享等诸多类型。艾媒咨询发布的数据显示，共享经济出行产品已成为最具代表性的共享经济创业领域。其中，38.3%的网民用过共享单车，36.4%的网民用过网约车，使用出行产品的用户人数最多。因此，本研究选取共享单车领域的共享经济创业作为研究对象。案例文本选择的主要依据包括：第一，人民日报、光明日报、经济日报等国内权威媒体出版的报纸等刊物，选取其中具有一定代表性和针对性的关于共享经济创业及其治理的相关案例报道。第二，共享单车自 2014 年引入中国，共享单车企业在 2017 年达到发展高峰，先后出现 77 家共享单车创业企业，而在 2018 年仅剩下 20 多家。基于此，本研究以 2017 年相关媒体报道的共享单车治理相关的新闻事件为研究对象。在上述三大国内权威日报多媒体数字报刊上检索"共享单车""互联网租赁自行车"，时间设定为"2017 年 1 月 1 日至 2017 年 12 月 31 日"，检索结果共 165 例，如表 7-1 所示。

表 7-1　　　　　　　　　　案 例 汇 总

序号	时间	新 闻 标 题	数据来源
1	2017-01-19	共享单车应真正体现共享思维	光明日报
2	2017-01-22	北京将出台共享单车停放规范	光明日报
…	…	…	…
34	2017-11-24	摩拜单车登陆德国柏林	光明日报
35	2017-11-24	别等到退费难才想起规范押金管理	光明日报
36	2017-01-09	摩拜单车融资超 2 亿美元	经济日报
37	2017-01-10	发展共享单车别忘了配套	经济日报
…	…	…	…
123	2017-12-20	为共享单车公益诉讼点赞	经济日报
124	2017-12-30	共享单车停止经营，押金不退怎么办	经济日报
125	2017-02-20	为何满街都是共享单车	人民日报
126	2017-02-20	破坏共享单车，得管	人民日报

续表

序号	时间	新闻标题	数据来源
…	…	…	…
164	2017-12-11	中消协共享单车理应免收押金	人民日报
165	2017-12-17	骑好军民融合的"共享单车"	人民日报

7.2.3　编码结果

　　运用 Nvivo11.0 软件对搜集的 165 份共享单车领域共享经济创业治理相关的原始材料进行词频统计，导出词频云，如图 7-2 所示。

图 7-2　词频云

注：最小长度为 2，左；最小长度为 3，右。

　　本研究利用 Nvivo11.0 软件从系统中导出共享经济创业治理热点问题的具体步骤为：首先，自动编码。Nvivo 系统导出的高频词汇反映了共享经济创业治理的核心内容，通过记录关键词的参考点与覆盖率，获得共享经济创业治理的主体、客体、主客体关系相关关键词。其次，手动编码。本研究进一步通过手动编码确定主体、客体、主客体关系相关词频，减少自动编码的局限性。逐一阅读 165 份新闻报道文本，运用 Nvivo11.0 进行手工编码。为了评估编码信度，基于前期自动编码结果，研究人员分别独立逐词逐句编码，核对编码结果，针对编码不一致的部分，以讨论形式确定最终编码结果，以此确定本研究的编码信度。本研究选取 2017 年中国共享单车主要骑行城市，包括北京、上海、深圳、广州、杭州、武汉等

18 个省会城市，数据来源于 2017 年交通运输部科学研究院、ofo 小黄车、城市智行信息技术研究院联合发布的中国主要城市骑行报告。根据杜运周（2017）等学者的建议，10～40 个案例通常选取 4～6 个解释条件。本研究共 18 个案例，选择 5 个解释条件较为合适。对 165 份样本手动编码之后，先后获得政策调控、设施建设、文明素质、社会责任、信用监督等关键词。编码结果如表 7-2 所示。

表 7-2　　　　　　　　　　　共享经济创业治理的词频表

序号	关键词	参考点	筛　选　标　准
1	政策调控	301	禁行、禁停、禁投，暂停新增、总量控制，单车上牌照，约谈企业，制定平台监管职责，规定企业购置保险，惩罚用户非法使用……
2	设施建设	263	规划、调整停车设施，完善配套设施，技术创新，锁车技术，大数据运用，智能化管理……
3	文明素质	244	用户违停，占为己有，人为破坏，使用作假，第三人损害，遵纪守法，文明骑行……
4	社会责任	222	押金难退，占地乱投，非法集资，制定用户使用规则，规范企业管理制度，公开保险协议，配备单车运维人员，主动购置保险……
5	信用监督	195	信用体系建设与完善，纳入社会信用，不良行为计入失信黑名单，诚信用车奖惩，监督举报奖惩，鼓励信用免押……

资料来源：Nvivo11.0 系统导出（手工编码）。

7.2.4　数据及校准

本研究依据杜运周（2017）等学者的研究经验，运用 fsQCA 模糊集定性比较分析，根据研究案例选取能够体现解释变量中间程度的取值来选取校准的锚点（完全隶属为 1，交叉点为 0.5，完全不隶属为 0），交叉点的校准选取中位数，各解释变量的测量指标描述与锚点的确定如表 7-3 所示。

表 7-3　　　　　　　　　　　变量测量与校准标准

变量名		变量解释与赋值标准
政策调控 （PR）		采用五值模糊集赋值，在本市或企业注册地开立专用账户和制定退还制度，并下发禁投令或限投令的情况赋值为 1；在本市或企业注册地开立专用账户和制定退还制度，但未下发禁投令或限投令的情况赋值为 0.75；开立专用账户有资质机构监管和制定退还制度赋值为 0.50，仅包含专用账户或退还制度赋值为 0.25，未出台相关政策赋值为 0
设施建设 （FC）	硬件配备 （HE）	采用连续数值赋值，最高隶属赋值为 1，最低隶属赋值为 0，中位数赋值为 0.5
	技术创新 （TI）	采用连续数值赋值，最高隶属赋值为 1，最低隶属赋值为 0，中位数赋值为 0.5
文明素质 （ML）		采用连续数值赋值，最高隶属赋值为 1，最低隶属赋值为 0，中位数赋值为 0.5
社会责任 （SR）		采用连续数值赋值，最高隶属赋值为 1，最低隶属赋值为 0，中位数赋值为 0.5
信用监督 （CS）		采用连续数值赋值，最高隶属赋值为 1，最低隶属赋值为 0，中位数赋值为 0.5
治理绩效 （GP）		采用连续数值赋值，最高隶属赋值为 1，最低隶属赋值为 0，中位数赋值为 0.5

（1）政策调控。参考 Li 等（2019）学者的观点，采用各城市出台的政策中关于押金问题设置的严格或宽松程度来测量政策调控。测量数据来自 2017 年各城市政府出台关于互联网租赁自行车的试行意见。

（2）设施建设。互联网创业平台构成了共享经济创业的基础设施（Yao，2019），如停车位是共享经济创业的必要条件之一（Yao，2019），因此采用技术创新和硬件配备来测量设施建设。技术创新测量数据来自首都科技发展战略研究院《2017 年中国城市科技创新发展指数》，硬件配备测量数据来自粤港澳大湾区研究院发布的《2017 年中国城市营商环境报告》中基础设施评分。

（3）文明素质。共享单车的规范使用是所有用户拥有的权力与义务对等的契约型道德体现（杜运周，2017），采用反映了市民整体素质和城市文明程度的"中国文明城市发展指数"来测量，测量数据来自中央文明办发布的《2017 中国文明城市发展指数》。

（4）社会责任。共享经济创业企业的社会责任由低到高包括底线要求、合理期望、贡献优势，而底线要求包括禁止类和强制类事项（Hao，2019），故而利用企业底线要求来测量共享经济创业企业的社会责任。企业底线测量内容为（$1-k$），其中 $k =$（供给量－需求量）/常住人口数，需求量＝常住人口/50，比值 k 越高说明各城市企业社会责任程度越低。测量数据来自 2017 年各城市政府官网、新闻媒体报道。

（5）信用监督。中国城市商业信用环境指数综合反映了各城市的信用体系完善程度以及运行效果，采用其发展指数来测量信用监督，测量数据来自北京码头智库、中国管理科学研究院发布的《2017 中国城市商业信用环境指数》。

（6）治理绩效。共享经济创业治理的绩效不仅反映了政府政策的执行效果，也折射了企业运营细则的实施成效（Hasan，2017）。由小黄车 ofo 联合交通运输部科学研究院、城市智行信息技术研究院共同发布的《2017 年中国主要城市骑行报告（第四季度）》对于城市的综合排名能反映共享单车领域共享经济创业治理的成效。

7.3　实　证　分　析

给案例赋予集合隶属的过程是变量校准的过程（樊红敏，2019）。按照表 7-3 所示的校准标准对各解释变量和结果变量进行校准和必要性分析，结果如表 7-4 所示。结果变量为 1（即高治理绩效）的必要性一致性检验中，最高一致性为 0.80，说明并不存在促进共享经济创业治理绩效的必要条件，各单个解释变量对共享经济创业治理成效的解释力较弱，必然存在组合条件的约束。结果变量为 0（即非高治理绩效）的必要性一致性检验中，所有单变量一致性均未超过 0.9，说明所有前因条件几乎没有相关性，对阻碍共享经济创业治理成效的影响力较弱。因此，有必要对共享经济创业治理绩效进行 fsQCA 分析。

表 7-4　　　　　　　　　　　　单变量必要性分析

解释变量	高治理绩效		非高治理绩效	
	一致性	覆盖率	一致性	覆盖率
PR	0.808	0.610	0.688	0.661

续表

解释变量	高治理绩效		非高治理绩效	
	一致性	覆盖率	一致性	覆盖率
~PR	0.551	0.581	0.593	0.797
HE	0.768	0.757	0.474	0.595
~HE	0.590	0.468	0.807	0.815
TI	0.821	0.765	0.525	0.622
~TI	0.595	0.496	0.802	0.851
ML	0.722	0.664	0.585	0.684
~ML	0.595	0.496	0.712	0.765
SR	0.657	0.554	0.665	0.783
~SR	0.581	0.537	0.607	0.648
CS	0.765	0.642	0.554	0.634
~CS	0.581	0.537	0.781	0.855

将校准之后的数据转化为真值表，如表 7-5 所示。

表 7-5   真 值 表

政策调控 PR	硬件配备 HE	技术创新 TI	文明素质 ML	社会责任 SR	信用监督 CS	治理绩效 GP	频数 Number
1	1	1	0	1	1	1	1
1	1	1	1	1	1	1	2
1	1	1	0	0	1	1	2
0	1	0	1	0	1	1	1
0	0	1	1	1	0	0	1
1	0	0	1	1	0	0	1
1	1	0	0	0	0	0	1
1	0	0	1	0	0	0	1
0	0	0	1	1	0	0	1
0	0	0	1	0	0	0	1

根据学者 Russo 等的研究成果（王晓丽，2018），本研究尝试将一致性

阈值分别设定为 0.80、0.85、0.9、0.95，案例阈值分别设置为 1、2。比较所得结果，研究高治理绩效时一致性阈值设为 0.85，案例阈值设为 1，一致性较高、覆盖案例较广；而非高治理绩效时一致性阈值设为 0.95，案例阈值设为 1，解释力更强。通过 QCA 对真值表进行布尔最小化运算之后可得出复杂解、简单解和中间解，本研究采用中间解来解释。根据杜运周等学者的研究成果，采用实心圆表示条件存在，空心圆表示条件不存在，用圆圈大小区别核心条件和边缘条件，空白表示对条件的出现不做要求，可出现或不出现。当变量同时出现在简单解和中间解，属于核心条件；若变量仅出现在中间解而没有出现在简单解中，属于边缘条件。采用符号大实心圆●代表核心条件，符号小实心圆•表示边缘条件，符号大空心圆⊗表示核心条件匮乏，符号小空心圈⊗表示边缘条件缺乏。结果如表 7-6 所示。

表 7-6　　　　共享经济创业治理绩效的前因条件构型表

解释变量		产生高治理绩效的组态 H			产生非高治理绩效的组态 NH		
		构型 H1			构型 NH1	构型 NH2	
		构型 H1a	构型 H1b	构型 H1c	构型 NH1	构型 NH2a	构型 NH2b
PR		●	•	⊗	⊗	●	●
FC	HE	●	●	●	⊗	●	⊗
	TI	•		⊗	⊗	●	●
ML		⊗		•	⊗	⊗	●
SR			•	⊗	●	⊗	⊗
CS		•	●	●	⊗	⊗	⊗
覆盖率		0.514	0.390	0.307	0.405	0.298	0.362
唯一覆盖率		0.144	0.028	0.116	0.194	0.041	0.084
一致性		0.853	0.854	0.859	0.960	1.000	1.000
解的一致性		0.85			0.97		
解的覆盖率		0.67			0.62		

由表 7-6 可知，导致高治理绩效的中间解整体一致性均大于 0.85，覆盖了绝大部分案例的 5 个解释变量组态是共享经济创业高治理绩效的充分条件。整体覆盖率为 67%，说明这 5 个组态解释了超过 50% 的共享经济创业高治理绩效的原因。导致非高治理绩效的中间解的整体一致性亦大于

0.85，覆盖了绝大部分案例的 5 个解释变量组态是共享经济创业非高治理绩效的充分条件，解释了 62% 的共享经济创业非高治理绩效的原因。

（1）构型 H1a（PR * HE * TI * ~ ML * CS）

构型 H1a 涵盖北京、深圳、广州等 3 个案例，可以发现共享经济创业高治理绩效的情境之一为：硬件设备、信用监督是核心条件，而政策调控、技术创新、用户文明是边缘条件。该情境内涵是硬件设备建设完善、信用监督严格，而政策调控、技术创新、用户文明等多约束条件相对明晰。共享经济创业前期，资源获取相对容易，对用户的使用权限与行为制约相对较少，用户倾向选择机会主义行为，该类条件促使用户可无约束获取共享服务，也使企业可无限制获得相应利润。资源获取无限制滋生了"资源诅咒"或"资源冗余"极端现象，其将致使用户投机取巧使用，用户文明素质低下成为必然。共享物品肆意使用、私自占有，促使企业和第三方强有力约束的出现。构型 H1a 包含的 3 个城市均以硬件设施和信用体系建设为关键，在保证共享物品"物尽其用"的前提下，联合社会信用体系来规范共享用户行为，规避用户不文明行为带来的不利影响。在此情境下，各城市响应交通部包容审慎新业态，及时出台约束共享经济平台的政策，将违规违纪纳入信用体系当中，鼓励企业技术创新，运用高科技并配套共享物品放置区域，拼凑资源发挥闲置资源的价值。关键条件的建设与完善离不开政府强有力的支持，政府调控的方向、速度和程度决定了市场是否有序发展。中国情境下政府调控多偏于"严企业、松用户"，政府必须解决共享经济创业规则制定、行业监管、设施建设等系列问题，不仅要制定规则约束企业经营的责任性，还要强调对用户使用规范性的规则约束。共享资源的竞争性、排他性促成了买卖双方具有负外部性，生产过剩或违规使用引发了公共治理问题。在政府政策调控下，要通过工具改造及创新来实现不同类型的准公共物品行业的有序发展。

（2）构型 H1b（PR * HE * TI * SR * CS）

构型 H1b 包含上海、天津、广州 3 个案例，可发现共享经济创业高治理绩效的情境之二为：硬件设备、信用监督为核心条件，而政策调控、技术创新、企业责任均是边缘条件。该情境内涵是硬件设备建设完善、信用监督严格，而政策调控、技术创新、企业责任等多约束条件相对明晰。上海、天津、广州均在交通运输部发布共享单车征求意见稿后不到半年时间内出台了试行指导意见，地方政府积极响应中央政策，发挥了政策调控的效用。新业态的出现没有因其新生而遭受发展阻碍，在不断优化的基础设施和完善的社会信用体系辅助下，促进用户自觉践行文明行为。构型 H1b 中 3 个城市均持有包容审慎、鼓励新业态发展的态度，积极规划和建设停车区域，为共享单车的停放提供强有力的基础设施支持。针对可能出现的非法占有、违规停放行为，联合社会信用体系和企业科技创新，利用大数据设立电子共享物品投放使用区域，将违规违法行为纳入信用黑名单，约束交易活动双边市场行为。针对单车使用者呼吁最大的"免押金"需求，政府将其纳入创业企业可运行的基本门槛，虽降低了企业资金回收的概率，但可激励企业提升其服务质量。不仅如此，利用社会征信平台制定用户行为约束制度，在保障消费者合法权益的同时处罚其非法行为。在政府政策调控、基础设施建设、用户文明素质、社会信用监督等共同支持下，多中心型治理有利于形成合力，从宏观与微观角度处理各方面的社会问题。

（3）构型 H1c(~PR * HE * ~TI * ML * ~SR * CS)

构型 H1c 仅有成都 1 个案例，可发现共享经济创业高治理绩效的情境之三为：硬件设备、信用监督是核心条件，政策调控、技术创新、用户文明、社会责任是边缘条件。该情境内涵是政策调控力度不合适、技术升级速度不及时、企业社会责任感不强，但硬件设施配套充足、用户文明素质较高、社会信用机制完善等抵消了政府角色缺位、技术创新错位、企业责任失位等模糊性造成的负面影响。新业态催生的大量收益纵容了企业随意占地投放的行为，削弱了用户的权益和公众的利益。双方市场中一方利益无保障性受损，增强了另一方讨价还价的能力，更易促使另一方的肆意行为。企业无序竞争、较弱的市场调节促使政府施加政策调控。政策调控力度不足，可能加剧了企业的非法集资、随意投放等不良现象。构型 H1c 中成都具备的社会信用体系建设补救了政策调控不足的缺陷，由外及内，联合公众监督共享经济市场行为。用户文明素质弥补了企业社会责任缺失的不足，以内治内，市场需求决定了产品供给，以用户对共享物品严格的使用需求约束企业对共享服务的输出行为，促进企业不断完善对产品投放、使用规则、保险配置等标准。硬件设备规划与建设调解了技术创新滞后的不利影响，以外治外，以硬治软，硬件规划促进创新技术的高效开发与实施，催生高新技术嵌入共享物品，辅助其有效投入、使用与归还。从内部和外部共同努力，以信用监督推动政策调控，以用户文明拉动企业责任践行，以设施规划刺激技术创新。

（4）构型 NH（~PR * ~HE * ~TI * ~ML * SR * ~CS、PR * HE * ~TI * ~ML * ~SR * ~CS 和 PR * ~HE * ~TI * ML * ~SR * ~CS）

构型 NH1 揭示出共享经济创业非高治理绩效的情境之一为：用户文明、信用监督是核心条件，政策调控、基础设施、社会责任是边缘条件。该情境内涵是在用户严重不文明、信用非常不合格的前提下，政策调控、基础设施的缺乏加剧了社会问题的严重性，即使共享经济创业企业坚持履行其社会责任，仍然无法抵消政策角色缺位、基础设施短位、用户文明失位、信用监督错位等模糊性造成的负面影响。

构型 NH2a 揭示出共享经济创业非高治理绩效的情境之二为：企业责任、信用监督是核心条件，政策调控、基础设施、用户文明是边缘条件。该情境内涵是政策调控力度较为合理，硬件设备配置较为科学，但技术创新进度慢、用户文明践行差，显著缺乏的企业责任和信用监督共同致使共享经济创业治理产生非高绩效，政策角色清晰无法避免用户使用不文明、企业经营无责任、信用监督不严格的模糊性弊端。

构型 NH2b 揭示出共享经济创业非高治理绩效的情境之三为：社会责任、信用监督是核心条件，政策调控、基础设施、用户文明是边缘条件。该情境内涵是政策调控较科学，用户文明较理想，但基础设施建设不足以满足市场需求，共享经济创业相关配套不充分促使企业不履行社会责任、公众不完善信用体系。政府责任的明晰和用户素质的规范无法治理存在显著缺陷的企业责任和信用监督，该情境导致了共享经济创业治理非高绩效。

在用户或企业权利与义务界限模糊和社会信用不清晰的情境下（~ML * ~CS 和~SR * ~CS），共享经济创业治理结果亦趋向于非高绩效。即使政策调控比较严格、基础设施比较完善都不足以规避其缺陷带来的社会问题。在社会信用体系不完善的情况下，共享经济创业治理终归是双边市场行为的调整。押金难退、共享物品随意投放，致使用户利益无法保障；私自破坏、共享物品肆意停放，导致企业利益遭受威胁。在上述三种构型 NH 情境下，完全依靠市场调节来约束共享经济双边市场行为不现实。共享经济创业可归类为开放型创新，降低了资源地位的不平等，但有利于用户机会主义行为的滋生。市场失灵导致的困境迫切要求第三方介入，而政府对于第三方力量具有重要的干预作用。政策调控成效受制于调控的方向、速度与程度，如若政策调控成效不足或失效，元治理模式是解决市场、政策均失灵的最佳选择。政府提供的服务可实现共享经济创业主体的利益均衡，既可以彰显公民权利，还可以促进创业企业可持续发展，是社会众多力量的平衡桥梁。因此，避免非高治理绩效需要结合中国国情采用元治理较为合适。

7.4　研究结论与管理启示

本研究将共享经济创业治理主体责任的模糊性聚焦于共享经济创业平台的双边市场—企业和用户，客体资源的模糊性定位于共享经济创业平台的基础设施—硬件和软件，主客体关系的模糊性集中于共享经济创业平台的第三方管制—信用监督和政策调控。结合表 7-6 可发现，中国情境下共享经济创业治理的主要影响因素是主体的责任模糊性偏高、客体的资源边界模糊性偏低、主客体关系的行为边界模糊性参差不齐。主要结论如表 7-7 所示。

表 7-7　　　　　　　　　　主　要　结　论

构型	治理模式	适 用 条 件					
		主体（人）责任边界模糊性		主客体关系（事）行为边界模糊性		客体（物）资源边界模糊性	
		企业	用户	监督	调控	硬件	软件
构型 H1a	管制型治理	较高（n）		较低（n）		低（n）	
构型 H1b	多中心型治理	较低（n）		较低（n）		较低（n）	
构型 H1c	双驱三治型治理	较高（n）		较高（n）		较高（n）	
构型 NH1	元治理	高（n）		高（n）		较高（m）	
构型 NH2a		高（n）		高（n）		较高（n）	
构型 NH2b		高（n）		高（n）		较高（m）	

注：模糊性不一致时，选取模糊性较高的一项。"m"表示模糊性一致，"n"表示模糊性不一致。

第一，主体的责任边界模糊性较高，主客体关系的行为边界模糊性较低，客体的资源边界模糊性低时，宜采取"管制型治理"的共享经济创业治理模式，如图 7-3 所示。共享经济创业平台的供需双方责任的模糊性造成了市场失灵，用户文明素质较低、企业社会责任较弱，不对称信息干预了供需双方的自我调节。政策调控被证实是市场失灵的主要解决办法（Vith，2019），即政府以领导者的身份推动企业"个体自治"，利用一系列经济、法律、行政等手段约束创业企业无序竞争行为，但不足之处是对用户约束较少，机会主义行为较多。与肖红军等学者提出的"政府治理"结论相似（Hao，2019），本研究认为政府对共享经济领域新商业模式的支持态度将引导共享经济创业治理选择"人模糊、物清晰"的治理路径。共享经济创业企业无序竞争占用公共空间资源，用户违规违法使用社会公共资源，都源于客体边界模糊，资源未得到合理配置与利用。针对此情境，必须以"物"制"人"。首先，采取自上而下的政策扩散方式，实施高密度的"网格"管理，依托互联网数字平台，将城市管辖区域按照一定标准划分单元网格，明确各区域的管理负责人职责，鼓励并授权当地负责的部门或机构因地制宜制定科学合理的管理制度。提倡网格内综合运用人工智能、区块链等软件设备技术，预测硬件设备的市场需求，划定区域建设固定设施，综合运用大数据调度运维人员。其次，采用自下而上的政策扩散方式，将共享物品使用数据分享至公众平台，建立完善的行为监督制度，传递相关意见至当地政府，以此促进政府政策宏观调控。因此，鼓励政府、社会合作，以政府监管市场为核心，社会协调为传导工具，共同促进共享经济创业企业采取激励约束行为，既科学保障用户权益，又能科学约束用户机会主义行为。以设施建设为导向，约束用户行为以发挥资源最大效用。

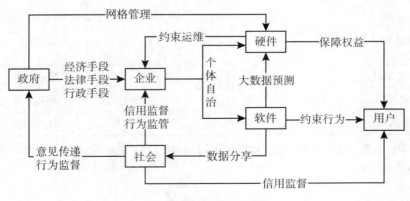

图 7-3　管制型治理模式

　　第二，主体的责任模糊性较低，主客体关系的行为边界模糊性较低，客体的资源边界模糊性较低时，宜采取"多中心型治理"共享经济创业治理模式，如图 7-4 所示。该模式适用于中国大多数城市的共享经济创业治理，其强调市场、政府、社会协同参与治理，形成合力克服多主体治理导致的重心不稳，治理办法包括政府规制、市场治理与社会规制。首先，强调政府既要行使政府职能，出台强有力的规章制度，又要很好地适应现实社会经济发展的需要，采纳包容性规制。其次，既强调规范共享经济创业企业的产品质量，又鼓励企业参与配套设施建设；既强调保障用户的服务体验，又要求明晰用户的道德标准。再次，既强调社会公众共同辅助社会问题的解决，又要监督举报违纪违法行为，维护良好的社会公共空间环境。整体而言，多中心型治理将从供给侧和需求侧共同推动资源闲置→资源拼凑→资源再闲置→资源再拼凑的演变，实现多主体多利益目标的帕累托改进。多中心易导致无中心，该模式强调各主体责任界限清晰化，明确分工，各谋其职。针对此情境，共享经济创业活动的利益主体在以自主治理的基础之上，应该展开合作监督。作为第三方组织的社会力量应具备一定的灵活性和适应能力，辅助企业和用户双边市场达到均衡合作关系。最后，应积极搭建征求意见的多渠道平台，如开通意见网络信箱、设置热线电话、开辟网站留言栏等，及时公开处理进度与状态，督促政府及时出台明确的奖惩治理政策，激励社会成员积极建设社会信用体系的奖惩制度。与此同时，政府部门应该联合市场主体搭建共享经济创业的评估系统，实施服务质量信誉考核"退出机制"，采用 360 考评体系来监督企业的服务质量和运营规范。为了保障消费者消费权益，提升用户服务体验，用户应自觉形成自发秩序，采用自校正、他矫正、互矫正的方式监督用户道德标准和行为规范。因此，多中心治理偏向各主体合作监督活动，允许多个中心并存，通过竞争、协作等方式克服公共问题治理的困境。

　　第三，主体的责任模糊性较高，主客体关系的行为边界模糊性较高，客体的资源边界模糊性较高时，宜采取"双驱三治型"的共享经济创业治理模式，如图 7-5 所示。共享经济创业所涉及产品与技术的固有缺陷诱发了众多用户非法、违规使用等行为，在政策调控较少或零惩罚的情况下，用户对"合法使用"的认知趋于模糊，导致更多不文明使用行为。面临政策失灵、技术失效、企业失责带来的治理难题，"双驱三治型"模式主张以"人"治"人"，充分运用用户使用规范及文明操守，激励企业制定管理制度及服务标准；以"物"治"物"，联合社会积极规划硬件设备，推动企业技术创新及创造核心竞争力；以"事"治"事"，完善社会信用体系建设，

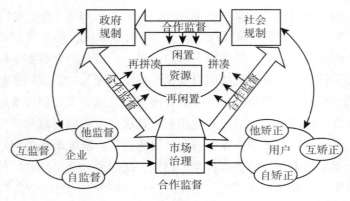

图 7-4　多中心治理模式

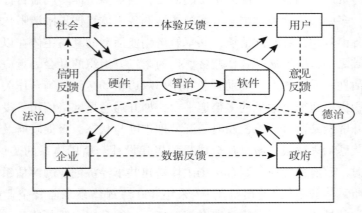

图 7-5　双驱三治型治理模式

联合双边市场力量拉动政府积极管理调控。这一结论与秦铮等学者的观点不同（Russo，2019），应对多重模糊性造成的双重失灵问题，不仅需要明晰、强化平台企业的社会责任，还应形成各主体的良性互动关系，互相影响、互相促进，这一结论验证了肖红军等学者的观点（Hao，2019）。针对此情境，应以用户表现出的文明素质激励企业履行社会责任，制定科学的管理制度，以"德"进行治理；应以完善的硬件配套设施敦促企业推行软件技术创新，以"智"进行治理；应以社会完善信用体系的鞭策拉动政府调控社会秩序，以"法"进行治理。"双驱三治型"以用户激励企业、社会拉动政府的方式抵消企业失责、政府失策的不利后果。用户文明有助于激励企业制定真实有效的行为约束管理制度和合法运营管理细则，用户将服务体验反馈至社会公众平台，联合社会搭建社会信用体系约束企业合法运营行为。同时，将服务意见反馈至政府，联合政府完善相关政策的出台，政策有利于硬件设施的规划。后期，企业将用户信用反馈至社会信用平台，共建共享社会信用信息。此外，将服务数据反馈至政府，共同建设以服务供需平衡为导向的共享经济服务管理办法。

第四，主体的责任模糊性高，主客体关系的行为边界模糊性高，客体的资源边界模糊性较高时，宜采取"元治理"的共享经济创业治理模式，如图 7-6 所示。为了防止非高治理组态的出现，应采取一系列办法规避市场失灵可能出现的用户失德或企业失责，避免政府失灵或社会失效可能导致的监管无效，而元治理是帮助双边市场逃脱双失灵困境的最佳办法（Sun，2019）。针对此情境，中国国情强调以政府为主导的治理方式，该结论进一步验证了 Li 等（2019）学者关于多中心元治理的观点（Sun，2019）。共享经济创业活动参与各方遇到治理瓶颈，各自的立场、地位、利益等都存在差异，需要政府平衡、协调多元主体的关系，政府在元治理中担任协作平衡的服务者角色。在宏观调控方面，各地政府应以"宽进严出"方式响应中央政府政策，应积极结合双边市场及其他利益相关体设计制度和规划任务。在微观管理方面，应积极包容、审慎、鼓励、支持共享经济新业态市场行为的发展。政府应服务企业，严格制定共享经济创业企业的市场准入门槛，如建立经济、法律、行政等奖惩机制；提供优惠配套政策满足企业的硬件需求，鼓励企业技术创新，运用大数据、物联网等智慧技术优化共享物品的投放与使用；服务用户，严格规范用户使用共享物品的标准，将不规范行为纳入法律层面，并严格执行相关惩罚措施，提升用户道德标准，促进闲置资源的价值发挥；监督企业管理细则的实际运营，确保消费者权益的保障。另外，政府应联合社会与企业、用户合力搭建社会信用奖惩系统，利用政府信息公开、市场监督和社会管理、公共服务，合力促进企业自制行为和用户规范行为的发展。促进企业与社会建立数据互联互通平台，鼓励用户联合社会共建共治信用奖惩机制，以此采用"人防、技防、信用防"来实现企业责任履行、用户文明使用。

本研究的主要贡献包括：第一，提出了影响共享经济创业治理绩效的多元组态。针对中国 26 个城市的共享经济创业及其治理，利用 Nvivo 得出了影响共享经济创业治理绩效的硬件配备、技术创新、信用监督等关键因素，通过 fsQCA 分析获得了 4 种解释力较强的原因组合。第二，丰富了共享经济创业的治理模式。基于多元组态研究结论，从高创业治理绩效的视角提出了中国情境下共享经济创业的"管制型治理""多中心治理""双驱三治型治理"治理模式，从非高创业治理绩效的角度提出了"元治理"治理

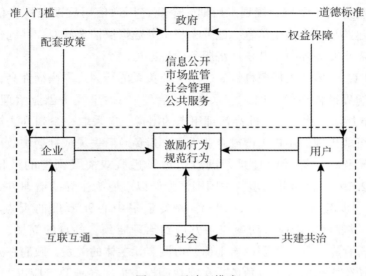

图 7-6　元治理模式

模式。第三，拓展了共享经济创业治理的研究视角。综合考虑地区差异化样本中的主体、客体、主客体关系多重模糊性特征，有助于完善共享经济创业治理的情境因素。

　　本研究的不足之处主要包括：第一，对政府的政策调控仍有可改进的地方。政策调控存在方向、速度和程度的调控，包括调控对象、严格或宽松、提前或滞后等。但限于数据的可获得性，本研究最终选择了调控程度的测量标准，未来的研究可尝试综合方向、速度和程度进一步深化研究。第二，设施建设的测量亦存在优化空间。与一般创业不同的是，共享经济创业依赖于共享经济创业平台，其平台的建设亦属于设施建设。但受限于各城市存在不同的条件平台，本研究最终仅涉及共享经济活动的基础设施，今后的研究可尝试一并予以考虑。

第 8 章 多重网络嵌入视角的创业孵化社会网络决策

　　创业孵化指以科技企业孵化器为代表的孵化基地或平台为入孵企业提供其创业所需的各类资源，使其提高创业成功率(李文柱等，2021)。《2020年全球创新指数》显示，中国在全球创新指数参与排名的 131 个经济体中位列第 14 名，也是仅有的进入前 30 名的中等收入经济体。创业是大多数发达经济体、转型经济体和发展中经济体可持续有机增长的核心，孵化器往往是创业集群形成和增长的催化器，甚至是加速器(Xie et al.，2018)。创业孵化已经被证明在促进发达国家和发展中国家的中小企业创业活动和技术发展方面具有巨大的价值，其不仅为创业企业提供多元化、综合性的服务，而且为各个国家或地区的创新和经济增长作出了卓越贡献(Tola，2015)。创业孵化的实质是针对在孵企业开展资源优化配置，传统孵化模式的一般性资源供给以及自给自足式服务已不能满足需要。新型的孵化网络借助各类利益关联方共同构建区域性信息协作平台，进而打造适宜入孵企业创业的生态环境(袁咏平，2019)。当前孵化网络化已成为创业孵化的发展趋势，且社会网络组合的研究对孵化绩效的提升具有重要意义(朱秀梅等，2021)。

　　必须指出的是不同类型的孵化器蓬勃发展，并被认为是支持创新和以技术为导向的创业成长的重要政策工具(Torun et al.，2018；Mian，2016)，但同时也面临分布不均衡、同质化严重、盈利点单一等一系列困境，甚至出现仅依靠房租差价赚取利润空间的情形(蔺全录，朱建雄，2019)。传统的供给导向创新政策注重的是改进制度以提高创业绩效，而非给予创新的方向(Blanck et al.，2019)。根据全国双创孵化载体地图和《中国统计年鉴 2020》，东部地区的国家级孵化器数量占比达到全国的63%，中西部地区的占比分别为 16% 和 15%，而东北地区仅为 6%，孵化器数量分布的不均衡造成各地区孵化网络发展严重不对等(苗丽静等，2020)。部分孵化器在提供网络资源时未考虑到其生态构成中不可分割的特性，导致服务层次不足、规范程度不够、孵化效果不佳等状况，最终未能构建符合区域性特点的多维社会网络组合的创业生态系统(Brown，

2014)。2019 年全国在孵企业共有 216828 家，而其中获得投融资和孵化基金的占比不足 5%，其主要原因在于孵化器未能针对性地构建其社会网络，盈利机制未实现持续性市场化转型（俞灵琦，2018）。

孵化器拥有的社会网络能为入孵企业提供一系列增值服务，有效降低初创型企业的潜在风险和冗余成本，进一步提高创业成功率。其主要涉及的社会网络包括资本网络（李梦溪、宋清，2014；李振华等，2019）、知识网络（胡新华等，2020；Mansoori，2019）、科技基础条件网络（张琴，2019；王国红等，2020)和集群网络（吴文清等，2015；张哲勋，寇小萱，2020)，此类社会网络均对创业孵化具有正向积极作用，但关于科技企业孵化器的创业孵化绩效迥异这一特征引发了广泛思考（吴文清等，2015）。已有研究中的大部分文献倾向于单独分析按照不同功能划分的社会网络对创业绩效的影响，其主要集中于资本网络（黄聿舟等，2019；吴文清等，2019)、知识网络（Mansoori，2019；梁祺等，2019；Liu，2020)和科技基础条件网络（Lai，2015；Hackett，2004）视角，而对于孵化器集群网络（Hernández，2016)的关注度则较少。与此同时，相关研究也忽视了创业生态系统视角下社会网络的组合性所引发的交叉协同理论脉络（张超、张育广，2019）。此外，部分文献揭示了创业社会网络对创业孵化绩效的正向作用（倪大钊，2021），并认识到多重网络的叠加效应（杨斌等，2020），但忽略了社会网络组合间更为复杂多元的超网络交互协同关系以及这种多元逻辑互动对创业孵化绩效可能产生的作用（相雪梅，2020）。如科技企业孵化器通过集群吸引社会资本流入和创业导师聚集，从而产生资本网络和知识网络；资本网络、知识网络和科技基础条件网络亦可通过提供资金支持、经验指导和基础设施促使孵化器规模扩大和数量增长并形成集群网络。而这些不同维度的多重社会关系网络在交互机制的作用下会对创业企业的孵化绩效产生一定的影响。因此，本研究试图基于组态分析的视角，探讨科技企业孵化器不同维度社会网络间的复杂互动关系，揭示高创业孵化绩效的社会网络组态构成及其作用机制。

8.1　理论框架

8.1.1　创业生态系统视角的孵化器社会网络协同机制

创业生态系统指创业主体与创业环境协同作用所构成的有机整体，能够通过相互关联和发展演化来提升绩效（Brown，2014）。孵化器作为在孵企业与其生态环境间的中介组织，与初创企业、高校、科研院所、投资机构、其他类型孵化器等共同构成完整的创业生态系统，持续面向入孵企业提供融资渠道、基础设施、知识技能、商业合作等服务（Mrkajic，2017）。世界各地都建立了企业孵化器（BIS）以刺激新的企业创造（Shih，2019），基于发展中国家不发达的体制环境，建立更丰富和更有效的孵化器能够增强当地创业生态系统的权能（Bruneel，2011）。根据生态位协同理论，建立多个社会网络功能互补、高度和谐、规范有序的资源共建共享机制能够带动创新生态中的多向耦合元素共同演化，以实现共同利益和进步进而促进技术发展和社会变革（张超、张育广，2019）。而孵化器在培育新创企业方面具有积极导向作用，能够帮助形成产业化发展的生态体系全链条、多层次、一体化服务的新格局（张化尧等，2021）。同时在初创企业之间建立强大的网络联系也能够极大地促进企业与环境之间的额外联系，使生态系统中的所有初创企业都受益（Enrico，2016）。

8.1.2　网络嵌入视角的孵化器社会网络交互机制

超网络指多维社会网络融合和聚集所形成的错综复杂和紧密联结的网络结构系统，其在层次、方向、架构等方面具有循环嵌套的特征（相雪梅，2020）。根据网络嵌入理论，孵化器在进行创业孵化活动时与孵化环境建立网络联结关系，通过交互协作获取一系列创业资源与信息，推动组织整体绩效的提升（薛影等，2021）。网络嵌入视角的研究不仅能够区分创业孵化活动的积极因素和消极因素，也可以将孵化器与各种网络建立的关系进行划分，进而对创业孵化实践进行建议和指导（李宇，张雁鸣，2012）。目前对于社会网络的分类和归纳主要集中于其功能性特征，不同维度间的交叉属性尚未得到系统证实，对于社会网络的交互机制的实际应用尚未进行系统深入的研究。已有研究发现社会资本对孵化器的知识获取和知识开发有积极影响，人员网络、物质网络和知识网络演化形成的知识超网络同时具备知识流动和网络连接的优势（Zhang，2016）。嵌入网络的多元性路径是创业孵化的重要途径，最终联结形成"孵化网络嵌入—创新行为—在孵企业关系"的行为逻辑（张颖颖等，2017）。网络嵌入视角下多维社会网络间存在复杂的交互机制与导向路径，各类网络在内部相辅相成和高效流动，并在外部共同作用于整体绩效（朱秀梅等，2021）。

8.1.3　社会网络维度与创业孵化绩效的关系

创业孵化绩效是孵化网络各类主体协同合作成果的重要体现，社会网络对创业孵化绩效提升具有重要影响作用，能够帮助创业孵化网络主体提供网络衔接平台，提高承担风险的程度，并通过网络类各类主体鼓励资源共享、激发新知识与新思维的产生，亦可以提高创业孵化网络各类主体之间的合作意愿，帮助其更有效地管理和利用知识、技术、人才等资源，提高孵化效果；社会网络还可以通过提供关系网络有效提高企业内部的信息流动，与此同时，考虑到创业孵化前期人力资源的重要性，社会网络对于新创企业的初始创业者提供的情感性支持也能够有效提高企业内部的原生创新力从而进一步提高创业孵化绩效；此外，社会网络可以通过资源的传递和共享，促进网络主体对稀缺性资源的获取，帮助网络主体提高经济效率、降低交流成本和交易费用，增强孵化模式的普及性，增加孵化器社会效益，实现孵化器的可持续发展。社会网络作为网络主体在参与活动过程中通过彼此之间的资源流动而形成的关系网络，主要有资本网络、知识网络、科技基础条件网络以及集群网络等，对创业孵化产生的影响亦不同，具体如下：

（1）资本网络与创业孵化绩效。根据资源依赖理论，企业的创业孵化依赖于环境中的异质性资源，不仅仅局限于企业的金钱资本和硬件设施，亦包括孵化增值服务、孵化平台建设，以及各类联结资本。社会资本表现为社会中的某个个体或是团体为获取某种回报而在社会中进行的投资，在创业企业的孵化过程中有重要作用。资本网络不仅仅是单纯的社会资本，而是资本的集合体，通过网络的形式形成资源的聚集，网络间通过社会资本进行连接，对企业的孵化效率有直接影响。一方面创业企业依靠资本网络的联结获取社会资本，企业在孵化过程中有更宽的信息获取渠道、更多的技术支持，从而更敏捷、更准确地做出调整以适应企业外部环境变化，获取孵化竞争优势。另一方面，孵化器本就是聚集和整合创业相关组织以及资源的平台，具有识别、整合、利用资本的能力，其协调功能使资本网络可发挥出更大的作用，指引不同主体间的相互合作，从而对孵化绩效产生积极影响。

资源是创业进行创业孵化活动过程中必不可少的核心要素，亦是生存与发展，获取竞争优势，实现可持续发展的重要基础。在孵企业由于存在"新""小"等缺陷，如何稳定地获得与整合其资源是创业企业运作资本网络是实现创业孵化绩效提升的关键。在当前数字时代，能够获知的信息与资源不是匮乏而是过度膨胀，如何在数字发展时代的信息与资源中识别与汲取创业企业所需资本便成为了创业孵化绩效高效提升的关键所在。在孵企业通过对资源的选择、汲取、组合、使用及再造过程等整合的过程就是资本网络运作过程，通过形成对创业孵化高效的资本网络整理能力，使其资源可以实现系统化、网络化、进而提高创业孵化绩效。与此同时，资本网络整合能力在孵企业发展的过程中，对创业孵化活动的具有诸多积极作用，在资本网络嵌入之下可以为在孵企业提供更多创新资源。因此，在有限的资源供给和无限的融资需求下，为了提升孵化器的整体孵化绩效，需要进一步提高其财务资本的配置效率，寻求最优投资组合方案以尽可能地增强投资回报率与减少风险损失量（Yan，2021）。多元化的资本网络对创业孵化绩效影响显著，不同投资主体的企业孵化器应基于自身特点加强竞争力水平，确立企业孵化器持续性运营方针（Carla，2021）。

（2）知识网络与创业孵化绩效。创业企业对知识元素的整合能够有效提升创业孵化绩效，因此，知识网络可以在一定程度上反映出入孵企业的核心知识元素以及可以组成核心知识元素的知识组合，这类知识元素可以被有效地利用与整合，与其他更多的知识元素相衔接。知识资源现逐步发展为在孵企业前期发展核心竞争力的重要资源，为构建企业前期立足的核心竞争力知识元素的整合显得至关重要。与此同时，知识作为孵化器的重要无形资产，逐渐受到各类孵化器的重视，其通常会利用各种知识服务来刺激在孵企业的快速成长（Mansoori，2019）。孵化器自身的能力往往难以支持在孵企业产生理想的成果，还需依靠知识学习能力。企业失败的重要原因之一是缺乏创业知识、管理知识、技术知识等，孵化器作为企业、高校、政府、金融机构等主体之间的联结者，有必要帮助企业提升知识管理能力。孵化器主要是通过创业导师搭建区域性的资深专家人才库，凝聚权威人士和业界专家的智慧，对创业者提供兼具理论依据和实践操作的知识型服务（胡新华等，2020）。在 Hackett 的孵化进程概念框架下，孵化团队自身实力对孵化绩效影响程度较低，而孵化基地的管理咨询服务水平对孵化绩效影响程度较高（Hackett，2004）。孵化器通过参与知识学习、知识传递、以及知识整合活动累计知识形成的知识网络，能有效促进企业开发创新市场，解决新创企业的知识匮乏困境。在企业的创业进程中，越是具有完整的知识网络，越是能快速、广泛、准确地学习帮助企业实现成果转化的新知识、新技术，且知识和资源在网络中的流动路径越短、效率越高，极大程度地扩大创业企业的信息获取来源渠道，扩张在孵企业的核心能力，从而容易产生更高的创业孵化绩效。

（3）科技基础条件网络与创业孵化绩效。科技基础条件网络作为推动创业孵化创新基地建设以及实现科技资源的整合共享、高效利用具有重要影响作用，科技基础条件网络通过传递科技资源的信息传递以及科技资源的整合有效帮助网络主体的信息更新；此外，创业孵化创新基地的建设帮助在孵企业能够有完善的创新基础设施开展企业创新研发和生产，并有效促进了创业企业内部的沟通交流，通过化解创新孵化建设过程中出现的多头管理、分散投入等出现的问题，打破科技资源条块分割、部门封闭、信息滞留和数据垄断的不足，进而推动创业孵化绩效的提升。科技基础是企业创新体系中的重要组成部分，为企业的创新研发和成果转化提供基础性支撑。科技基础条件网络的形成改变科技资源分散与独立的状态，聚集散落于高校、科研院所、企业、政府等主体中的科技资源和科技基础建设条件，形成完整的科技服务转化体系，支持企业技术创新、产品创新的应用，推进创新孵化。此外，孵化器与高校、科研院所、初创企业等机构联建公共技术服务平台，有助于加快科技创新进程及促进科技成果转化，在完善自身社会服务功能的同时进一步提升创业孵化的共享开放水平（张曦曦、昂昊，2019）。大多数企业认为，公共技术服务平台的搭建能够帮助提供更先进的项目类和资源类服务，通过资源整合、技术研发、科技创新、交流协作以促进长期业务发展（Lai，2015）。从企业创业孵化环境来说，科技基础条件网络整合优质的物质、技术资源，改善科技创新孵化的外部环境。尤其使企业创业孵化依赖于科技创新，科技基础条件网络是推进这一孵化的重要组成部分。从网络的动态开放来说，科技基础条件网络是由高校、政府等多主体、物质、信息等多资源形成的复合开发动态网络，保护科技基础信息、促进科技资源交流、提高科技转化效率，完善在孵企业运行机制。

（4）集群网络与创业孵化绩效。单个孵化器所具备的资金和技术等各类资源有限，难以满足初创企业的复杂需求，因此联结和聚集各种类型孵化器的平台载体已成为优化创业孵化服务的必然选择（Hernández，2016）。而相对地，孵化器所形成的群聚效应在创业政策环境支持不足时，也有可能由于过度邻近性而引起锁定效应，因此不断寻求最佳的空间效率以达成创业成效最优解具有重要意义（黄聿舟等，2019）。在日益激烈的竞争环境中，创业企业仅利用自身能力和资源实现高绩效存在困难，往往需要依靠网络的联合作用实现资源的整合利用，突破创新瓶颈。由于集群网络中的成员不断加入或退出，企业处于动态的网络环境中，仅仅凭借自身的能力和优势难以在网络中脱颖而出，占据核心地位，因此集群网络带来的信息优势、技术优势、资源优势等作用日渐凸显。企业的创业孵化是跨组织的行为，离不开企业与其他组织之间的合作，创业行为已嵌入企业所在的集群网络之中。网络中主体进行关系的组建与传播，促使企业之间产生"1+1>2"的协同效应，使企业的创业孵化更高效地进行。同时，创业企业在集群网络中可根据自身发展战略调整网络位置，例如是否占据网络中心位置或结构洞位置，以最大程度地利用集群网络带来的孵化成果优势，获取更高的网络地位和影响力。具体而言，创新集群内的创业网络、知识转移及科技企业孵化器的孵化环境对创业孵化绩效具有重要影响。从创业网络层面来看，创业网络会对创业孵化活动发展的不同阶段的绩效产生不同程度影响，并且正式的网络关系对创业孵化绩效的影响越来越大。与此同时，创业网络所带来信息和技术等各项便利资源会营造一种资源获取便利环境，这种环境会使创业孵化内成员产生"搭便车"的想法，导致创业企业内部的技术创新原生动力受到抑制，最终阻碍创业孵化平台技术创新。从知识转移层面来看，知识资源已经成为创业企业可持续发展的重要资源，亦是创业孵化活动中创新发展、培育核心竞争力的重要因素，其作用在于帮助嵌入到社会网络中的创业孵化活动中去从而获取知识资源，与知识资源丰富的创业企业建立高度联系，进而促进协同发展，提高创业孵化绩效。此外，创业企业作为一个综合的知识系统，在创业孵化活动进行汲取、转移、吸收知识资源，建立竞争优势。因此，知识转移是创业企业进行创业孵化绩效提升的重要措施。从孵化环境层面来看，对于入孵企业来说，孵化器提供运营空间、基础设施和技术、管理等咨询服务，为新创企业塑造较好的发展环境，孵化环境对入孵企业的意义在于创业环境的构建，在加入孵化期之后，通过孵化器的作用可以更有效地嵌入到社会关系网络中，同时良好的孵化环境还有助于新创企业的内在创新动力的发展，孵化器作为服务于新创企业的组织在提供各类保障性服务的工具性支持下能够有效地让新创企业聚焦到技术创新前沿，新产品的设计与研发和新市场的识别与开发。因此孵化环境对创业企业来说是进行创业孵化绩效提升的有效保障。

　　综上所述，本研究构建如图 8-1 所示的理论分析框架。

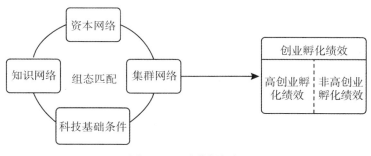

图 8-1　理论分析框架

8.2　研 究 设 计

8.2.1　方法选择

本研究采用 fsQCA 方法来对资本网络、知识网络、科技基础条件网络、集群网络等不同维度社会网络影响创业孵化绩效的作用机制进行检验。QCA 是一种基于代数集合理论的定性比较分析方法,其重点考察条件和结果之间的充分与必要子集关系,从整体上探究和寻求多重并发性因果所产生的复杂社会问题的内生机制(Beynon,2020)。在组态视角下,组织所具有的多样性来源于结构体系和实践框架的紧密联结,因此通过划分部件来理解组织的方式并不可行(杜运周,贾良定,2017)。作为一种新型方法论,QCA 主要依据关联性、等效性和不对称性等核心特征构建复杂因果逻辑(Sara,2018),适用于在中小规模样本研究中构建研究主题的因果性关系,能够基于社会文化的特殊性和因果关系的复杂性,提供差异性因素组合对结果的作用机制,同时关注到个案现象的逻辑规律,但也需要注意到其受限于常规的因果推断,无法对反事实事件进行建模。QCA 主要包括确定集 csQCA、模糊集 fsQCA 和多值集 mvQCA,其中 fsQCA 是对 csQCA 的一种拓展,现实生活中观察到的研究样本的特征往往是连续的,本研究样本适用于 fsQCA 分析。基于 fsQCA 适用于从小样本数据中构建出所研究的因果性关系这一特性,本研究在探索多维社会网络组合对创业孵化绩效的影响机制时,不仅能够从组态层面分析发现变量间影响效应,同时结合定性判断和定量计算全面归纳与检验,因此使用 fsQCA 能更有效地对本研究因果条件展开进一步分析。

8.2.2　数据来源

本研究共选取全国 31 个省市自治区的科技企业孵化器作为研究对象,主要依据包括:①样本的代表性。综合考虑全国各部地区多维社会网络发展不均衡引起的创业孵化绩效差异,为使研究对象具有一定的代表性,样本的范围选择尽量全面;②数据的可获得性和精确性。《中国火炬统计年鉴》收录了全国各省、直辖市及自治区的国家级科技企业孵化器社会网络相关的统计数据,具有一定的准确度;③变量与样本的匹配度。为使研究结论更具有权威性,本研究选取各地区国家级科技企业孵化器的数据进行变量匹配。

本研究数据主要来源于《中国火炬统计年鉴 2020》及科技部火炬中心官方网站。《中国火炬统计年鉴》由科技部火炬高技术产业开发中心编撰，科技部火炬中心官方网站每年面向科技企业孵化器开展调查统计工作，能够客观反映孵化器社会网络及创业孵化概况，其数据具有一定的权威性和代表性。但由于《中国火炬统计年鉴 2020》缺乏西藏和宁夏的资本网络数据，基于谨慎性原则进行考虑，根据《中国火炬统计年鉴 2019》及《中国火炬统计年鉴 2018》中的数据趋势合理外推进行补充，如表 8-1 所示。

表 8-1　　　　　　　　　　　案例原始数据

省份	资本网络	知识网络	科技基础条件网络	集群网络	创业孵化绩效
北京	6101569	2155	177389	61	53376331
天津	182849	647	22483	33	5230017
河北	111807	588	40218	33	8639088
山西	61502	266	16742	14	2507998
内蒙古	78801	582	23713	12	5584037
辽宁	410192	487	35472	30	7433423
吉林	135780	602	110430	22	7504899
黑龙江	62174	307	36941	19	3320917
上海	5139189	922	76077	55	20871216
江苏	6635465	2932	1122479	201	88334490
浙江	2078227	2072	438929	82	19325924
安徽	858990	589	132243	32	5507252
福建	704445	248	62946	15	4304828
江西	222554	587	74242	21	9855450
山东	844548	2330	527084	96	25854231
河南	541142	957	72172	44	14990718
湖北	525119	1200	201567	53	13459371
湖南	719119	416	55332	24	9913792
广东	6255029	2983	367609	150	48470791

续表

省份	资本网络	知识网络	科技基础条件网络	集群网络	创业孵化绩效
广西	118804	248	19008	15	3486888
海南	4750	53	10000	2	2051655
重庆	83883	493	14901	19	2403358
四川	985953	751	160427	34	6956434
贵州	112592	131	17587	8	2646666
云南	27341	409	16008	13	3813840
西藏	7000	24	200	1	127001
陕西	1203804	961	99221	33	15436231
甘肃	189280	183	37554	10	1638279
青海	15030	387	5078	6	1527053
宁夏	900	37	2206	4	754012
新疆	15610	219	25813	9	1305366

8.2.3 变量设计与校准

（1）条件变量

本研究采用《中国火炬统计年鉴 2020》中各地区国家级科技企业孵化器基本情况的数据指标进行测量，具体数据处理如下：

资本网络。资本网络对孵化企业的过程有着极为重要的作用，从资本层面考虑，创业孵化运营涉及金融资本和人力资本。充足便利的金融资本网络便于孵化企业更快、更好的整合并利用当前的资源，辅助更多创业企业进行新机会的开发与识别、新产品的创造与生产。另外，创业活动的正常开展还需要综合科技、资金、技术以及人力等元素，创业团队或创业组织具备的创业知识越丰富、知识水平越高，孵化企业的主体和参与者越有可能提升创业孵化绩效。风险投资通过向孵化器注入货币资本扶持创业企业更快获取高新技术，优质人力资源，完善创业设施和可靠的资金保障等多要素资源进而提高孵化成功率。已有研究证明孵化器的绩效与房产价值、孵化基金和股权投资之间具有正向的相关关系（李梦溪，宋清，2014）。同时孵化器中风险投资作为主要投资形式，其具体目标表现为孵育和盈利，孵化器创业绩效与孵化器资金投入间存在规模经济效应(李振华等，2019)。本研究中资本网络主要界定为科技企业孵化器所得到的股权资本，由"当年获风险投资额"衡量其资本规模大小。

知识网络。知识网络对孵化企业的成长具有重要的作用，其在各类企业的发展中都是重要因素，尤其对科技型创业企业来说知识资源的发展是加强核心竞争力的关键因素。创业导师针对在孵企业的理论与实践指导是许多孵化器创业孵化项目的核心，专属于人力资本。创业导师持有丰富的创业经验、敏锐的危机与机会识别能力，其几乎涵盖了政府、企业、高校、中介等众多人才体系。创业导师所带来的知识引导能够进一步推进创业企业初期的核心技术积累，已有研究证明创业导师在技术、市场、商业模式、融资等方面的经验有助于在孵企业加强认知、提升技能、规避风险，对孵化进程有促进作用，对于在孵企业的成长以及创业孵化的进程具有积极效应(胡新华等，2020；Mansoori，2019)。知识网络能为在孵企业提供充足的创业资源与信息，为其孵化绩效的提升提供了重要动力。本研究中知识网络主要界定为创业导师的指导和引领，由"创业导师人数"衡量其知识资源多少。

科技基础条件网络。科技基础条件是企业孵化过程中科技发展的基础支撑，科技基础条件网络是科技基础条件发挥效应的重要部分。科技基础条件网络合理布局科技基础条件资源，有效促进科技基础条件资源的科学合理配置和高效运用。目前公共技术服务已成为孵化器的核心评价指标，对孵化服务具有重要的支撑和辅助作用。在公共技术服务平台的帮助下新创企业可以获得必要性的基础支持，在孵化过程中起到了较强的保障性影响。已有研究表明，创业孵化绩效与公共技术服务平台投资额正向相关(张琴，2019)。如通信基础设施作为孵化器能力与区域创新绩效关系的重要调节因素，可以帮助充分发挥孵化器支撑平台的优势，对在孵企业提供必要的基础条件(王国红等，2020)。本研究中科技基础条件网络界定为公共技术平台为在孵企业的创新研发和基础设施提供的支持服务，由"对公共技术服务平台投资额"衡量大小。

集群网络。集群网络包括地理位置集群和创业主体集群两个方面，地理位置集群主要是各地区的创新创业政策机制以及当地的经济发展状况和空间布局因素等多方面的要素而产生的集群作用，但相对而言，创业主体集群起到了关键的集群作用。创业主体主要包括价值链和产业生态两大类，创业主体越多，主要参与者企业、高效、科研院所、政府部门、行业协会等产生集聚的程度就会越高，同时集聚所带来的作用越明显。随着孵化器集群的规模越大，孵化个体间的交流和合作越密切、越广泛，其达到的创新成效和孵化绩效也越强（王文清，2015）。已有研究表明，集群网络涉及的创业资源主要包括人力资源、技术资源、信息资源、物质资料等，此类资源构成的隐性知识是创业企业识别机会、开发资源或产品的重要来源。孵化器集群形成的网络效应突出表现为优势互补、渠道融合、资源共享及配置共用（张哲勋，寇小萱，2020）。本研究中集群网络界定为某地区不同类型孵化器形成的网络，由"统计孵化器数量"衡量大小。

（2）结果变量

创业孵化绩效是科技企业孵化器业务的重要评价指标之一（倪大钊，2021），最能反映企业孵化器孵化绩效情况，其提质增效是企业孵化器重要的发展方向。创业孵化绩效可从多方面来分析，包括财务指标和非财务指标，但是相对来说财务指标更能客观地反映当前的运营情况。学者将创业孵化绩效分为三个部分来考虑，包括：创业企业运营状态是否稳定、年销售额是否大幅度增长以及企业市场占有率是否逐渐增大等。运营状态反映了在孵企业处理各方面的日常或突发事件的能力，确保企业能够有条不紊地运营体现了新创企业在创业孵化期间的发展基础。年销售额反映了在孵企业在运营过程中是否可以创造经济价值，而经济价值能客观地度量企业孵化器的投入与产出比例，直观地反映了企业孵化器孵化的成效。企业市场占有率反映了企业孵化器孵化企业的能力，市场占有率从侧面反映了该孵化器为市场做出的贡献程度。因此，参考 Felipe（2021）等学者的做法（Felipe，2021），本研究选用创业孵化绩效作为结果变量，强调企业孵化器对在孵企业的孵化，以"在孵企业总收入"作为衡量指标。

（3）校准

根据变量数据的实际情况，首先对本研究的每个条件变量和结果变量进行模糊集校准。本研究采取四分位处理方式进行校准，使其呈集合形式，同时设定四个相应的区间对其隶属程度进行区分。本研究在校准过程中采用校准法对研究样本数据进行校准。依据已有研究（Fiss，2011），本研究将 4 个条件变量和 1 个结果变量完全隶属、交叉点和完全不隶属的 3 个校准点分别设定为样本数据的上四分位数、中位数和下四分位数。非高创业孵化绩效取高创业孵化绩效的非集进行校准，结果见表 8-2。

表 8-2　　　　　　　　　　　条件变量与结果变量的校准

条件和结果	校　准		
	完全隶属	交叉点	完全不隶属
资本网络	858990	189280	62174
知识网络	957	582	248
科技基础条件网络	132243	40218	17587
集群网络	44	22	12
创业孵化绩效	14990718	5584037	2507998

8.3　实　证　研　究

8.3.1　必要条件分析

必要条件分析（NCA）是一种新兴统计方法，用于检验各种结果的必要但不充分贡献（Lee，2020）。本研究对高创业孵化绩效和非高创业孵化绩效进行单因素必要性分析研究，进而展开组态分析。

根据必要性分析结果，表 8-3 中对高创业孵化绩效分析的一致性指标均未超过 0.9 的阈值，而对非高创业孵化绩效分析中非高知识网络的一致性指标 0.9377>0.9，表明其可能为解释非高创业孵化绩效的必要条件。在此基础上，将以上前因条件纳入 fsQCA，进一步研究产生高创业孵化绩效和非创业孵化绩效的组态。

8.3.2　组态分析

模糊集定性比较分析得出的 3 类解分别为：复杂解、中间解和简约解（Leischnig，2018）。复杂解（complex）仅基于原始数据，未经历任何反事实推演，通常包含最多的组态路径。简约解（parsimonious）则经过了复杂的反事实模拟和判断，通常包含最少的组态和条件。中间解（intermediate）通过简约的反事实逻辑分析，得出遵循理论预测和经验事实的逻辑余项。因此，科学合理、难易适中的中间解通常作为 fsQCA 研究中汇报和阐述的最佳选择（张明，杜运周，2019）。本研究将案例频数设定为 1，原始一致性阈值设定为 0.8，PRI 一致性阈值设定为 0.70，得到的组态分析结果如表 8-4 所示。

表 8-3　　　　　　　　　　　　单因素必要性分析

变量	高创业孵化绩效		非高创业孵化绩效	
	一致性	覆盖性	一致性	覆盖性
资本网络	0.8569	0.8399	0.2921	0.2956
~资本网络	0.2813	0.2779	0.8418	0.8587
知识网络	0.8727	0.9314	0.2837	0.3127
~知识网络	0.3559	0.3249	0.9377	0.8838
科技基础条件网络	0.8550	0.8429	0.2876	0.2928
~科技基础条件网络	0.2826	0.2775	0.8457	0.8576
集群网络	0.8931	0.8878	0.2622	0.2692
~集群网络	0.2649	0.2579	0.8907	0.8959

注："~"表示逻辑运算中的"非"。

表 8-4　　　　　　　　　　　　组 态 分 析

变量	高创业孵化绩效			非高创业孵化绩效	
	H1	H2a	H2b	NH1a	NH1b
资本网络(ZW)	●				⊗
知识网络(SW)	⊗	●	●	⊗	
科技基础条件网络(KW)		●	●	⊗	⊗
集群网络(JW)	●		•	⊗	⊗
一致性	0.9687	0.9796	0.9750	0.9799	0.9554
原始覆盖性	0.2439	0.7245	0.7679	0.7777	0.7497
唯一覆盖性	0.0754	0.0118	0.0552	0.0387	0.0107
总体解的一致性	0.9702			0.9436	
总体解的覆盖度	0.8551			0.7885	

注：●=核心条件存在，⊗=核心条件缺失，•=边缘条件存在，⊗=边缘条件缺失，"空格"表示该条件可存在亦可缺失。

由表 8-4 可知，产生高创业孵化绩效的路径有三种组态（H1、H2a、H2b），且三个组态的一致性指标分别为 0.9687、0.9796 和 0.9750，均高于可接受的范围阈值，表明这三种网络组合方式能够实现高创业孵化绩效。总体解的覆盖率为 0.8551，即这三组组态共解释了 85.51% 的高创业孵化绩效样本。H1 显示，无论科技基础条件网络是否存在，在缺乏知识网络(边缘条件)时，拥有资本网络(核心条件)与集群网络(核心条件)的省市可以产生高创业孵化绩效；H2a 显示，无论集群网络是否存在，拥有知识网络(核心条件)、科技基础条件网络(核心条件)和资本网络(边缘条件)的省市可以产生高创业孵化绩效；H2b 显示，无论资本网络是否存在，拥有知识网络(核心条件)、科技基础条件网络(核心条件)和集群网络(边缘条件)的省市可以产生高创业孵化绩效。

同时，产生非高创业孵化绩效的路径有两种组态(NH1a 和 NH1b)，且两个组态的一致性指标分别为 0.9799 和 0.9554，高于可接受的范围阈值，表明这两种网络组合方式会使各省市自治区实现非高创业孵化绩效。总体解的覆盖率为 0.7885，即这两组组态共解释了 78.85% 的高创业孵化绩效样本。NH1a 显示，无论资本网络是否存在，在缺乏科技基础条件网络(核心条件)、集群网络(核心条件)和知识网络(边缘条件)时，孵化器不能产生高创业孵化绩效；NH1b 显示，无论知识网络是否存在，在缺乏科技基础条件网络(核心条件)、集群网络(核心条件)和资本网络(边缘条件)时，孵化器不能产生高创业孵化绩效。

(1)产生高创业孵化绩效的网络组态

①资本主导的集群网络驱动型。H1：ZW * ~SW * JW，表明无论是否拥有科技基础条件网络，当孵化器知识网络不足时，只要拥有资本网络和集群网络，就能够产生高创业孵化绩效。根据孵化经济及社会网络理论，孵化器不仅能够联系高校、科研机构、各类中介服务组织和风险投资机构等，优化和整合各类创业资源，也能聚集孵化器发挥互补效应，形成孵化器关系网络(杨斌等，2020)。同时根据金融啄序理论，创业投资机构的投资对象大多是初创或快速成长的高科技企业(李振华等，2019)。这一组态的典型案例为湖南省，根据《2020 中国城市产业发展力评价报告》，湖南省位于基石型结构行列，其创业导师规模相对不足，但其财政性引导资金呈现高质量发展态势，从而助力孵化器推动区域创业经济大力发展。

需要指出的是，当孵化器拥有高资本网络和高集群网络，但缺乏知识网络时，是否具备高科技基础条件网络对高创业孵化绩效并无实质影响。具体而言，湖南省对公共技术服务平台的投资强度相比江西省较弱，但其在资本网络和集群网络上的优势使得创业孵化绩效体现出更高的水平，反映出资本网络主导下兼具集群网络的社会网络组合的创业孵化驱动路径。

②资本助力的知识与科技基础条件网络主导型。H2a：ZW * SW * KW，表明无论孵化器是否拥有集群网络，只要拥有资本网络、知识网络和科技基础条件网络，就能够产生高创业孵化绩效。根据平台生态系统理论，平台建设的核心价值不仅在于提供支撑性的基础设施，还在于辅助性的增值服务。同时根据领导—追随行为理论，创业导师以创业能力和信任关系激发创业精神和活力，发挥优秀企业家传帮带的引领作用，鼓励和帮助更多创业者实现自主创业，积极营造关心、关注和帮扶企业的浓厚氛围，推动创业者迅速步入正轨，提升整体创业孵化环境的综合实力（杨建锋，2020）。这一组态的典型案例为北京市，截至 2019 年年底，北京创业风险投资强度位列全国第三，创业导师人数位列全国第四，对公共技术服务平台的投资强度位居全国第六。同时根据《2019 年中国创新生态发展报告》，北京市在以创业集群主导的生态系统建设中位列第一梯队。

需要指出的是，当孵化器拥有高资本网络、高知识网络和高科技基础条件网络时，是否具备高集群网络对高创业孵化绩效并无实质影响。具体而言，北京市的孵化器数量相比浙江省和山东省较少，但其在资本网络、知识网络和科技基础条件网络上的优势使得创业孵化绩效体现出更高的水平，反映出知识网络与科技基础条件网络主导下兼具资本网络的社会网络组合的创业孵化驱动路径。

③集群发展的知识与科技基础条件网络主导型。H2b：SW * KW * JW，表明无论孵化器是否拥有资本网络，只要拥有知识网络、科技基础条件网络和集群网络，就能够产生高创业孵化绩效。根据产业集群理论，区域聚集所形成的优势化竞争网络能够有效降低信息成本和关联风险，形成内部经济效应和外部市场效应，最终有助于优化创新创业环境（彭莹莹等，2021）。这一组态的典型案例为山东省，根据《中国创业投资发展报告 2019》，山东省对公共技术服务平台的投资位列全国第二，表明其注重高水平公共科技创新平台和科技服务平台的建设，形成公共技术创新平台体系，同时山东创新型省份建设成效显著，创新导师人数位列全国第三，根据《中国区域科技创新评价报告 2019》，其综合科技创新水平位列全国第六名。

需要指出的是，当孵化器拥有高知识网络、高科技基础条件网络和高集群网络时，是否具备高资本网络对高创业孵化绩效并无实质影响。具体而言，山东省的风险投资强度相比浙江省较弱，但其在知识网络、科技基础条件网络和集群网络上的优势使得创业孵化绩效体现出更高的水平，反映孵化器集群发展条件下知识网络和科技基础条件网络主导的社会网络组合的创业孵化驱动路径。

通过对比 3 个网络组态发现，在覆盖度指标上，组态 H2b 略高于 H1和 H2a，其解释了结果变量的 76%，即大多数省市孵化器通过第三条路径实现了高创业孵化绩效，充分体现了集群网络、知识网络和科技基础条件网络的组态对创业孵化绩效的作用。由于组态 H1 和 H2a 的覆盖率分别为24%、72%，同时说明实现高创业孵化绩效的路径并非唯一，而是具有多样性。

（2）产生非高创业孵化绩效的网络组态

①NH1a：~SW * ~KW * ~JW，表明孵化器缺乏知识网络、科技基础条件网络和集群网络时，无论是否拥有资本网络，都无法产生高创业孵化绩效。根据组织要素理论，要素匹配的不同产生的创业导向也会不同，只有在恰当的模型选择下使各要素保持协调均衡，才能更好地利用创业资源（张国庆等，2019）。而西部地区中甘肃省所获风险投资相比云南省和广西自治区更高，但其在其余方面上的差距使得创业资源紧缺，创业所需要素均不足以形成优良的创业孵化环境，导致其整体创业水平仍远低于高创业绩效地区。

②NH1b：~ZW * ~KW * ~JW，表明孵化器缺乏资本网络、科技基础条件网络和集群网络时，无论是否拥有知识网络，都无法产生高创业孵化绩效。根据规模经济理论，孵化器数量不足以形成规模效应时，难以吸引更多数量的在孵企业聚集形成产业链以提高孵化绩效（吴文清等，2015）。总的来说，中西部地区如内蒙古在孵化器数量和经济效益上均略逊于东部地区及少数中心城市。根据《2020 年中国创业孵化发展报告》，全国孵化器数量最多的前五个地区均为东部地区，总数量占比超过 54%，所产生的经济效益远超孵化器数量更少的省市。

通过对比 2 个网络组态发现，在覆盖度指标上，组态 NH1a 和 NH1b的覆盖率分别为 77% 和 74%，即孵化器主要由于这两种组态无法产生高创业孵化绩效。

通过综合比较上述影响创业孵化绩效的五组组态可以发现，产生高创业孵化绩效和非高创业孵化绩效的网络组态存在差异性，表明两者间具有非对称性特征，即并非反向对应。

8.3.3　稳健性检验

本研究采用一致性阈值从 0.70 调整为 0.75 和删除部分案例(天津、福建)两种方法进行稳健性检验(Judge,2020)。根据 Schneider and Wagemann(2012)提出的 QCA 结果稳健的两个标准(不同组态的集合关系状态和不同组态的拟合参数差异)进行评判(Schneider,2012),本研究的研究结论依然稳健。

8.4　研究结论与管理启示

本研究以全国 31 省市自治区的创业孵化企业为样本,通过 fsQCA 对资本网络、知识网络、科技基础条件网络和集群网络等四个变量进行条件组态分析,运用模糊集定性比较分析方法探究影响创业孵化绩效的路径和机制。本研究主要结论如下:

(1)单一类型社会网络不构成产生高创业孵化绩效的必要条件,缺乏科技基础条件网络和集群网络是产生非高创业孵化绩效的必要条件。根据社会网络理论,网络中嵌入的行动者的行为与态度受到网络的影响,且影响机制实际是网络中存在的各类资源。企业孵化是一个动态的、复杂的过程,单一社会网络虽能为企业提供部分信息和资源,但所提供的资源类型有限,不足以满足企业创业孵化所需要的金钱、技术、信息等多方面支持,为企业的创业孵化绩效提供强有力的支撑。不论在何种网络环境中,创业孵化需要科技基础条件以及相关行业集群的多方面支持。科研经费、技术研发等基础条件以及企业间的集群交流缺失时,企业将难以维持创业成果的孵化转化,且对市场信息把握不优,因此造成低创业孵化绩效。

(2)高创业孵化绩效的驱动机制共有 3 种,包括资本主导的集群网络驱动型、资本助力的知识与科技基础条件网络主导型、集群发展的知识与科技基础条件网络主导型。非高创业孵化绩效的驱动机制共有 2 种,且与高创业孵化绩效的驱动机制存在非对称性因果关系。资源拼凑理论表明,企业可通过对已有的资源重新整合与拼凑创造出新的用途。创业企业的资源来源不仅仅是企业本身所具有的,还可通过对各类网络中的资源碎片进行整合和利用以获取更多的资源优势。共同处于集群网络中的企业能获得指定区域带来的好处,包括集群企业间的知识流动、信息流通、要素共享等,从而降低创业企业孵化成本、提升孵化效率。同时,集群网络跨越地理边界与产业局限，企业间的供应链联通、技术支持合作等均为企业孵化提供条件。科技基础条件网络为孵化企业提供"一站式"的基础条件，汇集散落于科研院所、社会机构、政府间的基础支持，连通创业企业与其之间的交流渠道，促进孵化成果的形成。在资本主导、知识助力的情况下，集群网络和科技基础条件网络能形成更为稳固的网络，促使创业企业获得互补性知识技能、建立明确的合作体系，驱动实现高创业孵化绩效。而相对地，当企业存在资金空缺与技术漏洞，企业间缺乏有效的知识和技术的流通，容易导致企业创业孵化困难，从而出现非高创业孵化绩效。

本研究的理论贡献主要集中在以下 3 个方面：

第一，本研究整合了资本网络、知识网络、科技基础条件网络及集群网络这四个条件变量来考察创业孵化绩效的影响机制，与以往对于单个要素影响的研究（李振华等，2019；Mansoori，2019；张琴，2019；王国红等，2020；Hernández，2016）相比更能体现变量间协同效应的内在联系，且结果表明单一的社会网络并不足以构成高创业孵化绩效的必要条件。虽然先前研究已得出资金资源的投入和创业导师的指导对创新创业成效的正向影响显著（俞灵琦，2018；胡新华等，2020；张琴，2019），但本研究通过必要因果分析证实其并非必备要素。如在 H1 路径下，虽然缺乏知识网络，但高资本网络和高集群网络仍然共同推动了导致高创业孵化绩效的机制。同样地，在 H2b 路径下，资本网络的存在与否并不具有显著影响。对于非高创业孵化绩效的导向路径，组态研究发现缺乏科技基础条件网络和集群网络是造成非高创业孵化绩效的必要条件，这一结果再次证实了创业孵化进程中深化基础服务程度及强化孵化器建设力度的重要意义（吴文清等，2015；张哲勍、寇小萱，2020；Lai，2015；Hackett，2004）。根据创业生态系统理论，生态位的协同平衡基于多维社会网络要素的组合特性，对生态因子进行合理定位有利于维持理想状态，同时能够避免出现重叠现象带来的同质化严重等问题（Brown，2014；张超，张育广，2019；Mrkajic，2017）。对于孵化器管理的启示在于，其不仅丰富了创业孵化绩效驱动路径的相关理念和构思，有助于未来深入研究多因素变量对创业孵化绩效可能产生的组合形式。本研究亦证明不同省市的创业孵化发展路径并不完全一致，具有符合不同区域科技、经济与社会差异化特征的多元化特点。

第二，本研究选取 fsQCA 方法探究影响创业孵化绩效的组态内部各要素间的替代性与互补性逻辑，有助于更加具象化和现实化地理解创业生态。虽然研究发现并不存在产生高创业孵化绩效的必要条件，但知识网络和科技基础条件网络在大部分案例中表现出明显优势。对于非高创业孵化绩效，科技基础条件网络和集群网络的缺乏在相当程度上起着决定性作用。先前的研究集中于单因素变量对创业孵化的影响机制或者多因素的联合作用机制（李振华等，2019；Mansoori，2019；王国红等，2020；倪大钊，2021），但并未深入了解多因素协同路径下各因素间联结关系和兼容作用。本研究为创业孵化的社会网络多因素耦合提供了新研究思路。结果表明，在组态 H2a 与组态 H2b 均由知识网络和科技基础条件网络主导的创业生态视角下，资本网络和集群网络之间具有一定程度上的替代性质。在兼具经验指导及技术服务的创业生态环境中资金支持和孵化载体均能够助力高创业孵化绩效（李梦溪，宋清，2014；黄聿舟等，2019；Lai，2015），构建切实可行的资源投入模式，有利于有效削减冗余成本和繁杂流程。组态 H1 对组态 H2a 和组态 H2b 的核心要素也存在互补逻辑，四个前因要素融合形成不尽相同的核心条件演化过程，共同构建完整的高创业孵化绩效形成机制。根据网络嵌入理论，在社会网络属性界定层面还应综合考虑交叉属性，尤其是针对各单因素网络间存在的演化体系与形成逻辑，而通过战略决策选取可行渠道有助于合作实现有序流动，从而克服由于孵化器分布不均衡所造成的资源不匀问题（Liu，2020；相雪梅，2020；薛影等，2021）。因此，本研究主要启示之一在于，孵化器在搭建社会网络时可依据综合优势和生态环境选择最有利的创业高绩效生成路径，并合理开展不同组合内的单因素配置最优选择。同时 fsQCA 在解释组态内部各要素之间的关系时具有其优势之处，不仅突破了传统统计方法的局限性，也检验了创业孵化绩效生成路径的稳健性，为将来分析复杂的创业绩效成因提供了有效的参考方法（Beynon，2020；杜运周、贾良定，2017；Sara，2018）。

第三，本研究所采用的 fsQCA 方法体现了创业孵化绩效影响机制存在因果非对称性，即导向高创业孵化绩效和非高创业孵化绩效的因果条件并非相互对立，两者不能进行反向推导。已有研究揭示部分省市孵化器通过某条路径构建相应的社会网络条件并最终达成较高的创业孵化绩效（朱秀梅等，2021；胡新华等，2020；Hernández，2016；杨斌等，2020），但这并不代表缺乏同种资源结构的省市不能通过其他路径达到同等程度的创业孵化绩效水准。同理，部分省市孵化器由于缺乏创业孵化核心要素而导致通过某条路径造成非高创业绩效（Blanck，2019；倪大钊，2021；李宇、张雁鸣，2012），也并不意味着相应的社会网络因素补足后一定能够达成高创业孵化绩效。孵化器盈利的核心在于打破仅限于收取租金和政府补贴的日常运营模式，突出服务性收费和投资收益，构造较长时间周期的持续性社会网络盈利机制（倪大钊，2021；许华，2018）。这一角度能够帮助在 QCA 方法研究中挖掘出更丰富的影响机制的具体层次，有助于更好地对案例差异性和条件依赖性的组态效应进行解释。与此同时，避免各省市在着力提升孵化绩效时出现错误的逆向思维，推动多维社会网络与创业孵化绩效间必要与充分子集关系研究，拓宽了创业实践中对多元化选择渠道的理性认知。

另一方面，本研究体现了一定的实践意义，主要集中在以下两个方面：

第一，孵化器存在多条导向高创业孵化绩效的路径，其必须结合自身特点规划发展方向及资源进而实现创业成功这一特征具有现实性和多样性。对多维度的社会网络间互动机制的分析有助于探索多元化的创业孵化运行模式、构建有效的创业孵化资源整合渠道。综合考察不同维度社会网络及其组合对创业孵化绩效的影响，对于解析新型创业孵化路径具有指导意义。

第二，孵化器应重点把握关键性社会网络因素，尽可能让不同维度社会网络发挥其最大效能，从而获得创业孵化的最大绩效，减少创业孵化失败面临的风险。因此，基于不同地区的创业孵化资源禀赋、能力条件及制度优势，孵化器必须因势利导、审时度势、扬长避短，寻求所能达成的创业孵化绩效的最大可能性。

本研究探索了创业孵化绩效的关键社会网络影响因子组合效应，讨论了科技企业孵化器利用社会网络资源配置及整合的手段，演化推进创业孵化活动中不确定性的应对策略，能够帮助创业孵化主体提高承担风险的程度，寻求高创业孵化绩效路径实现的最优解，但未能对创业孵化的过程及形式中具体可采用的策略和方法尚未提出有效的解决方案。未来研究可以继续搜集面板数据并丰富、验证社会网络组合与孵化绩效两者间存在的复杂因果关系。由于所收集的数据样本不具有时间维度，未能加入时间变量对其进行更为深入的剖析和详细的展开，未来可以考虑通过建立公开的创业孵化动态数据库进行多案例的对比分析，进而在时间范畴上发现案例间存在的同质性和差异性。本研究所考虑到的具有影响性的社会网络组合有限，未来可以通过构建更为全面的创业孵化绩效预测模型来探讨不同因素间的组态效应产生的不同效用。

第9章　环境动态性视角下的
创业企业创新决策

创业企业面对着日新月异的环境，市场环境、技术环境、竞争环境均快速变化，如何在多变环境中维持自身竞争能力，培育并有效地提升动态能力是创业企业需要面临的重要问题。企业成长速度受到企业经营情况、技术更新速率、市场推广情况等多方面因素影响，创业企业是创新驱动发展的重要经济主体，制定符合行业发展需要、贴合企业自身发展方向的创新策略异常重要，目前广受学者们探讨的创新发展战略可以按照创新的组织机制划分为探索性创新与开发性创新。探索性创新是具有一定颠覆性、以未来市场需求为发展方向的创新策略。探索性创新侧重于开发新市场、研发新技术、创造新产品，满足企业的未来发展需求；开发性创新是挖掘目前市场需求、改善现有创新策略的创新方式。开发性创新侧重于对现有产品进行改造与升级，满足企业现有成长，提升财务绩效。吴晓波（2015）对探索性创新与开发性创新激发创业企业成长的效果进行了实证检验发现探索性创新与开发性创新均能提升创业企业绩效。既往学者在对探索性创新与开发性创新进行讨论时，认为探索性创新与开发性创新难以在同一企业中兼容，探索性创新与开发性创新会对组织资源进行争夺，同时，两种创新策略对企业组织机制的要求差异较大，企业在进行其中一种创新策略时会在组织中反复强化思维惯式与运营方式，导致企业难以快速转向另一种创新策略（March，1991）。然而在较新研究中，学者们对探索性创新与开发性创新的融合方式与融合机制进行了研究讨论，认为两种创新机制可以通过均衡与联合，形成双元创新的发展模式。

目前，学者们关于创业企业创新策略的研究集中于战略导向（吴晓波，2015）、企业文化（刘志迎，2014）、组织资源（李剑力，2009）、政府补助（陈红，2019）等方面，创新策略选择作为与企业战略密不可分中的一部分也广受学者们关注，吴晓波（2015）研究发现创业导向型企业更倾向于选择探索性创新进行根本性的改变，而市场导向型的企业更偏重于开发性创新。组织文化方面，活力型文化的创业企业多选择探索性创新，团队型文化的创业企业多选择开发性创新（刘志迎，2014）。同样，创业企业成长与市场环境紧密相连，企业创新策略选择与组织外部的关系也备受关注。陈红（2019）通过发现税收优惠与政府补助均能促进探索性创新、开发性创新对创业企业成长的激励作用，政府补助增加了服务业成长期企业与制造业成熟期企业的探索性创新投入，税收优惠同时增加了制造业成熟期企业的探索性创新与开发性创新投入（陈红，2019）。

　　企业内外部环境均是影响企业战略制定的重要因素，本研究关注到创业企业面临的市场竞争强度、技术动荡程度、行业政策激励等一系列外部环境存在一定的差异，这必将影响到创业企业的战略制定与创新策略选择。学者们对外部环境影响创业企业创新策略选择方面的研究仍然缺少从理论视角的深入剖析以及实证检验。当企业面临着动荡环境，应当选择激进的探索性创新谋求立足之地还是开发性创新徐徐图之才能在资源既定的条件下发挥创新投入对创业企业成长的激励作用，是创业者们面临的重要问题。本研究针对这一问题对创业企业采用探索性创新、开发性创新与双元创新的效果及影响机制进行系统梳理与实证检验，并在模型中引入环境动荡性，探究环境动荡性对创业企业创新策略选择的具体影响。研究期望能够补充探索性创新、开发性创新与双元创新的理论研究，并对创业企业的创新策略选择提供一定的实践参考。

9.1　理论基础与基本假设

9.1.1　概念界定

（1）探索性创新、开发性创新

March（1991）按照组织的创新导向将创新策略划分为探索性创新与开发性创新。探索性创新是企业以未来发展为导向，期望能够满足企业未来顾客的需求，关注新技术开发与新产品生产的创新策略，企业通过探索性创新策略进行的技术开发多是根本性的、颠覆性的，能够为企业带来重要的技术革新。由于通过探索性创新的研发难度较大，企业采用探索性创新的投资一般会多于开发性创新的研发投入，且新产品研发多存在一定的风险，这导致企业采用探索性创新的风险性较大。与之相反，开发性创新是一种更新现有产品，或是充分挖掘现有市场的创新方式，开发性创新为组织带来的革新相对较小，多是为了满足现有顾客的需求而进行的创新。开发性创新带来的绩效回报周期较短，能够带来较高的即时回报，开发性创新的风险性也小于探索性创新。学者们对探索性创新与开发性创新的作用机制与影响效果进行分析发现，探索性创新多会作用于长期绩效与非财务绩效，而开发性创新则作用于短期绩效与财务绩效（李剑力，2009）。

早期学者认为探索性创新和开发性创新相互对立，同时追求探索性创新和开发式创新未必对企业成长产生正向影响。原因有三，一是探索性创新和开发性创新两者会争夺企业有限的资源；二是在所有其他因素均相同的情况下，两类行为会进行反复地自我强化；三是两者的组织结构和管理模式并不相同，两种创新模式之间无法完全转换。

表 9-1　　　　　　　　　　**探索性创新与开发性创新对比**

对比方面	探索性创新	开发性创新
创新目标	满足未来顾客的需求	满足目前顾客的需求
市场	现有客户群体+新客户群体	现有客户群体
创新结果	研发新技术、开发新市场	挖掘现有市场、进行简单创新
途径	实验、搜寻、冒险	完善、复制
绩效贡献	长期绩效、非财务绩效	短期绩效、财务绩效
风险性	风险较大	风险较小

（2）双元创新

双元创新是对探索性创新与开发性创新进行组合，同时应用于创业企业的一种创新策略。早前学者们研究认为，由于组织资源争夺与组织运营管理形成等方面的限制，探索性创新与开发性创新不能同时应用于企业之中。近年来，学者们对企业双元创新的形成机制进行讨论认为，探索性创新与开发性创新能够在组织内部进行融合，最大化利用两种创新策略的优势，主要的融合方式为以下两种。企业进行创新策略选择时，可以在一段时间内着重发展探索性创新，而在另一段时间着重发展开发性创新，企业在特定阶段的探索性创新与开发性创新策略选择取决于企业在短期内面临的战略发展目标、市场环境变化等因素，这种双元创新模式被称为情境式双元创新。另一种双元创新实现路径为，企业同期发展探索性创新与开发性创新，两种创新策略分别交由不同的部门完成，这种创新模式被称为结构式双元创新。一般而言，大企业具备相对丰富的资源，会优先选用结构式创新的方式，而小企业因资源匮乏，难以将组织内部结构进行有效划分，多会采用情景式双元创新（张京红，2022）。

（3）环境动荡性

Dess 和 Beard（1984）将环境动荡性表示为市场环境不可预测的变化。Kessler（2002）将环境动荡性归结为技术发展动态性和人口统计的动态变化。市场环境的动态变化多表现为市场政策的变化、顾客需求的变化、技术环境的变化以及供应商原材料供应等多方面的变化（张秀娥，2021；Jansen，2009）。环境动荡性较高意味着市场中的政策、顾客需求、技术以及供应商均面临着诸多的不确定因素。企业战略制定应当与企业内部资源与外部环境息息相关，外部环境的变换影响着创业企业探索性创新、开发性创新、双元创新的创新策略选择。环境动荡性越高，创业企业越需要对资源进行快速整合与环境匹配，Miller（1982）通过实证研究发现，环境动荡性与企业的创新强度密不可分，在动荡性较高的环境中，企业的创业行为对创业绩效的影响将会更高，创新强度往往更高。

9.1.2　相关理论

（1）资源拼凑理论

资源拼凑理论衍生于 21 世纪创业企业井喷式发展的时代背景下，近年来被广泛应用于创业领域的研究中。创业企业是以发现了新的商业机会为契机对自有资源进行要素整合而创立的企业，由于创业企业的资本积累时间短，规模经营未能充分发挥效果，创业企业多会面临着可调用资源不足的困境。资源拼凑理论在这一背景下应运而生，解释了创业企业如何在资源有限的既定条件下，对现有的有形资源和无形资源进行汇总重组，最大化利用现有资源，从而实现促进创业企业快速成长。

Penrose 曾提出，企业是否能够高速发展，取决于企业是否能够高效利用其现有资源。创业企业应当充分了解企业具备的资源，并注重对现有资源的创新化利用和重新组合，通过对组织资源的创造性利用和选择性拼凑能够为资源贫瘠的创业企业带来新的增长机会与发展空间。创业企业具有的有价值的、稀缺的、不可替代的资源被认为是创业企业竞争优势的源泉。参与式决策的企业、部门关联度高的企业、组织对失败容忍度高的企业、学习氛围强的企业具备的资源拼凑能力更强(赵兴庐,2016)。苏敬勤(2017)对企业资源拼凑的过程进行拆解分析发现企业的资源行动可以按照演化发展过程划分为资源拼凑阶段、资源编排阶段和资源协奏阶段,每一阶段对企业能力要求和行为规范并不相同。资源拼凑阶段企业侧重于进行机会的识别与开发,资源编排阶段聚焦于核心业务的初步布局,而资源协奏阶段则关注如何对资源进行整合,实现良好的资源协同。

(2)动态能力理论

动态能力理论衍生于20世纪90年代,市场环境变化日趋复杂,技术创新速度越来越快,顾客需求越来越多样化,这造成了市场竞争内容增多,企业为维持竞争优势需要具备更强的应对变化的能力,动态能力理论在这种时代背景下应运而生。动态能力是指组织能够有效掌握快速变化地商机,并且能够持续地构建、调整其内外部资源以适配外部竞争环境的变化,形成有利于企业长期发展的弹性能力。

Teece(1994)最先对企业动态能力的内涵进行了诠释,认为动态能力是企业能够创造新产品、新工艺,并对不断变化的市场环境快速做出反应的能力。此后,学者们对动态能力理论的研究逐渐增多。Teece等学者(1997)对动态能力进行进一步探究,定义动态能力是企业构建、整合、配置内部与外部资源以快速应对环境变化的能力。Eisenhardt(2000)将动态能力界定为企业资源利用的过程,特别关注资源整合、重配、释放的过程,企业通过动态能力提升可以快速匹配乃至创造市场变化。Winter(2003)强调动态能力是企业开展增值活动的优越能力,通过标准化与投资重组活动能够创造产品或服务,在竞争环境中获得优势。随后,学者们对动态能力理论进行了进一步的深化与拓展,但动态能力理论的主要内容已经受到了学界的广泛认可,即动态能力涉及的范围包括适应未来环境变化、组织程序或是资源的重新分配或配置、管理者的决策等。

(3)组织双元理论

Duncan(1973)引入双元理论,并将组织双元定义为同时具备利用现有资源与开发未来资源能力。Benner和Tushman(2003)结合学者们对创新策略划分进行深化,将组织双元深化为具备探索性创新与开发性创新能力的企业在对组织流程与资源整合流程进行深化的基础上采取的创新方式。Simsek(2009)认为，具备双元性的组织在挖掘自有资源与适应外部条件变化方面具备更强的优势，既能保障短期绩效也能满足企业长期发展需要。组织双元理论将创新策略设计深化到组织设计方面，能够为企业依托现有资源与创新策略选择制定更好的组织架构与管理流程提供更多的帮助。

目前学界对于组织双元性的讨论主要集中于结构双元性、领导双元性与情境双元性。不同的组织双元性有着不同的着重点。结构双元从组织结构出发，认为采用不同创新策略的企业应当具备从事探索性创新与开发性创新的部门，不同部门各司其职，分别形成探索性创新与开发性创新的组织流程，然而由于结构双元性对于企业资源能力的要求过高，故而多在大企业中被使用。情境双元性是指企业依据具体需要，间歇性地采用探索性创新与开发性创新，组织相对柔性能够在探索性创新与开发性创新之间进行转换，这种双元模式多在中小企业中使用。领导双元性是在情境双元性与结构双元性之上的补充，强调领导层在组织双元中的作用，高层管理在这两种创新模式之间的转化时起到的领导作用至关重要。上述三种组织双元模式均能帮助组织在探索性创新与开发性创新之间进行平衡协调，促进创业企业发展。

9.1.3　基本假设

(1)探索性创新、开发性创新、双元创新与创业企业绩效

依据资源拼凑理论，创业企业采用探索性创新能够增加企业对新技术或新产品的研发投入，这有利于企业培育核心竞争力，同时，企业研发的新产品、新技术可以满足更多维度的客户需求，提高市场份额。探索性创新是一种具有一定突破性的创新策略，侧重于开发新市场、研发新技术、发展新渠道，以实现快速扩张与市场升级，探索性创新有助于企业培育核心竞争优势，挖掘新客户，故而认为创业企业采用探索性创新能够有效提高创业企业绩效。学者们对探索性创新影响创业企业成长效果就多行业、多环境样本进行实证检验，王生辉(2021)研究证明探索性创新、开发性创新与两者平衡的双元创新均对国际代工企业出口绩效有正向影响。钟晓燕(2021)发现探索性创新有利于物流企业的市场绩效与财务绩效提升。吴航(2019)证实探索性国际化与开发性国际化对创新绩效具有正向影响，探索性国际化的促进效果更为明显。向永胜(2019)研究发现探索性创新与开发性创新能力培育均对创新追赶绩效有正向影响。综上所述，本研究

做出如下假设。

H1a：进行探索性创新能够提高创业企业绩效。

创业企业采用开发性创新将会充分挖掘现有客户需要，并通过提升客户体验、增加市场影响力的方式锁定现有客户，现有的技术不断完善、提升效率，以形成规模化的成熟市场。采用开发性创新能够提升现有客户满意度，提升客户对公司的评价与依赖程度，进而有效提升创业企业绩效，故而认为在有限资源约束的条件下采用开发性创新的方式能够帮助创业企业提升绩效。

H1b：进行开发性创新能够提高创业企业绩效。

创业企业采用双元创新的模式既能保障现有客户、满足现有客户对产品技术的要求，也能够对产品和技术进行充分探索，满足未来市场的需求，采用双元创新的模式兼具探索性创新与开发性创新的优势，对于提高创业企业绩效具有较好的效果。一方面，依据组织双元理论，企业采用双元创新模式能够快速适应环境，针对环境中出现的问题在两种创新策略中进行快速选择与甄别，选择适合企业生存的创新策略，有效缓解探索性创新与开发性创新选择之间的结构张力。另一方面，当企业选择双元创新时能够更有助于企业在探索性创新与开发性创新之间进行资源分配，在一定程度上能够缓解企业在探索新创新与开发性创新之间抉择的资源张力，故而认为创业企业采用双元创新的模式能够帮助其提升企业绩效。综上所述，本研究做出如下假设。

H1c：进行双元创新能够提高创业企业绩效。

（2）环境动荡性对探索性创新、开发性创新、双元创新与创业企业绩效间的调节作用

在环境动荡性较高的情形下，市场、技术等多方面的环境因素均会在短时间内产生快速变化，具体表现为，市场中的新企业层出不穷，技术与产品快速迭代升级，市场竞争日益激烈。依据动态能力理论，创业企业在面临动荡环境时，应当积极关注创新能力培养，塑造柔性能力，提升创业企业的竞争能力。在环境动荡性较高的市场中，创业企业的核心竞争力培育变得异常重要，在技术、产品上均拥有一定的独特性能够有效帮助创业企业在动态市场中获取更高的发展空间。而探索性创新更有助于创业企业研发新技术、开发新产品、拓展新市场，培育核心竞争能力，从而在动荡市场中获得新发展空间，为创业企业提供发展契机。学者们对动态环境中

的创新策略选择方式进行实证检验，胡志维（2021）通过仿真试验研究证实，环境动态性较强时企业更倾向于选择探索性创新。综上所述，本研究做出如下假设。

H2a：环境动荡性对探索性创新与创业企业绩效之间的关系具有正向调节作用。

在环境动荡性较高的情形下，创业企业需要培育出核心竞争能力以应对市场环境的快速变化。开发性创新更加注重现有市场维系与满足现有客户需求，而弱化培育新竞争优势、开发新产品方面。尽管开发性创新能够帮助企业维系现有客户、形成成熟范式、提高运营效率，但是依据动态能力理论，在环境动荡性较高的情况下，需要应对市场中频频出现的各种状况，长期采用单一的开发性创新策略，创业企业可能会在应对市场中多变的状况时捉襟见肘，在激流中难以维系企业的稳定发展。故而认为，采用单一的开发性创新的创业企业可能会在市场环境动荡性较强的环境中增长缓慢。学者们对动态环境中的创新策略选择方式进行检验发现环境动态性负向调节了开发性创新与创业企业绩效之间的关系，环境动态性较弱时企业更倾向于选择开发性创新（陈国权，2012；胡志维，2021）。综上所述，本研究做出如下假设。

H2b：环境动荡性对开发性创新与创业企业绩效之间的关系具有负向调节作用。

环境动荡性较高，意味着市场中使用的关键技术正在发生着飞速变革，客户需求变化迅速并不断提出新的需求。这些变化使得市场对企业的创新能力要求更加严格，企业需要对市场中的技术方向进行快速甄别与反应，双元创新兼顾探索性创新与开发性创新两种创新模式，能够对更加快速地对企业的资源进行重组，并优化企业组织结构。采用双元创新的企业吸收探索性创新策略的优势，关注新产品、新技术的培育，注重核心竞争能力的培育，能够在动荡市场发展中占据一席之地。同时，企业能够通过开发性创新的方式，满足现有客户需求，维系市场份额。双元创新能够保持探索性创新的优势，在动荡市场中建立柔性能力、培育核心竞争能力，同时也能兼顾开发性创新的优势，保持良好的企业稳定性，故而认为环境动荡性较强的环境中采用双元创新的模式能够促进创业企业成长。综上所述，本研究做出如下假设。

H2c：环境动荡性对双元创新与创业企业绩效之间的关系具有正向调节作用。

9.2　研究设计

9.2.1　研究方法

本研究采用元分析的方法进行数据处理与检验。元分析是一种对过往学者们的研究成果进行汇总分析，进而得出相应的研究结论的方法，近年在创业管理、心理学研究与医学方面被广泛应用通过元分析方法进行实证分析，其样本量更大，获得的结论可信度更高。元分析方法对影响解释变量和被解释变量间其他变量作用效果有较好的解释作用，在解决研究问题未完全达成一致观点的研究时效果明显。本研究出于以下考虑选用元分析方法进行数据处理。第一，学者们已经关注到了在探索新创新、开发性创新与双元创新对于创业企业发展影响方面的研究的重要性，并通过问卷调查、专利成果分析等方法对这一问题进行研究，但得出的结论具有一定的差异性，元分析能够对学者们的研究结论进行有效汇总与整理，得出结论。第二，学者们对创新策略影响创业企业创新策略选择方面的研究结论不一致。归根结底是源于样本选取不统一、行业环境、市场环境未进行有效调控等原因造成，本研究希望能够分析环境不确定性对与创业企业的创新策略选择的影响，通过元分析的方法能够获取足量的样本数据，并对研究样本的环境不确定性进行分组控制，科学性与严谨性较高。

本研究拟采用 Lipsey 等（2001）的元分析处理方法，首先对探索性创新、开发性创新与双元创新影响创业企业创新策略选择的文献进行搜集汇总，并对文献进行多人独立编码；随后，本研究对所得数据的作者、年份、样本量、相关系数整理后进行主效应检验，探讨创新策略选择对创业企业成长之间的关系，为检验数据覆盖范围是否完整进行出版偏倚检验；最后，进行调节效应检验，实证分析环境不确定性对创新策略影响创业企业绩效的调节作用。

9.2.2　变量设计与编码

（1）变量设计

探索性创新：依据 He（2004）等开发的量表，将企业开展的"开发新产品""研发新技术""培育新客户""发展新渠道"等活动作为开展探索性创新的特征，探索性创新具备风险性较高，有利于长期绩效、非财务绩效，能够为企业带来创新性突破，获取核心竞争优势的创新策略。

开发性创新：依据 Jansen（2006）开发的量表，将企业依托企业原有熟练运用的产品、技术进行升级维护的创新策略，主要表现为"进行产品升级""满足现有客户需求"等行为，开发性创新的风险性较小，有利于提升短期绩效、财务绩效。

双元创新：探索性创新与开发性创新是以企业创新导向为划分标准的两种创新策略，探索性创新较为激进，能够为企业带来创新突破，而开发性创新则是渐进的。March（1991）等将同时采用探索性创新与开发性创新的组合创新模式称为双元创新，双元创新将探索性创新与开发性创新进行融合，兼具两种创新策略的优点。

环境动荡性：环境动荡性表现为市场中的政策、顾客需求、技术以及供应商等诸多因素的变化，本研究依据论文中对环境特征的描述，将市场环境划分为高环境动荡性与低环境动荡性，并对环境动荡性进行编码，其中高环境动荡性编码为 1，低环境动荡性编码为 0。

创业企业绩效：创业企业绩效是用来衡量创业企业是否成功经营的重要标准，Bat Batjargal（1992）等学者指出，通过单一的绩效指标难以对创业企业的绩效进行充分衡量。近年，对创业企业绩效衡量的标准与准则越来越多样，包含"财务绩效""创新绩效""出口绩效"等方面。

（2）文献筛选与文献编码

本研究为进行数据检验，需要充分获取关于创业企业采用探索性创新、开发性创新与双元创新对创业企业绩效影响的相关文章，以提高数据完善性，避免数据遗漏。进行文献筛选的过程如下：（1）英文文献。在 web of science、ScienceDirect、EBSCO、Springer 等英文数据库中，搜索英文关键词" Exploratory innovation "" Exploitative innovation "" Ambidextrous innovation ""Entrepreneurial Performance"与"Environmental dynamics"等关键词，对英文文献进行初步获取与筛选。（2）中文文献。在 CNKI 中国知网、百度学术、维普数据库等中文数据库中搜索关键词"探索性创新""开发性创新""双元创新""创业企业成长""创业绩效"与"环境不确定性"等关键词，获取与本研究主题相关的中文文献。随后，为减少文献筛选过程中的数据遗漏，对国际、国内创业类、管理类、创新类的核心期刊进行再次搜索。处于元分析模型数据处理的要求，本研究对数据库中搜索获取的文献进行人工筛选，选取覆盖上述关键词且报告相关系数表的文章作为本研究的数据来源，最终共计获取文献 46 篇。

　　为降低文献编码过程中的主观性，增加数据处理可信度，本研究在数据编码阶段，由本章节作者与第二章节、第四章节作者进行独立编码，三位作者分别对创业企业的环境不确定性进行甄别。针对编码过程中，三位作者编码过程中出现不一致的文献进行再次分析与讨论，进而确定本研究所得文献的编码。

表 9-2　探索性创新、开发性创新与创业企业绩效原始研究基本资料

原始研究	样本	出版类型	探索性创新—创业企业绩效	开发性创新—创业企业绩效	双元创新—创业企业绩效	环境不确定性
Mladenka Popadic, 2016	183	J	0.37	−0.07		1
Justin, 2006	283	D	0.12	−0.07		1
Shenglan Huang, 2014	181	J	0.31	0.18		1
Mummer Ozer, 2014	152	C	0.27	0.21		0
Danny Soetanto, 2018	141	J	0.33	0.37		1
Li Yi, 2008	113	J	0.23	0.401		0
Ellen Enkela, 2017	104	J	0.257	0.276		0
Zhang Jianyu, 2014	111	J	0.63	0.18		1
Unai Arzubiaga, 2019	584	J	0.49	0.4	0.35	0
Eric T. G. Wang, 2015	122	C	0.35	0.37		1
Nuttaneeya, 2019	1948	C	0.21			0
Zhaohui Zhu, 2012	193	J	0.281	0.19		0
Ci-Rong Li, 2013	126	J	0.28	0.17		1
Chung, 2018	366	J		0.595		0
Sarra Berraies, 2018	201	C	0.013	0.013		1

续表

原始研究	样本	出版类型	探索性创新—创业企业绩效	开发性创新—创业企业绩效	双元创新—创业企业绩效	环境不确定性
Fu Xiao，2012	159	J	0.47	0.15		1
Shenglan Huang，2014	168	J	0.43	0.39		1
Zelong Wei，2014	176	J	0.512	−0.124		1
Daniel Prajogo，2014	196	J	0.1	−0.15		1
GU Meng，2014	401	J	0.26	0.29		1
Yu Zhou，2016	212	J	0.24	0.21		1
Catherine，2014	187	D	0.45	0.23		1
Zhi Yang，2014	392	J	0.4	0.39	0.44	1
Silvia，2015	102	J	0.1	0.32		0
Sher Jahan Khan，2019	260	D	0.611	0.228	0.585	1
Wang Zhao-hui，2014	473	J	0.38	0.38	0.11	0
Danny Soetanton，2016	141	J	0.66	0.12		1
Jinjuan Zang，2018	6894	J		−0.18		1
Justin，2005	363	J			0.28	0
Lan Xu a，2017	600	J			0.24	1
Yi-Ying Chang，2012	243	J			0.21	0
Manuel Bauer，2013	150	J			0.272	0
Vinit Parida，2016	187	J			0.193	0
Catherine L. Wang，2014	392	D			0.52	1
Deborah，2013	265	C			0.32	0

续表

原始研究	样本	出版类型	探索性创新—创业企业绩效	开发性创新—创业企业绩效	双元创新—创业企业绩效	环境不确定性
Ángela Martínez-Pérez, 2015	215	J			0.477	0
Sebastian Gurtner, 2016	453	J			0.24	1
Silvia L., 2015	260	J			0.54	1
Hsing-ErLin, 2014	178	J			0.21	0
Floortje, 2014	9947	J			0.521	1
PedroSoto-Acosta, 2018	429	J			0.29	0
Zelong Wei, 2014	213	J			0.217	0
Nurul Afza Hashim, 2017	65	C			0.14	0
Trung T. Nguyen, 2014	518	D			0.328	1
He, Wong, 2004	950	J			0.34	0
Mardi Mardi, 2016	306	C			0.63	1

9.3 实证研究

9.3.1 同质性检验

同质性检验可以用来甄别此数据进行元分析运算时应当采用固定效应模型或随机效应模型。本研究使用 Comprehensive Meta Analysis 2.0 软件进行元分析数据运算，得出探索性创新与创业企业绩效、开发性创新与创业企业绩效、双元创新与创业企业绩效的同质性检验结果如表9-3所示。观测同质性检验结果可知，探索性创新、开发性创新、双元创新的 Q 值分别为 217.637、857.257、380.443，且 p 值均为 0.000，表明结论的异质性显著，此外 I^2 的数据为 88.513、96.964、94.480，均大于 75%，再次证明变量之间存在较强的异质性。故而，可知本研究的样本间组建差别较大，应当采用随机效应模型进行后续的实证检验。

表 9-3 同质性检验结果

创新策略	研究数	Heterogeneity				Tau			
		Q 值	df (Q)	p 值	I^2	Tau^2	SE	方差	Tau
探索性创新	26	217.637	25	0.000	88.513	0.030	0.013	0.000	0.172
开发性创新	27	856.257	26	0.000	96.964	0.096	0.055	0.003	0.310
双元创新	22	380.443	21	0.000	94.480	0.033	0.021	0.000	0.182

9.3.2 出版偏倚检验

由于论文实证检验到数据发表的过程中，不可避免地存在因论文数据结果不好，论文写作完成无法发表等问题，这均会导致见刊论文与实际进行数据研究时的论文存在一定程度的出版偏差。为避免出版偏差对论文实证结果带来的影响，本研究使用 Comprehensive Meta Analysis 软件对出版偏倚情况进行检验，实证结果如表 9-4 所示，探索性创新与创业企业绩效、开发性创新与创业企业绩效、双元创新与创业企业绩效之间的失安全系数分别为 5124、1426、9301，均远远大于 5K+20，表明实证检验结果不存在出版偏倚，实证结果可信度高。随后，通过剪补法对数据进行进一步修正，得出 Tau 值与截距，结果不显著，进一步证明本研究不存在出版偏倚，探索性创新与创业企业绩效、开发性创新与创业企业绩效、双元创新与创业企业绩效的漏斗图分别如图 9-1、图 9-2、图 9-3 所示。

表 9-4 失安全系数表

Fail-safe N	Tau	截距	Trim and fill	
			Observed	Adjusted
= 5124	0.058 ($p = 0.675$)	1.912 ($p = 0.183$)	0.32243	0.30861

续表

Fail-safe N	Tau	截距	Trim and fill	
			Observed	Adjusted
1426	$-0.094(P=0.491)$	$6.270(P=0.001)$	0.01853	-0.12576
9301	$0.061(P=0.693)$	$-4.204(P=0.001)$	0.45395	0.45395

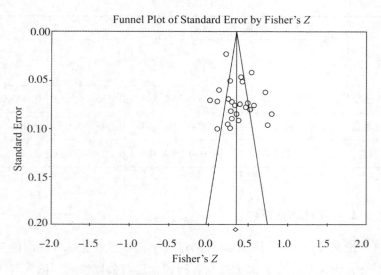

图 9-1　探索性创新—创业企业绩效效应值漏斗图

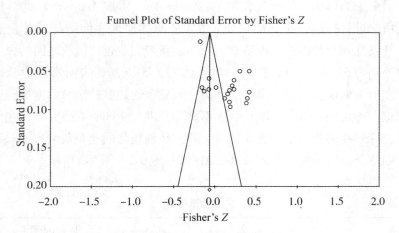

图 9-2　开发性创新—创业企业绩效效应值漏斗图

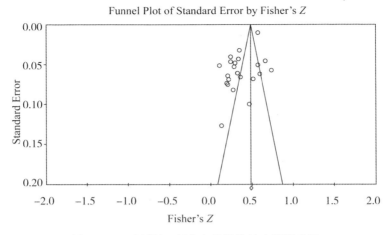

图 9-3　双元创新—创业企业绩效效应值漏斗图

9.3.3　主效应检验

本研究继续使用 Comprehensive Meta Analysis2. 0 软件对探索性创新与创业企业绩效、开发性创新与创业企业绩效、双元创新与创业企业绩效之间的效应关系进行检验，分别针对 26、27、22 个研究展开，样本量分别为 7309、12621、17443，样本量丰富，具有良好的研究基础。主效应检验得出探索性创新与创业企业绩效、开发性创新与创业企业绩效、双元创新与创业企业绩效之间的效应值分别为 0. 348（$p = 0.000$）、0. 210（$p = 0.001$）、0. 352（$p = 0.000$），结果显著。依据 Cohen（1988）对相关性程度进行划分的方法，相关程度在 0. 2 与 0. 8 之间为中等相关关系，小于 0. 2 为低相关关系，大于 0. 8 为高相关关系，故而可知，探索性创新与创业企业绩效、开发性创新与创业企业绩效、双元创新与创业企业绩效之间均存在着中等相关关系，表明创业企业采用探索性创新、开发性创新与双元创新均能有效促进创业企业成长，提高创业企业绩效，H1a、H1b、H1c 均得到了验证。表 9-5 为探索新创新、开发性创新、双元创新随机模型主效应分析表，表中对变量、研究数、样本量、效应值及置信区间、双尾检验结果进行了报告。

表9-5　　探索性创新、开发性创新、双元创新随机模型主效应分析

变量	研究数	样本量	效应值及95%置信区间			双尾检验	
			效应值	下限	上限	Z 值	p 值
探索性创新—创业企业绩效	26	7309	0.348	0.283	0.410	9.875	0.000
开发性创新—创业企业绩效	27	12621	0.210	0.092	0.321	3.465	0.001
双元创新—创业企业绩效	22	17443	0.352	0.279	0.420	8.932	0.000

9.3.4　调节相应检验

本研究继续运用 Comprehensive Meta Analysis2.0 模型对环境动荡性的调节效应检验，本研究依据文献编码结果对数据进行分组检验。探索性创新对创业企业成长的促进作用在高环境动荡性时为 0.375($p=0.000$)，在低环境动荡性时为 0.290($p=0.000$)，表明探索性创新在环境动荡性较高的情况下对创业企业绩效的激励作用更强，环境动荡性正向调节探索性创新对创业企业绩效的促进作用，H2a 成立。开发性创新对创业企业成长的促进作用在高环境动荡性时为 0.145($p=0.000$)，在低环境动荡性时为 0.360($p=0.000$)，表明开发性创新在环境动荡性较低的环境中更能发挥激励作用，环境动荡性负向调节开发性创新对创业企业绩效的促进作用，H2b 得到了验证。双元创新对创业企业成长的促进作用在环境动荡性较高时为 0.436($p=0.000$)，在环境动荡性较低时为 0.277($p=0.000$)，这表明双元创新在环境动荡性较高的环境中更能发挥激励作用，环境动荡性正向调节双元创新对创业企业绩效的促进作用，H2c 得到了验证。表9-6 为环境动荡性的调节效应表，表中对变量、K 值、样本量、效应值、置信区间、I^2、P 值进行了汇报。

表9-6　　　　　　　　　　环境动荡性的调节效应

变量		K	样本量	效应值	95%置信区间	I^2	P-value
探索性创新—创业企业成长	高环境动荡性	18	7309	0.375	[0.287-0.456]	88.630	0.000
	低环境动荡性	8		0.290	[0.186-0.388]	87.564	0.000

续表

变量		K	样本量	效应值	95%置信区间	I^2	P-value
开发性创新——创业企业成长	高环境动荡性	19	12621	0.145	[0.023-0.262]	95.718	0.000
	低环境动荡性	8		0.360	[0.256-0.457]	84.311	0.000
双元创新——创业企业成长	高环境动荡性	10	17443	0.436	[0.343-0.521]	94.700	0.000
	低环境动荡性	12		0.277	[0.221-0.332]	77.241	0.000

9.4　研究结论及管理启示

9.4.1　研究结论

本研究从已发表的中英文数据库中进行文献筛选，以探索性创新、开发性创新、双元创新为自变量，创业企业成长为因变量，环境动荡性为调节变量。共在中国知网、维普、百度文库、web of science、ScienceDirect、EBSCO、Springer 等数据库中选取中英文文献共计 46 篇，采用 Comprehensive Meta Analysis2.0 软件对数据进行元分析运算处理得出以下结论。

（1）探索性创新、开发性创新与双元创新对创业企业绩效的促进作用

探索性创新、开发性创新与双元创新均能有效促进创业企业绩效提升，这与 Jansen 等（2006）研究结论相一致，H1a、H1b、H1c 均得到了验证。就促进效果而言，双元创新对创业企业的促进效果最强，这与 Catherine（2014）、GU Meng（2015）等学者的研究结果一致，其次是探索性创新，双元创新与探索性创新在促进效果上差异并不显著，这表明探索性创新在促进创业企业成长的作用也非常显著，对于创业企业成长促进效果最弱的创新策略是开发性创新。由此可知，创业企业进行创业绩效选择时，应当着重关注探索性创新与双元创新这两种创新策略对企业成长的影响作用，开发性创新对于创业企业创新的变革较小，对于创业企业成长的

作用也更为微弱。

依据资源拼凑理论，创业企业采用探索性创新的方式能够增加企业在新市场、新技术、新产品方面的研发投入，塑造企业核心竞争能力。通过探索性创新的方式能够挖掘异质性创新要素，满足未来客户的需求，应对市场的动态变化。创业企业采用开发性创新可以优化现有组织流程与产品研发进程，提升运营效率，强化现有竞争优势，同时，通过促进既有知识惯例的形成可以降低不必要的损耗，降低失误概率，从而实现充分运用现有的有限资源实现创业企业成长。双元创新模式将探索性创新与开发性创新有机结合，取其精华融会贯通，兼具探索性创新的未来需求满足与开发性创新的当前需求适配，具有较高的机动性与环境适应能力，双元创新能够有效规避过度采用探索性创新陷入的创新陷阱与过度开发性创新陷入的成功陷阱。

(2) 环境动荡性的调节作用

环境动荡性在探索性创新、开发性创新与双元创新促进创业企业成长方面均具有调节作用，环境动荡性正向调节了探索性创新与创业企业绩效、双元创新与创业企业绩效之间的关系，负向调节了开发性创新与创业企业绩效之间的关系，H2a、H2b、H2c 均得到了验证。这验证了 Jansen (2006)、Mardi (2016) 的研究结果。在市场环境动荡性较高时，采用双元创新最能促进创业企业成长，这表明探索性创新与开发性创新的共同发展与协同合作更有利于面临较高环境动荡性创业企业的发展。市场环境动荡性较低时，采用开发性创新的创新策略显著优于探索性创新与双元创新，开发性创新有利于组织流程优化和现有顾客维系，在环境相对稳定的情境中能够更好地发挥创新作用，且开发性创新对资金的需求较低，能够以较低的资金投入获得较好的回报。

依据动态能力理论，在环境动荡性较高的情境下，市场竞争较为激烈，对于创业企业核心竞争能力的要求更高，探索性创新有利于创业企业核心能力培育，提升风险应对能力，更有助于创业企业成长。开发性创新有利于维系用户市场与满足客户现有需求，能够实现企业组织流程优化并深化知识基础，环境动荡性较低时，市场中的客户、技术与产品变革均较小，市场对创业企业创新变革的要求低，故而，创业企业不需要大举进行颠覆性创新以培育柔性动态能力带来市场革新，采用开发性创新能够以较低的投入实现创业企业发展。双元创新兼具了探索性创新与开发性创新的优势，创业企业采用双元创新需要在两种创新能力之间进行快速权衡与转换，对于创业企业动态能力的要求较高，这也使得创业其在在动荡环境中能够游刃有余地展开创新研究，充分发挥企业研发投入对于创业企业绩效提升的促进作用。

9.4.2　管理启示

本研究对创业领域关于探索性创新、开发性创新与双元创新的研究进行梳理，对影响创业企业创新策略选择的因素及影响机制进行了系统梳理，并依据既有发表文献对结论进行实证检验。依据理论分析与实证检验的结果，本研究从企业端与政府端提出了相应的管理建议。

(1) 建立符合环境动态变化的创新策略

企业创新策略选择是一个相对复杂的系统性过程，受到企业内外部的多重因素影响与制约，因此企业在进行创新策略选择时应当充分融合内外部因素。企业是一个相对开放的系统，其创新机制的产生与发展受到内部资源能力与外部市场的双向控制，企业在动态环境中应当进行及时应变选择适合企业发展的创新策略，以实现企业培育核心竞争优势，增长动态能力。本研究通过元分析方法对基于市场环境动荡性的创新策略选择进行实证检验，研究结论为动态环境中的创业企业创新策略选择提供了一定的参考，研究得出结论在高环境动荡性的情境下，创业企业应当选择双元创新或探索性创新的创新策略，实现新技术领域开发与企业创新能力培育。在环境动荡性较低的情境下，创业企业应当选择开发性创新的创新策略，利用已形成的产品、市场惯例进行公司运营，避免大规模的市场投入。

(2) 设立动态视角下创业企业的双元创新保障机制

本研究使用发表在国内外主流期刊上的中英文文献进行实证分析发现，双元创新在环境动荡性较高的情境下是最适合创业企业的创新策略，在环境动荡性较低的情境下，双元创新对创业企业也有较好的激励作用。关于探索性创新与双元创新是否能在企业中实现平衡或是联合以促进企业成长的问题也曾广受学者讨论，本研究针对如何实现双元创新以促进创业企业成长的问题从组织管理机制、资源配置机制、外部合作机制等方面进行了讨论。

组织管理机制。创业企业应当充分运用协同思维，在充分认识到探索性创新与开发性创新形成的组织矛盾的基础上，制定具有一定应变能力的组织管理机制，企业可以将组织管理模式从单方向取舍转化到二元双元并行，使得创业企业能够在探索性创新与开发性创新两种创新策略中做出高效转变，这将为企业在多环境中创新策略选择提供更多的空间。

资源配置理论。探索性创新与开发性创新对组织资源的需求存在一定的差异，会对组织资源进行抢夺，企业可以依据企业战略导向对特定的人员或技术资源进行储备，便于探索性创新资源与开发性创新资源的快速调用，以实现创新策略与资源高效匹配。此外，创业企业可以将适配探索性创新与开发性创新的组织资源按照组织部门进行划分，合理配置资源分配与使用。

外部合作机制。企业需要与外部企业建立合作关系，帮助企业维系对外部环境的感知，提升动态能力。企业可以通过与大学和科研机构合作提升企业技术前沿信息挖掘与尖端技术突破，这能够帮助创业企业以较低成本获得探索性创新资源。同时，与用户合作、企业合作有利于创业企业快速把控用户需求，掌握市场发展动向，有利于企业获得开发性创新资源，完善创业企业的知识储备。

第10章　心理距离不确定视角下的
创业退出决策

　　创业企业退出市场的动机多种多样，面临的退出环境亦呈现差异。创业退出作为创业活动之一，其研究在近些年得到了众多学者的关注。部分初创企业在创业之初就考虑了创业退出计划，而诸多创业企业在经营过程中不得不考虑退出决策。创业退出可以视为创业者个人退出企业，即创业团队成员以股权转让的方式保留创业企业的股权，但其个人退出管理层。亦可以视为因为不到规定的时间而无法变现导致被迫退出，通常会面临破产退出、倒闭退出等。创业企业或创业者个人一旦退出并不会完全没有价值，其作为创业者的个人价值或创业企业声誉、产品品牌效应等仍然可以在市场发挥作用。因此，个人或组织退出后的价值再评估值得被关注。

　　然而，创业者个人或组织在退出之前，其决策行为受到心理距离的影响，主要包括创业企业内部成员间和外部组织间的心理距离。创业企业内部成员间的交流可能因文化差异、价值观差异、风俗习惯差异等对待某一事物存在不同的看法，比如对某一个情境可能具有不同程度的风险决策。创业企业外部组织间的交易亦可能因为民族差异、地域差异、规模差异等存在不同程度的影响，或支持或限制。由此可见，创业活动开展过程中包括信息的传递、资源的获取、人才的引进等均可能受到心理距离的影响。心理距离可谓是创业者对客观事物不同认知的距离，不同创业者、不同创业团队均会具有一定的差异。根据已有文献发现，心理距离往往被视为创业企业在各市场进行信息传递时遇到的阻碍因素之一(衣长军等，2021)，亦为不确定性距离与时间距离、空间距离、社会距离交织而成的事物或行为个体之间的主观距离(张慧等，2020)，或被认为是创业企业内部成员之间、创业企业与外部组织之间情感匹配或合作的程度(曹勇等，2021)。诸多学者尝试通过改变个体心理距离来适应不确定性市场环境带来的影响。

创业退出是创业活动的关键环节之一，学术界对其已有一定的研究，但是心理距离不确定视角下创业退出决策的特点及规律如何仍有待深入研究。因此，本研究在已有研究成果基础上，尝试探究在不同情境下，心理距离变化如何影响创业退出决策，以期获得创业退出决策机制。

10.1　理 论 基 础

10.1.1　心理距离

心理距离最早由学者 Bullough(1912)提出，即个体对某一事物的主观感知与该事物的客观特性存在差距(向志强、李沅津，2022)。某一个参考因素或客观事物，在某一个体与另一个体，或某一组织与另一组织之间，存在不同程度的心理差距。一方面，对心理距离的认知主要从信息流动、主观感知、社会关系出发，兼顾客观因素、主观因素及其综合因素考虑心理距离带给创业心理与行为的影响(向志强、李沅津，2022)。另一方面，心理距离来源于解释水平理论，与心理预期较近的心理距离表现出较低的解释水平，个体倾向追求具体化信息；与心理预期较远的心理距离则表现出较高的解释水平，个体倾向追求抽象化信息，通过获取的信息引导和激励创业行为(黄晓艳，2022)。虽然亦有学者从空间距离、时间距离、社会距离角度衡量心理距离，但是将个人内在心理感受作为判断某种事物接近或远离某一事物的标准得到了更多学者的认可。客观事物本身与个人感知的心理感知偏离产生了心理距离，能够影响创业者对客观事物的判断与决策，因此可以将心理距离视为距离和不确定性的总和(张少峰等，2020)。

(1)创业企业的"内部与外部"心理距离

心理距离来源于组织内部成员间因身份、价值观、风俗文化、地域特点等对某一因素存在认知差异(张少峰等，2020)。从创业企业外部组织间的交流来看，外部组织与组织间亦可能存在认知差异。创业企业内部成员间和外部组织间的认同可以促使其建立亲密关系，从而降低成员间、组织间的距离和不确定性，有助于相互之间活动的开展和贸易的进行。心理距离主要涉及创业者个人、团队、创业企业以及利益关联方等主体。在心理距离下的环境中，创业决策者更需要关注具体情境，并重视心理距离效应对创业价值的影响。一般而言，创业企业内外部间的心理距离越小，成员间和组织间的信息流动更快速、更高效，创业企业面临的信息不确定性程度将会降低，而信息流动的数量和范围是创业决策的重要依据与决策参考点。心理距离越小，成员间的沟通方式、对某一事物的认可度等会非常相似，组织间的管理方式、交易方式等相似度将会越高。这一现象对应的结果降低了成员间、组织间的沟通与交流的障碍，节约了信息流动成本，促进了创业企业高效决策。

在创业企业内部成员间心理距离方面，内部网络成员需要为创业企业的运营活动付出努力，包括决策信息的上传下达、业务的交流与签订等。当创业企业内部成员的工作、生活、情感等得到满足时，即内部成员间的心理距离较近时，更容易感知到企业文化与使命感。在必要的时候，企业内部成员会以牺牲自我的利益为代价来保护创业企业内部组织的利益。然而，当创业企业内部成员间的心理距离较远时，员工与员工、领导、团队、组织等亲密关系较差，成员的工作行为与业绩得不到创业企业组织或其他成员的认可，成员的满足感相对较低，为创业企业付出的意愿亦会受到影响，创业决策行为受阻并可能带来较大的负面作用。创业企业内部成员间的心理距离阻碍了内部消息流通，其中文化背景、教育水平、价值观等主观感知因素引发的心理距离与内部成员的个体感知密切相关。

在企业外部组织间心理距离方面，创业企业外部的组织包括供应商、分销商、客户、政府等利益关联方等组织层面与创业企业的心理距离会引起沟通误差与合作偏差。当与利益关联方的心理距离相近时，即能够达到或接近其心理预期时，利益关联方更愿意努力与创业企业合作或为其服务。亦有学者认为心理距离引发的组织与组织之间的信息缺失、信息失真或信息过载源自商业氛围、企业文化、体制机制等综合因素的影响。创业企业与外部组织间的关系强调企业与外部组织基于互信、互动、互惠、互嵌建立的距离程度，尤其是组织间的利益关系。其涉及创业企业在外部组织中的实际收益与期望收益之间差距的接受程度。换言之，创业企业外部组织间的心理距离不仅仅受社会关系和结构层面的影响，同时与利益关联方的分配机制紧密相关。

（2）创业企业"正式与非正式"的心理距离

创业企业建立在具有法律效应的合约之上或者组织给予的权利地位之上的心理距离称之为正式心理距离。由非正式沟通或者心理契约所影响和决定的心理契约可成为非正式心理距离。具体而言，一方面创业企业母公司与其子公司之间因为组织架构和所有权的存在会产生股权分配，而股权分配比例决定了正式心理距离。创业企业自创立之日就设置了公司制度以及企业员工、管理层等岗位职责，每个成员的责任、权限的差异亦产生了正式心理距离。另一方面，创业企业内外部社会网络成员的性格特征存在的差异亦是非正式心理距离的影响因素，尤其是当创业者或创业企业处于多样性环境下，成员或组织间的心理距离可能被放大，导致创业企业缺少社会认同感(余玲铮等，2021)。心理距离的增加自然致使交易成本的增加，从而导致创业价值降低。同时由于创业者所处的环境、信仰、民族、教育、生活习惯、风险偏好等不同，其非正式心理距离呈现差异化，一定程度影响了创业决策。

在正式心理距离方面，由于涉及的股权比例、规章制度、岗位职责、组织架构等内容均较为具体并可细化和量化。对于创业企业来说，初期一旦成立并确立相应的政策法规、组织架构、规章制度、行为原则等，心理距离相对来说很容易识别。但是如果涉及组织变革、领导更替、岗位轮换、制度变化等，正式心理距离将重新被认知。正式心理距离具有突变性，创业企业由于缺乏足够的预见力、承受力与应对能力，可能会增大心理距离的传递，并对创业活动具有不利影响。随着时间的延长与企业对其的熟悉，在心理上的距离可能会逐渐消弭，从而抵消部分或全部心理距离效应产生的负面影响。

在非正式心理距离方面，其涉及的创业者个性、风俗文化、生活习惯、风险偏好等内容均为抽象且不可量化的因素。在初创企业创立过程中，往往存在较高水平的不确定的非正式心理距离，即使有较长时间的适应，这一鸿沟仍然需要长年累月的消化。其意味着非正式心理距离的影响属于渐进性的、不易察觉的。即使社会网络成员的心理距离能够被感知，当涉及具有高利益的创业决策时，仍然无法将其作为主要的决策依据。实质上，非正式心理距离对创业活动的影响主要体现在情感距离上，其强调了创业企业内外部在情感关系上的距离程度。

10.1.2　创业退出

创业退出的本质内涵可以从创业者或者创业团队的行为和创业过程来界定。创业退出从行为上指的是创业者解除自我雇佣关系或者放弃继续创业，从创业过程是指创始团队不同程度上出让所有权和决策权。影响创业退出的因素是多方面的，一方面，受到创业者、创业企业自身条件因素的影响。例如创业者的家庭影响、自身管理能力不足、创业认知和动机的调整等因素均具有刺激创始人或团队创业退出的可能性。另一方面，外部环境亦发挥着关键作用。创业项目所处的区域环境、经济形势的恶化和产业特征的变化都可能对创业企业造成巨大压力，创业团队也可能因此客观性退出。因此，在受到不同因素、不同程度的影响下，创业退出在企业发展各阶段发生。

创业退出和创业失败是交叉关系。早期的创业研究者将经济收益作为控制创业成败的主导因素，认为创业退出导致了经济效益的损失，因此将创业退出与创业失败的概念等同（Jenkins，Mckelvie，2016）。随后，学者发现，创业退出受到经济性缺失、个人退休、二次创业、教育机会等多复杂因素共同影响，创业退出与创业失败是两个相互关联但是不等同的概念（Justo et al.，2015）。在创业者视角下，创业退出可以分为非自愿退出和自愿退出，部分创业者由于获得预期的投资收益、计划退休、职业规划调整等原因而选择自愿退出，此时，初创企业的经济效益可能降低，但不至于导致创业失败。由此可见，创业退出不一定导致创业失败。部分研究表明，初创企业的经济性失败、创业者心理失败并未导致企业失去连续性，反而因为侧面刺激了初创企业的创新，加强了创业者的创业韧性，而助推创业企业的连续创业、二次创业或者裂变式创业。因此创业失败不一定导致创业退出，创业失败与创业退出是两个差异较大的概念。

创业退出既包括创业失败导致的创业退出，亦包括为谋求更高市场估值选择并购、转让等类型创业退出。一方面，创业企业可能因经营不善而被迫破产清算，另一方面，创业企业可能被并购而使创业者获得更高的收益。国外创业退出的主要渠道包括并购、回购及清算，我国主要创业退出方式包括股权转让、并购、回购、清算和产权与技术交易。初创企业选择创业退出的原因主要考虑以下几点：第一，发展势头良好的企业可以通过创业退出获得较高倍数的估值。第二，由于创业投资发展环境的限制，初创企业现阶段处于创业艰难期，创业退出可以较好地减少损失。第三，由于创始人调整发展方向，通过该阶段的自愿退出实现转行再创业。然而事实表明自愿退出较为困难，且退出通道狭窄，而并购式创业退出阻力较大，存在制度缺陷和较高风险，因此如何优化创业退出方式是一个热点，亦是一个重点。上述多种退出方式致力于实现利益最大化，因此，本研究将创业退出分为立即退出和延迟退出，退出时机考虑的标准为创业企业可能出现亏损时选择退出的一个时刻或一个时间区域。

10.1.3 价值再评估

当创业企业考虑退出时，企业价值并不会瞬间变为零。不管创业企业处于何种形势的环境都将拥有一定的价值，包括人员、设备、品牌等。在不同环境下创业企业可获得的剩余残值存在差异，如受到当前市场同质产品增长率的影响，亦受到市场用工竞争程度的影响等。当初创企业进入市场时，为了企业的正常运营，会购置一定数量的办公设备、生产设备、运营设备等，这些资产为固定资产，但是一旦被放弃，其资产可能会面临立即报废的局面。因此，学者在考虑创业退出时，并不会将固定资产作为主要的价值评估对象(李俊，2010)，而是对资产进行折旧并以固定残值的方式进行处理。但是，无论创业企业是否退出，其经过一定时间的运营之后获得的如商誉等非实物资产均具有一定的价值，这类资产一般难以量化，却是创业企业不得忽略的重要价值之一。亦有学者采用传统净现值的方法来衡量创业价值但忽略了随机性影响，而实物期权肯定了创业市场不确定性和灵活性，实物期权更适用于市场不确定性下条件下创业退出时的价值评估。

10.2 研 究 设 计

10.2.1 研究思路与研究方法

实物期权适用于针对创业项目投产运营后创业价值净现值的计算，采用无风险利率的方式、以现金流或利润流或成本流的方式来测量创业项目价值变动情况。因此，本研究采用实物期权的方法来衡量创业价值。实物期权通常包括看涨期权、看跌期权等。针对创业企业退出的特定动机，本研究假设当前市场处于看跌期权。在未来市场价格下跌至期权约定的价格时，看跌期权买方可自愿执行以该时刻的价格卖出期权而获利。选择看跌期权的理由为：当前市场增长率为负，即使创业企业不退出，随着市场行情的变化，其必将面临创业价值为负的情况。创业企业作为完全理性经济人，面临创业价值为负时将不得不考虑退出。具体研究思路如图 10-1 所示。

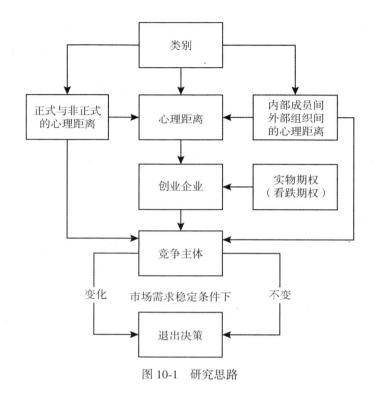

图 10-1　研究思路

10.2.2　研究假设与基本模型

已有的研究成果认为当心理距离较小时，创业企业与内部成员和外部组织之间的沟通阻碍程度很小（衣长军等，2021）。正因为如此，成员之间、企业组织更容易忽视心理距离的重要性，可能存在的高心理预期会阻碍他们之间的沟通与交流，一定程度上增加了创业成本。当心理距离较大时，创业企业内部的沟通交流受到了阻碍，与外部组织的交易活动亦受到了限制。但是成员之间、组织之间为积极应对心理距离对于创业活动的负面影响时，需要花费一定的精力、时间、成本来削减心理距离的不确定性，因此需要在两者之间寻求平衡。

关于创业企业内部成员间、外部组织间的心理距离产生的阻碍作用，衣长军等（2021）提出心理距离对创业活动的影响会增加额外成本。当心理距离越小时，产生的沟通障碍越小。创业相关信息在企业内部成员间的传递更快速，交易活动在创业企业外部组织间更容易被理解且有利于交易的完成。从创业收益视角来看，其在一定程度上有利于创业企业内部高效运转和外部双赢合作。相反地，较大的心理距离增加了不同组织之间的沟通、交易等障碍。显然，这一现象会增加创业企业运营成本，并且相比企业内部成员之间的障碍程度要更大一些。由此可认为，心理距离对创业企业内部成员间、外部组织间的沟通效应呈现正相关作用，体现出来的是心理距离与创业成本呈现正相关联系。根据上述分析，不妨假设：

$$c_1 = k_1 I_i + k_2 I_e \tag{10-1}$$

$$s_1 = k_3{}^{I_i} + k_4{}^{I_e} \tag{10-2}$$

其中，在式（10-1）中，I_i 表示创业企业内部成员间的心理距离，k_1 表示该心理距离对创业成本的综合影响程度；I_e 表示创业企业外部成员间的心理距离，k_2 表示该心理距离对创业成本的综合影响程度。$k_1 > 0$，$k_2 > 0$，表示心理距离越大越容易增加交流、交易等成本，用 c_1 表示。在式（10-2）中，k_3 和 k_4 分别表示企业内部成员间、企业外部组织间的心理距离对创业收入的综合影响程度，且存在 $1 > k_3 > 0$，$1 > k_4 > 0$。这里表示心理距离越小，越容易给创业企业带来收益，但是收益并不会随着心理距离的减小而无限增大。相反，心理距离越大，创业企业从中获得的收益并不为 0；心理距离给创业企业带来的综合收益用 s_1 表示。$s_1 - c_1$ 表示企业内外部心理距离对创业企业的综合影响，当 $s_1 - c_1$ 大于 0 时，表示心理距离对创业企业起到了正向促进作用；相反，当 $s_1 - c_1$ 小于 0 时，表示心理距离对创业企业起到了负向阻碍作用。

关于创业企业正式、非正式心理距离产生的阻碍影响，虽然诸多学者认为心理距离构成要素包括地理、文化、经济、宗教、社会、政治、教育等因素（向志强，李沅津，2022）。但是不难发现，正式心理距离为强制性、显性的，包括地理、经济、政治等距离。非正式心理距离为自发、隐性的，包括文化、宗教、社会等。实际上心理距离为一个综合概念，包含众多差异因素。创业企业的正式与非正式心理距离会造成成员间、组织间的沟通渠道受阻，不利于对内交流、对外交易，更有可能增加创业企业运营风险和运营成本。根据上述两类型心理距离对创业活动的影响可发现，正式心理距离是短暂变化，发展较为迅速，相关收益和成本亦变化较快。对于创业企业来说，其必须针对具体的心理距离，给予足够的空间与时间为其变化做出反应。虽然正式心理距离增加加剧了创业退出的决策难度，但是创业企业越容易从中获得额外收益，如政治距离的红利、经济距离的补贴、地理距离的额外费用等。非正式心理距离发展较为缓慢，同样地，相关收益和成本亦变化较慢。对于创业企业来说，其较难获得具体的心理距离，潜移默化的影响容易使得创业企业不会对其高度重视，甚至导致其负面影响严重阻碍创业活动。非正式心理距离增加可能推动创业企业业务的开展，并且内外部对创业企业的接受度降低，创业企业越难从中获益。当非正式心理距离越小时，创业企业越容易得到对方的认可，促使其较容易从非正式心理距离中获得收益。基于以上分析，不妨假设存在：

$$c_2 = k_5{}^{I_{if}} + k_6\, I_f \tag{10-3}$$

$$s_2 = k_7{}^{I_f} + \frac{k_8}{if} \tag{10-4}$$

其中，I_{if} 表示非正式心理距离，I_f 表示正式心理距离。系数 $k_5 > 1$，表示当非正式制度距离越大时，创业成本逐渐增加；$k_5{}^{I_{if}}$ 表示创业成本随着非正式心理距离的增大而增大；系数 $k_6 > 0$，表示创业成本随着正式心理距离的增加而增大。系数 $k_7 > 1$，$k_7{}^{I_f}$ 表示创业收益随着非正式制度距离增大而变大。系数 $k_8 > 0$，k_8/if 表示创业收益随着非正式心理距离的增大而减少。同样地，$s_2 - c_2$ 表示正式与非正式心理距离对创业企业的综合影响，当 $s_2 - c_2$ 大于 0 时，表示正式与非正式心理距离对创业企业起到了积极效应；相反，当 $s_2 - c_2$ 小于 0 时，表示正式与非正式心理距离对创业企业起到了负面效应。

由于企业内外部间的心理距离包括了正式与非正式心理距离，而正式与非正式心理距离亦包含了企业内外部心理距离。因此，在分析的过程中仅采用一种分类方法。针对学者普遍认可实物期权适用于创业企业价值评估，本研究采用实物期权来衡量创业企业价值。假设当前市场价格变化是外生的，其变化呈现随机漫步现象，受创业企业内部成员和外部组织之间的心理距离的影响。

在学者石蕾（2016）的研究成果基础之上，构建处于市场运营状态、包含心理距离的创业企业价值函数：

$$V = A\, P^\beta + \frac{Pq + s_1}{\rho - \mu} - \frac{cq + c_i}{\rho} \tag{10-5}$$

其中，ρ 表示无风险利率，P 表示创业企业产品价格，c 表示创业企业单位产品生产成本，q 表示创业企业的产品产量，c_i 表示心理距离的影响成本，$i = 1，2$，并且 α、β 和 A、C 分别满足：

$$\beta = \frac{1}{2} - \frac{u}{\sigma^2} - \sqrt{\left(\frac{u}{\sigma^2} - \frac{1}{2}\right)^2 + \frac{2\rho}{\sigma^2}} \tag{10-6}$$

$$\alpha = \frac{1}{2} - \frac{u}{\sigma^2} + \sqrt{\left(\frac{u}{\sigma^2} - \frac{1}{2}\right)^2 + \frac{2\rho}{\sigma^2}} \tag{10-7}$$

$$A = \frac{C^{1-\alpha}}{\alpha - \beta}\left(\frac{\beta}{\rho} - \frac{\beta - 1}{\rho - u}\right) \tag{10-8}$$

$$C = cq + c_i \tag{10-9}$$

其中，u 表示当前市场产品价格的增长率，dz 表示一个标准的维纳过程增量，σ 表示当前市场创业企业存在的心理距离不确定性。

考虑到净收益大于 0 为创业企业考虑退出的基本原理，构建在心理距离影响下的创业退出模型：

$$D = \max\left\{E - U,\ A P^{\beta} + \frac{Pq + s_1}{\rho - \mu} - \frac{cq + c_i}{\rho}\right\} \tag{10-10}$$

其中，E 表示创业企业一旦退出可获得的剩余残值，U 表示创业企业的退出成本。式（10-10）表示的是创业企业在运营过程中获得的收益大于 $E-U$ 时，创业企业选择不退出；相反，选择立即退出。上式对应的最佳创业退出时机为：

$$t^* = \left\{t > 0 \mid A P^{\beta} + \frac{Pq + s_1}{\rho - \mu} - \frac{cq + c_i}{\rho} - (E - U) \geq 0\right\} \tag{10-11}$$

式（10-11）中，最佳时机实际上为一个时间区域，均可保证创业企业获得正收益而不会面临亏损。

10.3　心理距离视角下基于市场需求稳定条件的创业退出决策

为了更为简洁地研究创业退出决策行为，本研究主要考虑市场需求稳定的情境。市场需求稳定是指当前市场容量为固定值，产品价格随着创业企业产品供给数量总和的变化而变化。在这样的情境下，消费者对某类产品的需求趋于稳定。虽然亦存在市场供给稳定的情境，但是此情境下创业企业产品的价格仅随着供给量的增加而增加，价格不断地增加不利于创业企业的退出。因此，本研究仅考虑市场需求稳定情境下的创业退出活动。

10.3.1　竞争主体不变情境下创业退出决策

(1) 竞争主体不变的基本模型

当竞争主体不变时，说明当前创业企业的总数量为固定值，所有创业企业的产品价格满足需求函数，即：

$$P = a_1 - b_1 Q_d \tag{10-12}$$

$$Q_d = \sum_i^n q_i = n \tag{10-13}$$

其中，a_1 表示当前市场容量，b_1 表示价格弹性系数，Q_d 表示当前市场创业企业供给产品的总产量，n 表示当前市场上创业企业的数量。

将式（10-11）和式（10-12）代入式（10-13），整理可得：

$$V = \begin{cases} E - U \\ A (a_1 - b_1 n)^\beta + \dfrac{(a_1 - b_1 n) q + s_1}{\rho - \mu} - \dfrac{cq + c_i}{\rho} \end{cases} \tag{10-14}$$

对应地，该情境下的最佳创业退出时机为：

$$\hat{t} = \left\{ t > 0 \mid A (a_1 - b_1 n)^\beta + \frac{(a_1 - b_1 n) q + s_1}{\rho - \mu} - \frac{cq + c_i}{\rho} \geqslant E - U \right\} \tag{10-15}$$

（2）竞争主体不变的比较静态分析

将对本研究设计的模型进行如下参数设置：$q = 1$，$n = 10$，$a_1 = 2$，$b_1 = 0.1$，$c = 0.3$，$\rho = 0.02$，$\mu = -0.02$，$\sigma = 0.1$，$E = 100$，$U = 10$。对心理距离相关变量分别进行如下设置：$I_i = 1 : 1 : 10$，$I_e = 1 : 1 : 10$，并设置 $k_1 = 0.01$，$k_2 = 0.02$，$k_3 = 0.1$，$k_4 = 0.2$。$I_{if} = 1 : 1 : 10$，$I_f = 1 : 1 : 10$，并设置 $k_5 = 1.10$，$k_6 = 0.02$，$k_7 = 1.10$，$k_8 = 0.2$。同样地，将上述参数代入式（10-17），采用仿真软件 Matlab 进行模拟得到图 10-2。

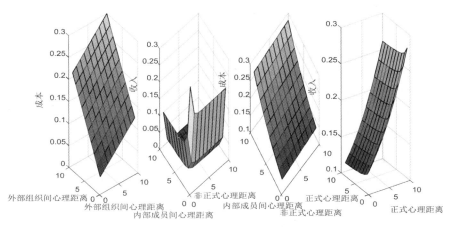

图 10-2　不同心理距离对创业成本与收入的影响

从图 10-2 可发现，虽然创业企业内外部心理距离对创业收入呈现的影响幅度与创业企业正式与非正式心理距离对其影响幅度存在差异，但是影响趋势相同，这与选择的算例值大小有关。由此可得，两种类型的心理距离对创业成本和创业收入的影响趋势相同。在其他条件不变的情况下，心理距离对创业退出价值的影响主要体现在创业收入和成本，以及对产品价格的反映上。因此，可以认为两种类型的心理距离对创业退出价值的影响趋势相同。

根据上述分析，选择创业企业内外部心理距离的变化探究其对创业价值的影响，如图 10-3 所示。

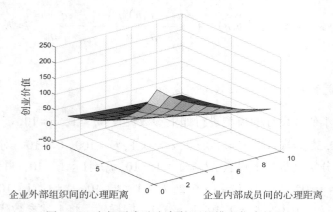

图 10-3　市场需求稳定条件下的模型仿真结果

从图 10-3 中心理距离对创业价值的综合影响来看，创业企业价值最大为 228.36 个单位，最小为 -7.13 个单位。整体影响趋势来看，创业企业内部成员间的心理距离和外部组织间的心理距离的影响趋势相似，并且均为负向阻碍作用。从图形来看，外部组织间的心理距离对创业企业价值的影响幅度更大。

同样地，分别设置 $I_i = 1:1:10$，$I_e = 1$ 和 $I_i = 1$，$I_e = 1:1:10$，仿真得到图 10-4，并对该情境命名为情境 1，即在市场需求稳定条件下，对比观察当创业企业内部成员间心理距离最小或企业外部组织间心理距离最小时，另一种心理距离变化对创业价值的影响。

从图 10-4 仿真结果来看，创业企业内部成员间的心理距离对创业价值的影响幅度为 [71.82，228.36]，外部组织间的心理距离对创业价值的影响幅度为 [19.12，228.36]，创业企业外部组织间的心理距离对创业价值的最小值的影响幅度均大于创业企业内部成员间的心理距离的影响。当创业企业内部成员间的心理距离接近于 8 个单位时，创业企业的价值接近于退出临界值。创业企业外部组织间的心理距离接近于 4 个单位时，创业价值接近于退出临界值。这说明，创业企业在创业成本一定的情况下，应该注意维护内部成员间的亲密关系，并关注企业外部组织间心理距离变化对创业价值的负向影响。心理距离的变化越大，创业企业获得的创业价值越有可能小于退出临界值，这一结果导致两种类型心理距离的增大促使创业企业倾向选择"退出"决策。

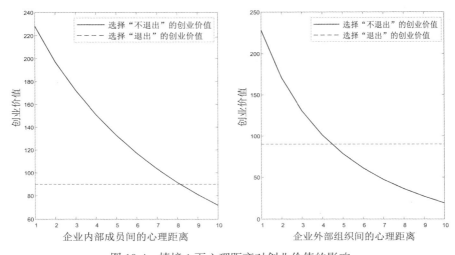

图 10-4　情境 1 下心理距离对创业价值的影响

同样地，设置心理距离为 $I_i = 1 : 1 : 10$，$I_e = 10$ 和 $I_i = 10$，$I_e = 1 : 1 : 10$，并仿真得到图 10-5，并对该情境命名为情境 2，即在市场需求稳定条件下，对比观察当企业内部成员间心理距离最小或企业外部组织间心理距离最小时，另一种心理距离变化对创业价值的影响。

从图 10-5 可发现，在创业企业内部成员间的心理距离最大时，外部组织间心理距离在最小时创业企业可获得的价值越接近于退出临界值。相同情况下，创业企业内部成员间心理距离在最小时，其可获得的创业价值远远小于退出临界值。这对于创业企业来说，在特定情境下，创业企业如若想以不亏损的状态退出当前市场，就应该重点关注外部组织间心理距离的缩小，并在创业价值达到退出临界值之前选择立即退出，以求实现经济收获型退出。

为了更为全面地探析不确定性来源以及其表现形式，本研究对构建的模型进行数值分析，运用比较静态分析观测在其他条件不变的情境下，创业企业退出决策轨迹如何变化。通过观察模型可发现，影响创业企业的期权价值的基本量包括 σ、u、ρ。由式(10-4)可以发现，创业退出价值仅与 β 有关，且 $\beta < 0$，而与 α 无关。当心理距离不确定性系数 σ 越大时，β 对应的值越小，其绝对值越大，那么创业价值越小，创业企业需要在创业价值小于退出临界值之前的任意时刻考虑立即退出。当市场增长率 u 越小而其绝对值越大时，β 对应的值将会增大，创业价值将会随之增大。无风险利率 ρ 的降低既会增加未来的收益，也会增加未来的成本，对比综合收益与综合成本来看，创业价值将会随之增加而增大。

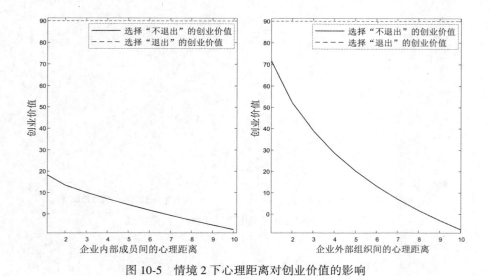

图 10-5　情境 2 下心理距离对创业价值的影响

(3)竞争主体不变下的讨论

创业企业外部组织间心理距离对企业创业价值的影响要大于企业内部成员间心理距离，这一结论与学者李金生等(2018)的观点相同。这主要源于创业企业内部环境不确定性较低，而外部环境不确定性较高。创业企业内部成员间的心理距离产生的负面效应可通过内部成员沟通、管理、激励等措施得以快速缓解或降低，但是外部组织间的心理距离难以识别。尤其在市场不确定性环境下，创业企业难以通过花费时间和金钱在短时间内降低其心理距离。外部组织涉及范围广、利益关联方多，难以协调诸多组织间的利益。如若在初次合作之前没有达成统一认识，外部组织很可能为了自身狭隘利益而放弃与创业企业的合作，这对创业企业业务的正常开展将带来不可挽回的损失，这一可能结果将加速创业企业的退出。但是创业企业的业务活动通常嵌入外部组织的支持网络中，比如产品创新、技术研发、市场开拓等仅依靠创业企业内部资源和能力难以高效率完成。心理距离来自于创业企业对市场客观事实的感知，当创业企业认为自己缺乏足够的市场信息时，将无法准确地预测其在当前市场面临的挑战。这一现象将导致创业企业难以做出合适的退出决策，可能引起不必要的财务亏损。

(4)竞争主体不变下的创业退出决策

在市场需求稳定条件下，对于创业企业来说，可以快速获得当前市场现存的企业数量信息。创业企业可根据已获得的信息调研获得当前同质产品的价格，并根据感知的内部心理距离和外部心理距离来预判创业企业可获得的创业价值。根据仿真结果来看，如果仅关注内部心理距离或外部心理距离，在相同条件下创业企业可获得的创业价值较小，不利于其长久存活于当前市场。两种类型心理距离变化仿真获得的综合影响结果表明，创业企业应同时关注内部成员间和外部组织间的心理距离，采用多种措施来缩短相互之间的心理距离，有助于创业企业获得更多的创业价值，从而更好地生存与发展。

一方面，创业企业应该积极加强内部成员间的沟通与交流。如在创业企业内部成员间可以定期组织各种各样的交流活动，加强企业文化的宣传。又如加强创业企业内部成员关系的管理，采用硬件和软件相结合的方式有效促进成员间的交流，并定期倾听成员的意见。还如适时组织团建活动，为员工提供一定程度的咨询服务，并组织和开展好创业企业内部的福利活动等，通过各种措施加强提升成员间的亲密程度。

另一方面，创业企业应该积极拓展外部成员间的服务与交易。例如，在外部组织间可以定期组织产品交流会，加强与供应商、分销商、消费者等交流，对新情况及时做出响应。积极参与供给产品的技术研发与创新等会议，了解当前原材料、同类产品的生产与发展情况，以此获取经验并更好地为客户服务。另外，还应加强创业企业与外部组织的合作机制建设工作。由于创业企业间的竞争重点在于人才竞争、供应链竞争、技术竞争，则需要其加强与外部组织间的合作，包括人才的供给、供应商的评估等。

10.3.2　竞争主体变化情境下创业退出决策

(1)竞争主体变化的基本模型

现实创业情境往往存在多种变数,如在市场需求一定的情况下,市场供给量增加将会导致产品价格有所变动。在市场需求稳定的情境下,价格变动带来的产品溢价促使了在位的创业企业可能选择不退出。当市场内企业数量较多时,产品价格必然面临下降的威胁,这一情形势必导致在位创业企业的收益受损,最终可能迫使创业企业被迫在亏损状态下退出。当市场内企业数量较少时,产品价格会因为需求变化出现上升的趋势,这一情形让在位创业企业看到了收益的局面可能会选择不退出。但是当大部分企业均选择不退出时,市场内的产品价格在后续经营过程中仍然面临下降的威胁。

在式(10-14)的基础上,可获得创业退出时机满足如下关系:

$$A\ (a_1 - b_1 n)^\beta + \frac{(a_1 - b_1 n)\ q + s_1}{\rho - \mu} - \frac{cq + c_1}{\rho} \geqslant E - U \quad (10\text{-}16)$$

对式(10-16)求解可得:

$$n \leqslant n^* = \frac{a_1}{b_1} - \frac{1}{b_1} \left[\frac{q}{\beta A (\mu - \rho)} \right]^{1-\beta} \quad (10\text{-}17)$$

由此可见,如若想在位创业企业的创业价值不低于退出临界值,当前企业数不得高于 n^* 即可满足。在 n 到达 n^* 的时刻为 t^*,满足:

$$t^* = \{ t > 0 \mid n \leqslant n^* \} \quad (10\text{-}18)$$

在 t^* 时刻,当前市场所有创业企业获得的创业价值总和为:

$$V_{t^*} = (N_0 - n^*)\ (E - U) +$$
$$n^* \left[A\ (a_1 - b_1\ n^*)^\beta + \frac{(a_1 - b_1\ n^*)\ q + s_1}{\rho - \mu} - \frac{cq + c_1}{\rho} \right] \quad (10\text{-}19)$$

其中,N 为初始时刻市场上的所有在位创业企业的总数量,n^* 当前市场最佳在位创业企业数量,$N_0 - n^*$ 表示当前市场最佳退出企业数量,$E - U$ 表示选择退出市场的创业企业可获得的企业剩余残值,$A (a_1 - b_1 n^*)^\beta + [(a_1 - b_1 n^*) q + s_1]/(\rho - \mu) - (cq + c_1)/\rho$ 表示选择继续留在市场运营的创业企业可获得的创业价值。

(2)竞争主体变化的系统仿真

假设当前市场可容纳的创业企业数量为 N,所有创业企业可自由选择是否退出。一旦退出，将不能再进入市场。市场内的产品价格随着创业企业的退出呈现阶梯级的上升或下降的变化。将 N 设置为 $1:1:10$，并分别设置 $I_i = 1:1:10$，$I_e = 5$，$I_e = 5$ 和 $I_i = 5$，$I_e = 1:1:10$，仿真得到图 10-6。探究市场上创业企业数量的变化如何影响当前心理距离与创业价值之间的关系。

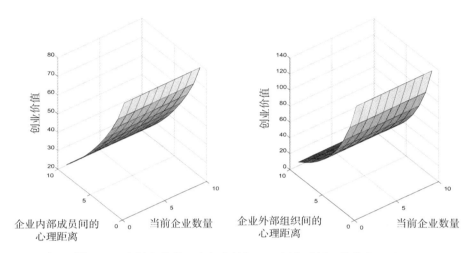

图 10-6　市场企业数、内部成员间心理距离对创业价值的影响

从图 10-6 可以发现，当前市场企业数对心理距离与创业价值之间的关系呈现近似 U 形关系。在当前市场企业数不变的情况下，创业企业内部成员间的心理距离越大，创业价值越小，说明心理距离的增大促进创业企业偏好对"立即退出"决策的选择。心理距离越小，创业价值减少的幅度越大，说明其心理距离的增大加速了创业企业退出的速度。

为了更为清晰地观察各个变量变化对创业价值的影响，从图 10-5 进行横纵截面处理，得到图 10-7。即在创业企业内部成员间的心理距离增大的影响下，当前企业数与创业价值的影响。

从图 10-7 可以发现，在创业企业内部成员间心理距离不变的情况下，在当前企业数大于 4 个单位之前，随着当前创业企业的不断退出，创业价值逐渐减少。在当前企业数为 4 个单位时，随着当前市场企业数量的减少，创业价值不减反而增加。由此可发现，创业企业内部成员间的心理距离对企业数与创业价值关系呈现 U 形的影响趋势。不管在位创业企业数量和心理距离如何变化，创业企业在当前特定情境下可获得的创业价值均小于其退出临界值，创业企业应提前退出。但是，当创业企业内部成员间

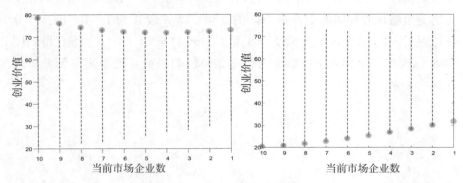

图 10-7　企业内部成员间的心理距离对企业数与创业价值关系的影响

的心理距离最小时，创业企业可获得的创业价值较大，这意味着创业企业在其所感知的心理距离较小时应考虑尽早退出。这对于创业企业来说是一大挑战，要想获得更多的创业价值，不仅要关注当前市场价格变化，还需要关注当前创业企业的退出情况。

另外，仿真获得当前企业数与当前市场总创业价值的关系，如图 10-8 所示。

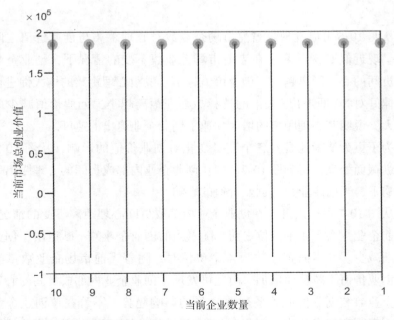

图 10-8　企业外部组织间的心理距离对企业数与总创业价值的影响

从图 10-8 可以发现，当前企业数量的变化对总创业价值的影响几乎为 0，创业企业外部组织间心理距离的变化对当前企业数量与总创业价值关系的影响并不大。由此可见，虽然创业企业可获得的创业价值随着外部组织间的心理距离变化而呈现一定差异的变化，但是在其心理距离高度不确定性情况下，当前市场总创业价值并不受其变化的影响。考虑到创业企业外部组织间心理距离的增大会加速创业企业价值的减少，创业企业可获得的均衡价值将会减少。当低于退出临界值时，说明当前情境不利于创业企业继续运营，其应考虑立即退出。

同样地，对企业外部组织间的心理距离进行变化设置，并观察当前企业数量的减少如何影响创业企业的创业价值，如图 10-9 所示。在当前参数设定情境下，企业外部组织间的心理距离变化与创业价值呈现正向关系。在企业外部组织间心理距离的影响下，创业价值最大可达 132.89 个单位，最小到达 4.37 个单位。很容易发现，在心理距离接近于 4 个单位时，当前企业数量的变化对在位企业创业价值的影响呈现了相反的影响趋势，由开始的递减关系变为递增关系。

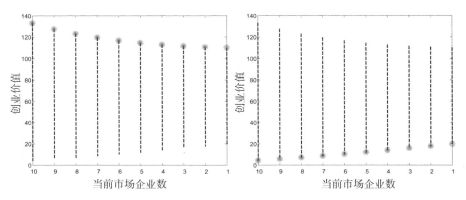

图 10-9　企业外部组织间的心理距离对企业数与创业价值关系的影响

从上述分析结果来看，在其他条件不变的情况下，创业企业内外部的心理距离增加将导致创业价值有所降低，这一结果将促使完全理性经济人考虑立即退出。从仿真结果可发现，当创业企业外部组织间的心理距离不大于 1 个单位时，创业企业可获得的创业价值大于退出临界值。随着心理距离的增大以及当前企业数量的减少，创业价值逐渐低于退出临界值。当企业外部组织间心理距离大于 1 个单位时，在当前情境下无论竞争主体如何变化，创业企业可获得的价值均低于退出临界值。这说明，创业企业应尽早退出。

同样地，对总创业价值进行仿真，结果与图 10-7 相似，说明影响趋势相同。对比图 10-7 和图 10-9 可发现，在相同的情境下，创业企业外部组织间心理距离对创业价值的影响幅度要更大。相对于外部组织间心理距离的高度不确定性，创业企业内部成员间的心理距离更容易缩小。

(3)竞争主体变化下的讨论

基于心理距离的不确定性情境下，在市场需求稳定条件下竞争主体的变化增加了市场的不确定性，双重不确定性加剧了创业企业退出决策的选择。这一结论验证了 Gaur 等学者(2010)的部分研究结果。当前市场上存在某一个心理距离阈值，促使企业数量对创业价值的影响呈现不同的趋势，分别命名为情境 a 和情境 b。情境 a：当心理距离大于该阈值时，企业数量对创业企业的退出价值呈现 U 形影响关系。情境 b：当心理距离小于该阈值时，企业数量对创业企业的退出价值呈现倒 U 形影响关系。由此看来，当前市场的竞争主体数量显著影响企业创业价值。

在情境 a 下，2015 年涌现了众多的共享单车，共享单车品牌逐渐增多。少量共享单车创业企业发现了创业机会，涌现了一大批模仿创业者进入市场。在共享单车引入时期，消费者对新事物的接受程度有限，可视为心理距离较大。不同消费者具有迥异或相同的消费偏好，对于创业企业来说，消费者偏好不确定性较高。在此情境下企业数量的增加会促使创业价值呈现 U 形关系，在未达到企业数量阈值时，企业数量的减少会促使创业价值的减少。源于较少产品的供给使得创业企业对该产品的市场发展前景持有怀疑心态，从而导致创业企业对该产品可能带来的预期收益持有消极态度，消极态度形成的消极行为致使创业价值的减少。这一行为也促使了较多的共享单车企业快速以破产等方式退出市场。在企业数量达到某一阈值时，企业数量的减少会促使创业价值的增加，这是由于共享单车已被市场所认可，在需求一定的情境下，市场供给减少将会促进在位创业企业获得额外的价格溢价。此结果又促使较多的共享单车企业考虑进入市场，如青桔单车等。

在情境 b 下，随着共享单车进入成熟期，市场消费者对其具有比较稳定的认知，创业企业持有的心理距离较小。成熟的市场已经形成了较为稳定的消费偏好，包括对企业品牌的选择、产品功能的选择等，特定情境促使在位创业企业采取诸多策略争取获得更多的创业价值。随着共享单车替代产品的出现，如共享电动车、共享小轿车，市场对共享单车的认知又有所改变。创业企业对该现象持有的心理距离亦呈现变化，但并不会超过对新生事物的心理距离。在市场需求稳定的情境下，在位创业企业仍然会有增长率为负的感知，考虑利益最大化将采取退出策略。随着企业退出数量的增加，产品价格在短期得到增长，促使在位创业企业获得的价值呈现递增趋势。但是当企业数量达到某一阈值时，心理距离无法再进一步消除。企业数量的减少会抑制创业价值的增加，这一结果来源于市场不确定性和无法实现降低心理距离的预期。摩拜单车、小黄单车等企业均面临此种情况，在采取了各种各样的策略仍然无法解决骑车难、找车难、车难修等问题时，创业企业无法实现心理的预期，持有消极创业的心态将考虑立即退出。因此，在此特定情况下，创业企业对心理距离的感知显著决定了创业退出决策。

(4)竞争主体变化的退出决策策略

在市场竞争主体变化的情境下，因为市场增长率为负，当前市场情形迫使创业企业不得不考虑退出。一旦有创业企业退出，在位的创业企业就可以获得市场需求稳定、市场供给减少带来的产品价格溢价效应。作为完全理性经济人会追求利益最大化，在位创业企业均希望竞争企业可以退出。但如若在位创业企业都不考虑退出，所有企业都将面临低收益甚至亏损退出的局面。因此，考虑尽可能以更多创业价值退出当前市场，在位创业企业应该在允许的情况下花费一定的成本调研当前市场其他竞争企业的运营情况。在可获得足够信息的情况下，可根据确切的在位企业数来进行退出决策。在没有充足信息的情况下，创业企业应在创业价值不低于退出临界值时考虑提前退出。

另外，创业企业应花费一定的成本构建良好的外部组织关系，并时刻关注创业企业与外部组织之间关于产品价格、产品功能、产品技术等存在的不同看法，积极举办产品交流会，将有关产品升级或创新的想法及时融入产品设计当中，以求更好地满足供应商、分销商乃至消费者的需求。

10.3.3　期权博弈视角下竞争主体变化的创业退出决策

(1)期权博弈视角下竞争主体变化的基本模型

上述的比较静态分析内容仅涉及创业企业个人的退出决策利益最大化，但是在现实情境中往往存在单个创业企业的决策受制于其他竞争对手的决策。当市场环境不确定性较高时，创业企业所处的环境可能会促使其追求均衡稳定的状态，即所有在位创业企业不约而同地寻求某一个稳定均衡创业价值。因此，本节考虑期权博弈视角下竞争主体变化的创业退出决策行为。

假设当前同质产品的价格为 P ，在位创业企业可获得的产品销售收入为 Pq ，参数 q 为产品生产数量且为固定值，并且在其他条件不变的情境下，结合式(10-5)来看，创业企业的价值仅与价格 P 和心理距离产生的收入 s_1 和成本 c_i 有关。当前市场仅剩下两家创业企业时形成双头垄断市场，两者的运营情况可通过市场调研获得。在市场增长率为负的情形下，创业企业的运营将面临不断下降的局面。

假设两家创业企业处于不完全信息市场，为了获得创业价值最大，两家创业企业可寻求合作。当两家创业企业均不退出时，可获得的创业价值为 V_{11} ，满足式(10-14)；当两家创业企业均选择退出时，可获得的创业价值为 V_{00} ，且等于 $E - U$ ；当两家创业企业约定创业企业 a 退出，另一家创业企业 b 不退出，可获得的创业价值分别为 V_1 和 V_0 ，其值分别满足式(10-14)和 $E - U$ 。选择继续留在企业的创业企业 a 获得的创业价值要分配一部分给创业企业 b ，约定的部分为 $(V_1 - V_0)$ 的 x 倍，即创业企业 a 获得 $x(V_1 - V_0)$ ，创业企业 b 获得 $(1 - x)(V_1 - V_0)$ ，其中 $0 \leqslant x \leqslant 1$ 。通过整理满足：

$$V_{11} = A (a_1 - 2b_1)^\beta + \frac{(a_1 - 2b_1) q + s_1}{\rho - \mu} - \frac{cq + c_i}{\rho} \qquad (10\text{-}20)$$

$$V_0 = V_{00} = E - U \qquad (10\text{-}21)$$

$$V_1 = A (a_1 - b_1)^\beta + \frac{(a_1 - b_1) q + s_1}{\rho - \mu} - \frac{cq + c_i}{\rho} \qquad (10\text{-}22)$$

对于创业企业 a 和 b 来说，可获得的创业价值最大化为最佳决策。对比式(10-20)和式(10-22)可得，$P_1 > P_2$ 。在章节10.3.2中，当心理距离较小即心理距离小于该阈值时，企业数量为2时创业企业可获得的创业价值小于企业数量为1时的所得。当心理距离较大即心理距离大于该阈值时，企业数量为2时创业企业可获得的创业价值大于企业数量为1时的所得。在心理距离不确定时，无法判断不同企业数量的企业价值大小。为了探究不同心理距离情境下创业企业如何决策，本研究采用期权博弈的方式逆推分配方案。

对于完全理性经济人来说，面临退与不退的二元决策，创业企业 a 和 b 都希望自己可获得的利益，但是另外一方却不想对方可获得的创业价值超过自己。但如若最终分配方案促使一方可获得的创业价值能够大于其立即退出可获得的创业价值，该创业企业仍然可考虑接受合作。从中来看，最理想的状态应为创业企业 a 和 b 可获得的创业价值相等时，双方更愿意合作。

假设创业企业 a 为方案提议者为选择留在市场的一方，创业企业 b 为方案接收者为选择退出市场的一方。为了实现自身利益最大化，创业企业 a 更愿意获得的创业价值 V_1 且大于 $E-U$，创业企业 b 可获得的创业价值大于 $E-U$ 时会考虑接受合作方案。合作路径如图 10-10 所示。

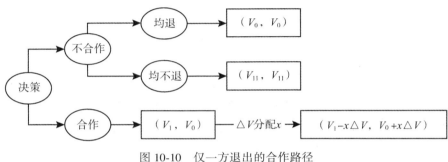

图 10-10　仅一方退出的合作路径

图中的 ΔV 等于 $V_1 - V_0$，$(,)$ 内的值分别为创业企业 a 和 b 决策后可获得的创业价值。由于创业企业 a 为决策提议者，其决策出发点往往更多利己不利他人。在当前市场仅容下一个创业企业继续运营的情况下，创业企业 a 不退出而创业企业 b 退出时，创业企业 a 的创业价值并不会少于 V_0。但是对于创业企业 b 来说，其为价格响应者，当可获得的创业价值大于 V_0 却小于 $V_1 - V_0$ 时，考虑接受分配方案 x，但如若低于创业退出临界值其将不考虑接受该分配方案。另外，为了确保当前市场企业数量为 2 可获得的创业价值低于企业数量为 1 所得，假设 $V_{11} < V_0 < V_1$。根据上述分析，创业企业 a 和 b 将采取合作时将满足：$\Delta V \geq 0$。为使得模型更为简便，令 $P_2 = a_1 - 2b_1$，$P_1 = a_1 - b_1$，整理可得创业企业 a 和 b 可获得的创业价值分别为：

$$V_a = (1 - x)V_1 + x(E - U) \tag{10-23}$$

$$V_b = V_0 + (1 - x)(V_1 - V_0) = xV_1 + (1 - x)(E - U) \tag{10-24}$$

当创业企业 a 在获得额外的收益后立即退出，可将创业企业价值立即变现为 V_0。如果创业企业 b 考虑这一部分的合作博弈，两者对额外收益的分配比例将重新考虑。合作路径为如图 10-11 所示。

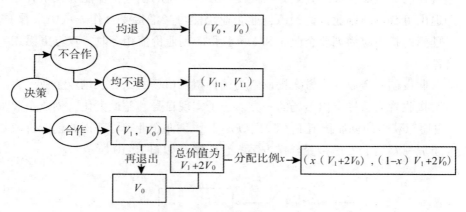

图 10-11　最终全部退出的合作路径

从图 10-11 可得，对创业企业 a 再次退出获得的剩余残值 V_0 进行再次分配。为了更为清晰地了解分配比例对合作的影响，将两次退出后分配比例均设置为 x，即在合作前对收益的分配进行清晰化，两家创业企业在退出后可获得的收益分别为 $(1 - x) V_1 + V_0$ 和 $x V_1 + V_0$。

（2）期权博弈视角下竞争主体变化的系统仿真

根据竞争主体变化下的比较静态分析结果，参数设置相同，并分别设置 I_i = 1 : 1 : 10, I_e = 5 和 I_i = 5, I_e = 1 : 1 : 10, x = 0.1 : 0.1 : 1.0, 仿真得到图 10-12。

从图 10-12 可发现，创业企业 a 和 b 可获得的创业价值在不同分配方案和心理距离的影响下呈现迥然不同的差异。但是企业内部心理距离和外部心理距离对同一创业企业的影响趋势相似。为了更好地促使创业企业 a 和 b 达成期权博弈的均衡稳定值，直观地探究同时实现创业企业 a 和 b 的创业价值最大化，选择不同创业企业价值为结果变量，仿真结果如图 10-13 所示（虚线表示创业企业 a 的价值，方框线表示创业企业 b 的价值，星号线表示立即退出的临界价值）。

从图 10-13 可发现，在不同分配比例影响下，创业企业 a 和 b 只有在企业内部组织间的心理距离较小的情况下才能满足获得的收益大于退出临界值。对比图 10-13 的右侧两图可发现，在设定的 I_i = 5, I_e = 1 : 1 : 10 特定情境下，创业企业 a 和 b 获得创业价值存在大于立即退出获得价值临界值。随着分配比例 x 的逐渐增大，创业企业 a 获得的创业价值逐渐减少，创业企业 b 获得的创业价值逐渐增多，两家创业企业在 x = 0.5 时可趋于

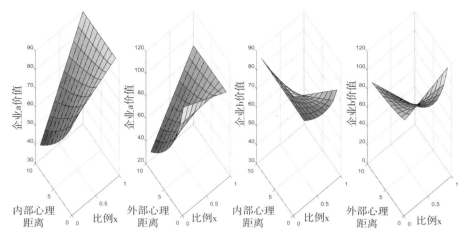

图 10-12　期权博弈下不同心理距离对创业价值的影响

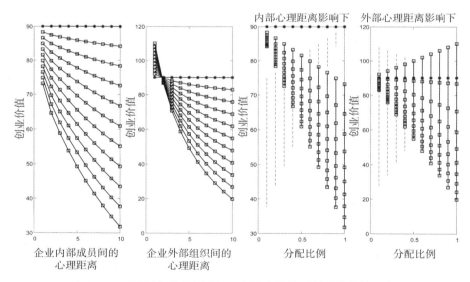

图 10-13　不同分配比例对仅一方退出情境下创业价值的影响

系统稳定，即均收获 100.05 个单位价值时最为公平且稳定。

同样地，考虑全部退出的策略，同样设置参数仿真得到不同分配比例对创业价值的影响，如图 10-14 所示。

对比图 10-13 和图 10-14 可发现，如若像最终实现退出价值大于退出临界值时，创业企业 b 应该将创业企业 a 最终退出可获得的剩余残值考虑到合作博弈中来并对其进行合理的分配。采用完全公平的分配方案双方可

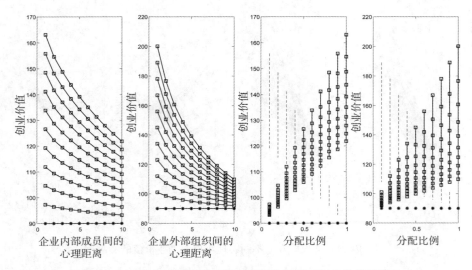

图 10-14　不同分配比例对最终全部退出情境下创业价值的影响

合作的分配比例为 0.5。

(3)期权博弈视角下竞争主体变化下的讨论

由于市场增长率为负的情境下，现存的两家创业企业构造了垄断市场局面。在追求利益最大化的情境下，创业企业最终不得不考虑退出。为了获得更多的利益，创业企业可寻求合作。当创业企业为合作方案的响应者时，其仅考虑当期合作方案的提议者获得的额外收益时，其面临不确定性较高的市场环境、心理距离环境时，其获得的创业价值可能低于退出临界值。当合作方案响应者考虑合作方案提议者最终退出可获得的剩余残值时，在当前特定情境下，即使在高度不确定性的市场和心理距离环境下，其可获得的创业价值均高于退出临界值。这一局面无疑是两家创业企业共同可接受的合作方案。同时，在合作方案的分配比例为 0.5 时，两家创业企业可获得的最终价值处于绝对公平状态。这一结论与期权博弈最终可实现的均衡稳定策略相符合。

(4)期权博弈视角下竞争主体变化的创业退出决策

为了实现均衡稳定策略，两家创业企业需要花费一定的时间、经费尽可能获得市场的全部信息，通过对市场所有情况的了解确定创业企业面临的形势。当前在位企业数量逐渐减少且自身创业价值大于临界退出值时，可能处于垄断市场的创业企业需要寻求合作。从创业企业自身利益出发，面临市场的高度不确定性，如若一味地留在当前市场运营将会面临以财富亏损型退出市场。为了尽可能避免这种现象的发展，创业企业不得不考虑与竞争对手合作。从完全理性经济人的利益出发，只要创业企业可获得的创业价值大于创业退出临界值即可。但是面临市场不确定性、心理距离不确定性的影响，为了确保合作方案提议者和响应者均可以财富收获型退出市场，合作方案提议者应将自身立即退出可获得的企业残值考虑到合作方案分配的价值中，并提出将高于临界退出价值的部分以 0.5 的比例进行分配，以此减少合作谈判过程中可能存在的价值损耗和谈判费用。而对于合作方案的响应者，考虑到市场的不确定性，其对于是否合作的条件应为确保分配的比例大于 0 即可，即可保证其能够获得比临界退出价值较多的业绩。

　　经过模型构建与仿真，本研究得到如下三个结论：（1）在"心理距离—市场需求"竞争主体不变的情境下，创业外部组织间的心理距离变化带来的影响要大于企业内部成员间的心理距离对创业退出价值的影响。（2）在"心理距离—市场需求"竞争主体变化的情境下，当前市场存在一个心理距离阈值。当心理距离大于该阈值时，企业数量对创业企业的退出价值呈现 U 形影响关系。当心理距离小于该阈值时，企业数量对创业企业的退出价值呈现倒 U 形影响关系。两种情况下企业外部组织间心理距离变化带来的影响要大于企业内部成员间的影响。（3）当市场处于双头垄断市场时，面临持续下降的市场增长率，创业企业可积极寻求合作。当合作提议者提出分配方案时，合作响应者应将合作提议者最终退出市场可获得的剩余残值考虑到合作谈判之中并对共同可获得的额外收益以 0.5 的比例进行分配。

参 考 文 献

[1]艾永芳，佟孟华.董事长与ceo任期交错治理效用分析—基于抑制股价崩盘风险视角的实证研究[J].商业研究，2017，（8）：129-135.

[2]曹靖琪，佟玉英.创业资源拼凑与整合对创业企业影响研究[J].创新创业理论研究与实践，2022，5（4）：177-179.

[3]陈国权，王晓辉.组织学习与组织绩效：环境动态性的调节作用[J].研究与发展管理，2012，24（1）：52-59.

[4]陈红，张玉，刘东霞.政府补助、税收优惠与企业创新绩效——不同生命周期阶段的实证研究［J］.南开管理评论，2019，22（3）：187-200.

[5]成全，董佳，陈雅兰.创新型国家战略背景下的原始性创新政策评价[J].科学学研究，2021，39（12）：2281-2293.

[6]程德俊，赵勇.高绩效工作系统对企业绩效的作用机制研究：组织信任的中介作用[J].软科学，2011，25（4）：96-99.

[7]程跃，银路，李天柱.不确定环境下企业创新网络演化研究[J].科研管理，2011，32（01）：29-34+51.

[8]陈银飞，茅宁.心理距离、伦理判断与供应商伦理管理[J].管理科学，2014，27（3）：11.

[9]陈红，张玉，刘东霞.政府补助、税收优惠与企业创新绩效——不同生命周期阶段的实证研究［J］.南开管理评论，2019，22（3）：187-200.

[10]陈国权，王晓辉.组织学习与组织绩效：环境动态性的调节作用[J].研究与发展管理，2012，24（1）：52-59.

[11]刁丽琳，朱桂龙.产学研合作中的契约维度、信任与知识转移——基于多案例的研究[J].科学学研究，2014，32（6）：890-901.

[12]丁凤琴，赵虎英.感恩的个体主观幸福感更强？———一项元分析[J].心理科学进展，2018，26（10）：1749-1764.

[13]段海霞，易朝辉，苏晓华．创业拼凑、商业模式创新与家庭农场创业绩效关系——基于湖南省的典型案例分析[J]．中国农村观察，2021(06)：26-46.

[14]杜运周，贾良定．组态视角与定性比较分析(QCA)：管理学研究的一条新道路[J]．管理世界，2017(6)：155-167.

[15]冯文娜，姜梦娜，孙梦婷．市场响应、资源拼凑与制造企业服务化转型绩效[J]．南开管理评论，2020，23(4)：84-95.

[16]付玉秀，张洪石．突破性创新：概念界定与比较[J]．数量经济技术经济研究，2004(03)：73-83.

[17]樊红敏，刘晓凤．模糊性治理：县域政府社会冲突治理运作逻辑[J]．中国行政管理，2019，(10)：81-87.

[18]葛晓永，程德俊，赵曙明．高绩效工作系统对学习战略的影响：组织信任的调节作用[J]．南京社会科学，2015，12(11)：24-31.

[19]勾丽，丁军．资源拼凑对企业绩效的影响——环境竞争性和组织柔性的调节作用[J]．科技创业月刊，2020，33(5)：79-84.

[20]顾超．科学史视域下的原始创新：以高温超导研究为例[J]．科学学研究，2022，40(07)：1172-1180.

[21]郭海，李垣，段熠．控制机制对创业能力与突变创新关系影响研究[J]．科研管理，2007，36(5)：25-30.

[22]韩晨，谢言，高山行．多重战略导向与企业创新绩效：一个被调节的中介效应模型[J]．管理工程学报，2020，34(6)：29-37.

[23]韩炜，杨俊，胡新华，等．商业模式创新如何塑造商业生态系统属性差异？——基于两家新创企业的跨案例纵向研究与理论模型构建[J]．管理世界，2021，37(1)：88-107.

[24]郝威亚，魏玮，温军．经济政策不确定性如何影响企业创新？——实物期权理论作用机制的视角[J]．经济管理，2016，38(10)：40-54.

[25]侯广辉．技术进步、不确定性与中国工业企业边界的演进[J]．科学学与科学技术管理，2007(09)：120-126.

[26]胡登峰，黄紫微，冯楠，梁中，沈鹤．关键核心技术突破与国产替代路径及机制——科大讯飞智能语音技术纵向案例研究[J]．管理世界，2022，38(05)：188-209.

[27]胡望斌，焦康乐，张亚会，张琪．创业者人力资本与企业绩效关系及多层次边界条件研究——基于经验视角的元分析[J]．管理评论，

2022，34（07）：81-94.

[28]花俊国，刘畅，朱迪．数字化转型、融资约束与企业全要素生产率
　　［J］．南方金融，2022.

[29]黄丽清，张弓亮．策略型消费者创新感知与产品定价换代策略研究
　　［J］．中国管理科学，2021，29（02）：89-98.

[30]黄晓艳．直播电商营销可供性对消费者在线冲动购买的影响——心
　　理距离和心理账户灵活性的链式中介效应［J］．商业经济研究，2022
　　（11）：59-62.

[31]胡新华，喻毅，韩炜．谁更能建构高质量的社会网络？——创业者
　　先前经验影响社会网络构建的作用研究［J］．研究与发展管理，
　　2020，32（5）：126-138.

[32]黄聿舟，裴旭东，刘骏．创业支持政策对创客空间创业孵化绩效的
　　影响［J］．科技进步与对策，2019，36（3）：111-116.

[33]郝雅立，温志强．共建共治共享：大数据支持下共享单车智能化治
　　理路径［J］．管理评论，2019，31（1）：249-254.

[34]焦豪，杨季枫．双元战略：带着镣铐优雅舞蹈［J］．清华管理评论，
　　2019，（5）：73-77.

[35]赖泽栋．资源拼凑视域下的区域创新创业资源整合机制［J］．沈阳大
　　学学报（社会科学版），2019，21（5）：542-546.

[36]黎赔肆，李利霞．网络结构洞对机会识别的影响机制：网络知识异
　　质性的调节效应［J］．求索，2014，18（7）：24-28.

[37]李柏洲，苏屹．大型企业原始创新模式选择研究［J］．中国软科学，
　　2011（12）：120-127.

[38]李炳财，倪骁然，王昆仑．税收激励、风险投资与企业创新——来
　　自政策试点的证据［J］．财政研究，2021（10）：63-76.

[39]李大元，项保华，陈应龙．企业动态能力及其功效：环境不确定性
　　的影响［J］．南开管理评论，2009，12（06）：60-68.

[40]李菲菲，耿修林．CEO环境不确定性感知与企业创新模式选择关系研
　　究［J］．科技进步与对策，2022，39（06）：141-151.

[41]李剑力．探索性创新、开发性创新与企业绩效关系研究——基于冗
　　余资源调节效应的实证分析［J］．科学学研究，2009，27（9）：
　　1418-1427.

[42]李妹，高山行．环境不确定性对渐进式创新和突破式创新的影响研
　　究［J］．华东经济管理，2014，28（07）：131-136.

[43] 李寿喜，沈婷芝. 我国实施药品带量采购政策效果研究——兼析对医药企业绩效与创新能力的影响[J]. 价格理论与实践，2020(11)：49-52，97.

[44] 李文亮，赵息. 外部学习、环境不确定性与突破性创新的关系研究[J]. 研究与发展管理，2016，28(02)：92-101.

[45] 李雪灵，龙玉洁，刘晶. 资源约束情境下创业拼凑手边资源要素识别的扎根研究[J]. 管理学报，2022，19(1)：56-64.

[46] 李永刚. 论产业集群创新与模仿的战略选择[J]. 中国工业经济，2004，34(12)：46-54.

[47] 李志广，李姚矿. 城市创新创业环境有助于企业创新效率提升吗——来自科创板上市公司的经验证据[J]. 科技进步与对策，2022，39(4)：101-111.

[48] 林萍，谢弦. 不确定环境下动态能力构成框架的理论研究——基于资源管理过程视角[J]. 重庆工商大学学报(社会科学版)，2012，29(02)：35-42.

[49] 刘凤珍. 资源约束条件下中国区域经济的发展路径研究[J]. 特区经济，2013(2)：78-79.

[50] 刘济浔. 新创企业决策逻辑的研究[D]. 浙江工业大学，2020.

[51] 刘璐琳，余红剑. 新创企业银企关系品质、内部能力与成长绩效关系研究[J]. 科学管理研究，2012，30(6)：57-60.

[52] 刘振，丁飞，肖应钊，崔连广. 资源拼凑视角下社会创业机会识别与开发的机制研究[J]. 管理学报，2019，16(7)：1006-1015.

[53] 刘志迎，俞仁智，何洁芳，何菁. 战略导向视角下组织文化变革与双元能力的协同演化——基于科大讯飞的案例研究[J]. 管理案例研究与评论，2014，7(3)：195-207.

[54] 鲁喜凤，单标安，李扬，马婧. 创始人的探索激情、行动学习与新企业资源拼凑[J]. 管理学报，2019，16(8)：1197-1203.

[55] 吕铁，黄娅娜. 消费需求引致的企业创新——来自中国家电行业的证据[J]. 经济管理，2021，43(07)：25-43.

[56] 李金生，张迪. 核心企业伦理型领导与合作创新绩效——心理距离的调节作用[J]. 科技进步与对策，2018，35(18)：135-144.

[57] 李剑力. 探索性创新、开发性创新与企业绩效关系研究——基于冗余资源调节效应的实证分析[J]. 科学学研究，2009，27(9)：1418-1427.

[58]李文柱，张蕾，王知非，等．创业孵化器与孵化服务探究[J]．产业与科技论坛，2021，20(5)：15-16.

[59]李梦溪，宋清．科技企业孵化器绩效的财务资源影响实证分析[J]．会计之友，2014(33)：41-45.

[60]李宇，张雁鸣．网络资源、创业导向与在孵企业绩效研究——基于大连国家级创业孵化基地的实证分析[J]．中国软科学，2012(8)：98-110.

[61]李振华，刘迟，吴文清．孵化网络结构社会资本、资源整合能力与孵化绩效[J]．科研管理，2019，40(9)：190-198.

[62]梁祺，张宏如，苏涛永．新就业形态下孵化网络知识治理对创新孵化绩效的影响[J]．科技进步与对策，2019，36(17)：28-36.

[63]蔺全录，朱建雄．我国科技企业孵化器发展现状及对策研究[J]．科技管理研究，2019，39(14)：32-41.

[64]刘志迎，俞仁智，何洁芳，何菁．战略导向视角下组织文化变革与双元能力的协同演化——基于科大讯飞的案例研究[J]．管理案例研究与评论，2014，7(3)：195-207.

[65]李晓方．理念、激励与共享经济的敏捷治理：基于地方政府网约车监管实践的实证分析[J]．中国行政管理，2019，11(6)：42-48.

[66]刘世闵，李志伟．质性研究必备工具：Nvivo之图解与应用[M]．北京：经济日报出版社，2017.

[67]马家喜，仲伟俊，梅姝娥．不确定环境下基于Bertrand竞争的企业创新模式比较研究[J]．管理工程学报，2010，24(1)：152-157，128.

[68]梅德强，龙勇．不确定性环境下创业能力与创新类型关系研究[J]．科学学研究，2010，28(09)：1413-1421.

[69]苗丽静，李爽爽，李学思．国家级科技企业孵化器的时空特征及影响因素[J]．中国发展，2020，20(1)：37-44.

[70]倪大钊．青年创业者的社会网络、资源获取能力与创业绩效[J]．河南牧业经济学院学报，2021，34(2)：49-56.

[71]彭学兵，王乐，刘玥伶，奉小斌．效果推理决策逻辑下创业资源整合与新创企业绩效的关系研究[J]．管理评论，2019，31(08)：123-131.

[72]彭莹莹，房宏君，汪昕宇．创新还是模仿：产业集群环境下的青年创业决策[J]．企业经济，2021，40(5)：54-62.

[73]秦剑．高不确定创业情境下的效果推理理论发展及其实证应用研究

［J］. 经济管理，2010，32(12)：170-176.

［74］秦铮，王钦. 分享经济演绎的三方协同机制：例证共享单车［J］. 改革，2017(5)：124-134.

［75］任兵，刘爽，单宇. 创业退出过程中的制度不确定性、创业者认知与创业团队组态——一个纵向单案例追踪研究［J/OL］. 南开管理评论：1-25.

［76］任胜钢，曾慧，董保宝. 网络跨度与信任的交互效应对创业绩效影响的纵向案例研究［J］. 管理学报，2016，13(4)：473.

［77］任胜钢，高欣，赵天宇. 中国创业的人脉资源究竟重要吗？——网络跨度与信任的交互效应研究［J］. 科学学与科学技术管理，2016，37(3)：146-154.

［78］尚甜甜，缪小明，刘瀚龙，辛晓华. 资源约束下颠覆性创新过程机制研究［J］. 中国科技论坛，2021(1)：35-43+54.

［79］施丽芳，廖飞. 创新政策的不确定管理效应与创业企业创新行为研究［J］. 中国行政管理，2017，17(2)：113-117.

［80］斯晓夫，王颂，傅颖. 创业机会从何而来：发现，构建还是发现+构建？——创业机会的理论前沿研究［J］. 管理世界，2016，270(3)：115-127.

［81］宋华，王岚. 企业间学习与信任互补作用于创新绩效吗？——基于企业间合作行为的视角［J］. 科学学与科学技术管理，2009，30(4)：159-165.

［82］宋卿清，穆荣平. 创新创业：政策分析框架与案例研究［J］. 科研管理，2022，43(11)：83-92.

［83］苏敬勤，林菁菁，张雁鸣. 创业企业资源行动演化路径及机理——从拼凑到协奏［J］. 科学学研究，2017，35(11)：1659-1672.

［84］孙彪，刘玉，刘益. 不确定性、知识整合机制与创新绩效的关系研究——基于技术创新联盟的特定情境［J］. 科学学与科学技术管理，2012，33(01)：51-59.

［85］孙红霞，马鸿佳. 机会开发、资源拼凑与团队融合——基于 Timmons 模型［J］. 科研管理，2016，37(7)：97-106.

［86］孙永波，丁沂昕，王楠. 资源拼凑与创业机会认知的对接路径［J］. 科研管理，2021，42(2)：130-137.

［87］苏敬勤，张雁鸣，林菁菁. 新兴国家企业选择专业化战略的情境识别及机制探讨——基于深圳企业的多案例研究［J］. 管理评论，2020，

32(10)：309-323.

[88]苏敬勤，林菁菁，张雁鸣．创业企业资源行动演化路径及机理——从拼凑到协奏[J]．科学学研究，2017，35(11)：1659-1672.

[89]孙聪，魏江．企业层创新生态系统结构与协同机制研究[J]．科学学研究，2019，37(7)：1316-1325.

[90]孙曦曦，昂昊．创业环境对大学生创业绩效的影响研究——基于虚拟现实 VR 体验馆[J]．武汉职业技术学院学报，2019，18(2)：86-90.

[91]唐国华，孟丁．环境不确定性对开放式技术创新战略的影响[J]．科研管理，2015，36(05)：21-28.

[92]铁瑛，刘逸群．贸易中介、信息不对称与不稳定出口关系[J]．中国工业经济，2021(12)：107-126.

[93]万晨曦，郭东强．技术环境的不确定性对企业组织学习的影响研究[J]．科技与经济，2015，28(05)：61-65.

[94]王烽权，江积海．跨越鸿沟：新经济创业企业商业模式闭环的构建机理——价值创造和价值捕获协同演化视角的多案例研究[J/OL]．南开管理评论：1-30[2022-11-24].

[95]王海花，谢萍萍，熊丽君．创业网络、资源拼凑与新创企业绩效的关系研究[J]．管理科学，2019，32(2)：50-66.

[96]王建辉，李懋，井润田．不确定性环境下领导者战略选择行为的研究综述[J]．现代管理科学，2007，(7)：23-55.

[97]王染，余博，刘喜梅，王珍．经济政策不确定性与企业投资行为关系研究[J]．会计之友，2020(12)：106-111.

[98]王生辉，张京红．双元创新对国际代工企业出口绩效影响机理研究——从 OEM 到 ODM 功能升级的中介效应[J]．中央财经大学学报，2021(10)：108-117.

[99]魏泽龙，李明珠，张琳倩．悖论认知、战略变革方式与企业绩效：环境不确定的调节作用[J]．科学学与科学技术管理，2021，42(10)：98-118.

[100]温忠麟，张雷，侯杰泰．中介效应检验程序及其应用[J]．心理学报，2004，36(5)：614-620.

[101]吴航．动态能力的维度划分及对创新绩效的影响——对 Teece 经典定义的思考[J]．管理评论，2016，28(03)：76-83.

[102]吴晓波，陈小玲，李璟琰．战略导向、创新模式对企业绩效的影响

机制研究[J]．科学学研究，2015，33(1)：118-127.

[103]王生辉，张京红．双元创新对国际代工企业出口绩效影响机理研究——从 OEM 到 ODM 功能升级的中介效应[J]．中央财经大学学报，2021(10)：108-117.

[104]吴航，陈劲．探索性与利用性国际化的创新效应：基于权变理论的匹配检验[J]．科研管理，2019，40(11)：102-110.

[105]吴文清，付明霞，赵黎明．科技企业孵化器规模对孵化绩效的影响——基于国家级孵化器的实证研究[J]．科技进步与对策，2015，32(19)：1-7.

[106]王国红，黄昊，秦兰．技术新创企业创业网络对企业成长的影响研究[J]．科学学研究，2020，38(11)：2029-2039.

[107]王晓丽．社会公德治理：缘起、运行、实现——以共享单车使用为例[J]．道德与文明，2018，216(5)：132-138.

[108]王林，戴学锋．共享单车行业押金问题与信用免押金分析[J]．中国流通经济，2019，33(5)：57-65.

[109]夏清华，何丹．政府研发补贴促进企业创新了吗——信号理论视角的解释[J]．科技进步与对策，2020，37(01)：92-101.

[110]夏清华，易朝辉．不确定环境下中国创业支持政策研究[J]．中国软科学，2009，17(1)：66-72.

[111]夏若江．基于信任的企业学习和创新能力分析[J]．科技管理研究，2005，25(12)：118-122.

[112]向永胜，李春友．网络嵌入、双元创新能力构筑与后发企业创新追赶[J]．技术与创新管理，2019，40(4)：502-507.

[113]项国鹏，高挺，万时宜．数字时代下创业企业与用户如何开发机会实现价值共创？[J]．管理评论，2022，34(02)：89-101，141.

[114]谢永平，王晶．技术不确定环境下联盟关系对创新绩效的影响研究[J]．科学学与科学技术管理，2017，38(05)：60-71.

[115]徐尚德．价值链限制、创业拼凑与新创农村线上零售企业商业模式创新[J]．商业经济研究，2022(17)：142-145.

[116]许成磊，张超，郭凯，刘红琴．政策支持、创业激情与技术创业成功：政策感知的调节作用[J]．科技进步与对策，2022，39(14)：94-104.

[117]向志强，李沅津．心理距离下中国对外传播目标国分层策略研究[J]．传媒观察，2022(5)：77-83.

[118]相雪梅.超网络视角的区域经济发展研究——一个内生发展的理论框架[J].理论建设,2020,36(2):56-62.

[119]薛影,路正南,朱东旦.创业者网络能力、创业激情与创业绩效——基于资源编排与风险承担双重传导路径[J].企业经济,2021,40(3):64-72.

[120]肖红军,李平.平台型企业社会责任的生态化治理[J].管理世界,2019,35(4):120-144,196.

[121]许华.基于价值链的科技企业孵化器盈利模式分析[J].无线互联科技,2018,15(20):116-117,124.

[122]闫华飞,胡蓓.产业集群内创业知识溢出机理研究:创业者的视角[J].科技管理研究,2014,34(1):159-162.

[123]杨波,冯悦旋.基于不确定环境的创业机会识别研究[J].中国科技论坛,2009,23(7):109-112.

[124]杨丽娜.创业企业创业绩效研究:创业学习的影响[J].现代商业,2014(5):176-177.

[125]杨伟,周青,方刚.产业联盟的组织复杂度、牵头单位类型与合作创新率[J].科学学研究,2015,33(5):713-722.

[126]杨卓尔,高山行,江旭.原始创新的资源基础及其对企业竞争力的影响研究[J].管理评论,2014,26(07):72-81.

[127]余红剑.新创企业顾客关系品质与成长绩效关系研究——基于内部能力提升与应用视角的理论分析[J].科学学与科学技术管理,2009,30(5):143-150.

[128]余义勇,杨忠.资源约束下的创业导向、资源行动策略与企业成长[J].科技进步与对策,2021,38(7):105-114.

[129]余玲铮,娄世艳,王建楠,魏下海.城市的移民多样性与创业选择[J].经济科学,2021(2):135-147.

[130]袁咏平.创业孵化的本质及其组织模式创新:基于价值网络的视角[J].长沙民政职业技术学院学报2019,26(2):126-129.

[131]俞灵琦.孵化器之间的发展不平衡由谁来打破?[J].华东科技,2018(6):30-32.

[132]张峰,刘曦苑,武立东,殷西乐.产品创新还是服务转型:经济政策不确定性与制造业创新选择[J].中国工业经济,2019(07):101-118.

[133]张峰.基于顾客的品牌资产构成研究述评与模型重构[J].管理学

报，2011，8(04)：552-558+576.

[134] 张红，葛宝山. 创业学习、机会识别与商业模式——基于珠海众能的纵向案例研究[J]. 科学学与科学技术管理，2016(6)：123-136.

[135] 张庆芝，戚耀元，雷家骕. 基于科学的创业企业发展与演化研究[J]. 科研管理，2019，40(9)：108-119.

[136] 张秀娥，李梦莹. 创业激情对创业成功的作用机制研究[J]. 科研管理，2021，42(9)，120-126.

[137] 张旭梅，陈伟. 供应链企业间信任、关系承诺与合作绩效——基于知识交易视角的实证研究[J]. 科学学研究，2011，29(12)：1865-1874.

[138] 张妍，魏江. 战略导向国内外研究述评与未来展望[J]. 中国科技论坛，2014(11)：139-143.

[139] 赵玲，田增瑞，常焙筌. 创业资源整合对公司创业的影响机制研究[J]. 科技进步与对策，2020，37(6)：27-36.

[140] 赵兴庐，张建琦. 资源拼凑与企业绩效——组织结构和文化的权变影响[J]. 经济管理，2016，38(5)，165-175.

[141] 赵兴庐. 资源拼凑效能在多情境下的比较研究[J]. 技术与创新管理，2022，43(1)：90-97.

[142] 郑风田，程郁. 创业家与我国农村产业集群的形成与演进机理——基于云南斗南花卉个案的实证分析[J]. 中国软科学，2006，15(1)：100-107.

[143] 钟晓燕，欧伟强，高鹭，袁继淼. 二元创新对企业绩效影响的实证研究——以物流企业为例[J]. 北京航空航天大学学报(社会科学版)，2021，34(6)：76-84.

[144] 周飞，钟泓琳，林一帆. 外部创新知识搜寻、资源拼凑与双向开放式创新的关系[J]. 科研管理，2020，41(8)：23-30.

[145] 朱晓红，陈寒松，张玉利. 异质性资源、创业机会与创业绩效关系研究[J]. 管理学报，2014，11(9)：1358-1365.

[146] 祝振铎，李新春. 新创企业成长战略：资源拼凑的研究综述与展望[J]. 外国经济与管理，2016，38(11)：71-82.

[147] 张少峰，王肖宇，程德俊，黄庆. 团队信任对威权型领导涌现的作用机制——基于心理距离视角[J]. 科技进步与对策，2020，37(15)：89-96.

[148] 张哲勚，寇小萱. 孵化器服务对创业企业创新绩效的影响研究[J].

中国商论，2020(7)：231-232.

[149]张化尧，薛珂，徐敏赛，等．商业孵化型平台生态系统的价值共创机制：小米案例[J]．科研管理，2021，42(3)：71-79.

[150]张国庆，斯晓夫，刘龙青．农民创业的驱动要素：基于扎根理论与编码方法的研究[J]．经济社会体制比较，2019(3)：139-148.

[151]张明，杜运周．组织与管理研究中 QCA 方法的应用：定位、策略和方向[J]．管理学报，2019，16(9)：1312-1323.

[152]朱秀梅，历悦，肖彬，等．创业网络对新企业绩效的影响——基于元分析的研究[J]．外国经济与管理，2021，43(6)：120-137.

[153]张琴．创业公共服务平台建设研究综述[J]．合作经济与科技，2019(19)：176-177.

[154]张颖颖，胡海青，张丹．网络多元性、在孵企业战略创业与孵化绩效[J]．中国科技论坛，2017(6)：75-82.

[155]张延平，冉佳森．创业企业如何通过双元能力实现颠覆性创新——基于有米科技的案例研究[J]．中国软科学，2019，1(8)：117-135.

[156]施丽芳，廖飞，丁德明．制度对创业家行动的影响机理——基于不确定管理的视角[J]．中国工业经济，2014，37(12)：118-129.

[157]王欢，汤谷良．"借道"MBO：路径创新还是制度缺失？——基于双汇 MBO 的探索性案例研究[J]．管理世界，2012(4)：125-137，188.

[158]姚莹莹，姚芊．财务冗余、环境不确定性与研发投资——基于中国制造业上市公司的实证分析[J]．生产力研究，2020(07)：139-142+160.

[159]汪忠，李姣，袁丹．社会创业者社会资本对机会识别的影响研究[J]．中国地质大学学报(社会科学版)，2017，17(02)：140-149.

[160]张超，张育广．高校创新创业教育生态系统运行策略研究——基于生态位理论视角[J]．实验室研究与探索，2019，38(1)：163-166.

[161]方勇，李芬，安超男．资源拼凑对企业创新绩效的影响——以环境动态性为调节变量[J]．科技管理研究，2019，39(12)：167-173.

[162]吴文清，石昆，黄宣．科技企业孵化器网络嵌入、知识能力与孵化绩效[J]．天津大学学报(社会科学版)，2019，21(3)：208-220.

[163]易朝辉，谢雨柔，张承龙．创业拼凑与科技型小微企业创业绩效研究：基于先前经验的视角[J]．科研管理，2019，40(7)：235-246.

[164]郝生宾，王瑜，于渤．资源行为视角下机会导向和创新导向对新创

企业成长的影响[J]. 系统管理学报, 2021, 30(6): 1067-1078.

[165] 高京燕. 创新资源约束下区域创新驱动发展影响因素及路径选择 [J]. 华北水利水电大学学报(社会科学版), 2022, 38(4): 36-44.

[166] 杨建锋. 创业导师对大学生创业意向的作用机制研究——基于领导-追随行为理论视角[J]. 创新与创业教育, 2020, 11(1): 38-42.

[167] 王轶, 陆晨云. 财政扶持政策能否提升返乡创业企业创新绩效?——兼论企业家精神的机制作用[J]. 产业经济研究, 2022 (4): 59-71.

[168] 蔡春花, 刘伟, 江积海. 商业模式场景化对价值创造的影响——天虹股份2007—2018年数字化转型纵向案例研究[J]. 南开管理评论, 2020, 23(3): 98-108.

[169] 杨栩, 李润茂. 双元创新视角下资源拼凑对新创企业成长的影响研究[J]. 科技管理研究, 2021, 41(13): 1-7.

[170] 郭鹏, 林祥枝, 黄艺等. 共享单车: 互联网技术与公共服务中的协同治理[J]. 公共管理学报, 2017, 13(3): 1-10.

[171] 尹苗苗, 马艳丽, 董碧松. 模仿创业研究综述与未来展望[J]. 南方经济, 2016, 35(9): 1-15.

[172] 韩仁月, 马海涛. 税收优惠方式与企业研发投入——基于双重差分模型的实证检验[J]. 中央财经大学学报, 2019, (3): 3-10.

[173] 陈红花, 尹西明, 陈劲, 等. 基于整合式创新理论的科技创新生态位研究[J]. 科学学与科学技术管理, 2019, 40(5): 3-16.

[174] 谭小芬, 张文婧. 经济政策不确定性影响企业投资的渠道分析[J]. 世界经济, 2017, 40(12): 3-26.

[175] 杨斌, 朱平, 王雪, 等我国科技企业孵化器理论研究综述[J]. 企业科技与发展, 2020(2): 7-10, 13.

[176] Acosta A S, Crespo A H, Agudo J C. Effect of market orientation, network capability and entrepreneurial orientation on international performance of small and medium enterprises (SMEs)[J]. International Business Review, 2018, 27(6): 1128-1140.

[177] Alvarez S A, Busenitz L W. The Entrepreneurship of Resource-Based Theory[J]. Journal of Management, 2001, 27(6): 755-775.

[178] Álvarez-Ayuso I C, Kao C, Romero-Jordán D. Long run effect of public grants and tax credits on r&d investment: A non-stationary panel data approach[J]. Economic Modelling, 2018, 75: 93-104.

[179] Amorós J E, Etchebarne M S, Zapata I T, et al. International entrepreneurial firms in Chile: An exploratory profile [J]. Journal of Business Research, 2016, 69(6): 2052-2060.

[180] Anokhin S, Wincent J, Autio E. Operationalizing opportunities in entrepreneurship research: use of data envelopment analysis [J]. Small Business Economics, 2011, 37(1): 39-57.

[181] Ardichvili A, Cardozo R, Ray S. A theory of entrepreneurial opportunity identification and development [J]. Journal of Business Venturing, 2003, 18(1): 105-123.

[182] Auh S, Menguc B, Balancing exploration and exploitation: The moderating role of competitive intensity [J]. Journal of Business Research, 2005, 58(12): 1652-1661.

[183] Bacq S, Lumpkin G T. Can Social Entrepreneurship Researchers Learn from Family Business Scholarship? A Theory-Based Future Research Agenda [J]. Journal of Social Entrepreneurship, 2014, 5(3): 270-294.

[184] Bai Y, Song S, Jiao J, et al. The impacts of government r&d subsidies on green innovation: Evidence from chinese energy-intensive firms [J]. Journal of Cleaner Production, 2019, 233: 819-829.

[185] Baker S R, Bloom N, Davis S J, Measuring Economic Policy Uncertainty [J]. Quarterly Journal of Economics, 2016, (131): 1593-1636.

[186] Baker T, Nelson R E. Creating something from nothing: Resource construction through entrepreneurial bricolage [J]. Administrative Science Quarterly, 2005, 50(3): 329-366.

[187] Balmann A, Odening M, Weikard H-P, et al. Path-dependence without increasing returns to scale and network externalities [J]. Journal of Economic Behavior and Organization, 1996, 29(1).

[188] Bergek A, Berggren C, Magnusson T, et al. Technological discontinuities and the challenge for incumbent firms: destruction, disruption or creative accumulation [J]. IEEE Engineering Management Review, 2013, 42(6): 1210-1224.

[189] Beynon M J, Jones P, Pickernell D. Country-level entrepreneurial attitudes and activity through the years: A panel data analysis using fsQCA [J]. Journal of Business Research, 2020, 115: 443-455.

[190] Blanck M, Ribeiro J L D, Michel J. Anzanello. A relational exploratory

study of business incubation and smart cities - Findings from Europe[J].
Cities, 2019, 88: 48-58.

[191]Bloom N, The lmpact of Uncertainty Shocks[J]. Econometrica, 2009,
77(3): 623-685.

[192]Bolzani D, Marabello S, Honig B. Exploring the multi-level processes of
legitimacy in transnational social enterprises [J]. Journal of Business
Venturing, 2019, 35(3): 105941.

[193]Bromiley P, Rau D. Operations management and the resource based
view: Another view[J]. Journal of Operations Management, 2016, 41
(7): 95-106.

[194]Brown R, Mason C. Inside the high-tech black box: A critique of
technology entrepreneurship policy[J]. Technovation, 2014, 34(12):
773-784.

[195]Brown S L, Eisenhardt K M. Patching: Restitching business portfolios in
dynamic markets [J]. Harvard Business Review, 1999, 77 (5):
172-182.

[196]Bruneel J et al. The Evolution of Business Incubators: Comparing
demand and supply of business incubation services across different
incubator generations[J]. Technovation, 2011, 32(2): 110-121.

[197]Buccieri D, Javalgi R G, Gross A. Examining the formation of
entrepreneurial resources in emerging market international new ventures
[J]. Industrial Marketing Management, 2022, 103: 1-12.

[198]Buccieri D, Park J E. Entrepreneurial marketing and reconfiguration
towards post-entry performance: Moderating effects of market dynamism
and entrymode[J]. Journal of Business Research, 2022, 148: 89-100.

[199]Buckley P J, Hashai N. The role of technological catch up and domestic
market growth in the genesis of emerging country based multinationals
[J]. Research Policy, 2014, 43(2): 423-437.

[200]Bylund, P L, McCaffrey M. A theory of entrepreneurship and
institutional uncertainty, Journal of Business Venturing, 2017, 32(5):
461-475.

[201]Carla V. B, Santiago M, Sharon F. M. Institutions and venture capital
market creation: The case of an emerging market[J]. Journal of Business
Research, 2021, 127: 1-12.

[202] Casadesus M R, Zhu F. Business model innovation and competitive imitation: The case of sponsor-based business models [J]. Strategic Management Journal, 2013, 34(4): 464-482.

[203] Charles W L H, Snell S A. External control, corporate strategy, and firm performance in research- intensive industries [J]. Strategic Management Journal, 1988, 9(6): 577-590.

[204] Chattopadhyay S, Chatterjee R. Patent protection and r&d incentives under incomplete information [J]. Journal of Quantitative Economics, 2019, 17(3): 699-705.

[205] Chen A J, Watson R T, Boudreau M C, et al. Organizational Adoption of Green IS & IT: An Institutional Perspective [J]. Australasian Journal of Information Systems, 2009, 17(10): 125-129.

[206] Chen J Y, Dimitrov S. Eco-innovation with opportunity of licensing and threat of imitation [J]. Journal of Cleaner Production, 2017, (147): 306-318.

[207] Chen M, Matousek R. Do productive firms get external finance? Evidence from Chinese listed manufacturing firms [J]. International Review of Financial Analysis, 2020, 67.

[208] Chen R R, Kannan-Narasimhan R P. Formal integration archetypes in ambidextrous organizations [J]. R&D Management, 2015, 45 (3): 267-286.

[209] Christensen C M, Bower J L. Customer power, strategic investment, and the failure of leading firms [J]. Strategic management journal, 1996, 17 (3): 197-218.

[210] Cleff T, Rennings K. Are there any first-mover advantages for pioneering firms? Lead market orientated business strategies for environmental innovation [J]. European Journal of Innovation Management, 2012.

[211] Cohen M, Sundararajan A. Self-regulation and innovation in the peer-to-peer sharing economy [J]. U. Chi. L. Rev. Dialogue, 2015, (82): 116-133.

[212] Cui X, Wang C, Liao J, et al. Economic policy uncertainty exposure and corporate innovation investment: Evidence from China [J]. Pacific-Basin Finance Journal, 2021, 67: 101533.

[213] Cunningham M, Wu L, Chinta R, et al., Global entrepreneurship and

supply chain management: a Chinese exemplar[J]. Journal of Chinese Entrepreneurship, 2010, 2(1): 36-52.

[214]Dalgic T. Imitative Innovations: A Product Strategy From a Newly Industrialised Country—The Turkish Case[C]//Proceedings of the 1986 Academy of Marketing Science (AMS) Annual Conference. Springer, Cham, 2015: 92-95.

[215]Daron Acemoglu and Joshua Linn. Market Size in Innovation: Theory and Evidence from the Pharmaceutical Industry[J]. The Quarterly Journal of Economics, 2004, 119(3): 1049-1090.

[216]David P, Hitt M A, Gimeno J. The influence of activism by institutional investors on r&d[J]. The Academy of Management Journal, 2001, 44: 144-157.

[217]Desa G, Basu S. Optimization or bricolage? Overcoming resource constraints in global social entrepreneurship [J]. Strategic Entrepreneurship Journal, 2013, 7(1): 26-49.

[218]Dess G G, Beard D W. Dimensions of organizational task environments [J]. Administrative Science Quarterly, 1984, 29(1) : 52-73.

[219]Drummond C, O'Toole T, Mcgrath H, etal. Social Media resourcing of an entrepreneurial firm network: Collaborative mobilisation processes[J]. Journal of Business Research, 2022, 145: 171-187.

[220]Dunlap-Hinkler D, Kotabe M, Mudambi R. A story of breakthrough versus incremental innovation: corporate entrepreneurship in the global pharmaceutical industry[J]. Strategic Entrepreneurship Journal, 2010, 4 (2): 106-127.

[221]Eb A, Alr B, Apa C, et al. Connecting IMP and entrepreneurship research: Directions for future research [J]. Industrial Marketing Management, 2020, 91: 495-509.

[222]Enrico B, Havenvid M I. Identifying new dimensions of business incubation: A multi-level analysis of Karolinska Institute's incubation system[J]. Technovation, 2016, 50-51: 53-68.

[223]Erlingsson G Ó. The spatial diffusion of party entrepreneurs in Swedish local politics[J]. Political Geography, 2008, 27(8): 857-874.

[224]Ethiraj S K, Zhu D H. Performance effects of imitativeentry [J]. Strategic Management Journal, 2008, 29(8): 797-817.

[225] Fainshmidt S, Wenger L, Pezeshkan A, et al. When do dynamic capabilities lead to competitive advantage? The importance of strategic fit [J]. Journal of Management Studies, 2019, 56(4): 758-787.

[226] Faroque A R, Morrish S C, Kuivalainen O, et al. Microfoundations of network exploration and exploitation capabilities in international opportunity recognition [J]. International Business Review, 2020, 30: 101767.

[227] Felipe H P, Jeffrey G C, Domingo E R. Entrepreneurial orientation, concern for socioemotional wealth preservation, and family firm performance[J]. Journal of Business Research, 2021, 126: 197-208.

[228] Fernandez V, Enache M. Exploring the relationship between protean and boundaryless career attitudes and affective commitment through the lens of a fuzzy set QCAmethodology [J]. Intangible Capital, 2008, 4(1): 31-66.

[229] Fiss P C. Building better casual theories: A fuzzy set approach to typologies in organizational research [J]. Academy of Management Journal, 2011, 54(2): 393-420.

[230] Francis J, Smith A. Agency costs and innovation some empirical evidence[J]. Journal of Accounting and Economics, 1995, 19(2): 383-409.

[231] Gao Y, Hu Y, Liu X, et al. Can Public R&D Subsidy Facilitate Firms' Exploratory Innovation? The Heterogeneous Effects between Central and Local Subsidy Programs[J]. Research Policy, 2021, 50(4): 104221.

[232] García-Lillo F, Úbeda-García M, Marco-Lajara B. Organisational ambidexterity: a literature review using bibliometric methods [J]. International Journal of Bibliometrics in Business and Management, 2017, 1(1): 3-25.

[233] García-Villaverde P M, Ruiz-Ortega M J, Canales J I. Entrepreneurial orientation and the threat of imitation: The influence of upstream and downstream capabilities[J]. European Management Journal, 2013, 31(3): 263-277.

[234] Gatignon H, Xuereb J M. Strategic orientation of the firm and new product performance[J]. Journal of Marketing Research, 1997, 34(1): 77-90.

［235］Gaur A S, Lu J W. Ownership Strategies and Survival of Foreign Subsidiaries: Impacts of Institutional Distance and Experience ［ J ］. Journal of Management, 2010, 33(1): 84-110.

［236］Gavetti G, Greve H R, Levinthal D A, etal. The behavioral theory of the firm: Assessment and prospects［ J ］. Academy of Management Annals, 2012, 6(1): 1-40.

［237］Ghezzi, A., Cavallo, A., Agile Business Model Innovation in Digital Entrepreneurship: Lean Startup Approaches. Journal of Business Research, 2020, 110: 519-537.

［238］Giachetti C, Calzi M L., Three essays on competitive dynamics andimitation［ J ］. Università Ca Foscari Venezia, 2015, 17(9): 5-39.

［239］Gulen H, Ion M. Policy uncertainty and corporate investment［ J ］. The Review of Financial Studies, 2016, 29(3): 523-564.

［240］Gupta P D, Guha S, Krishnaswami S S. Firm growth and its determinants［ J ］. Journal of Innovation and Entrepreneurship, 2013, 2 (1): 15.

［241］Hackett S M, Dilts D M A. Systematic Review of Business Incubation Research［ J ］. The Journal of Technology Transfer, 2004, 29(1): 55-82.

［242］Hagen B, Denicolai S, Zucchella A. International entrepreneurship at the crossroads between innovation and internationalization［ J ］. Journal of International Entrepreneurship, 2014, 12(2): 111-114.

［243］Hajizadeh A, Zali M. Prior knowledge, cognitive characteristics and opportunity recognition ［ J ］. International Journal of Entrepreneurial Behavior & Research, 2016.

［244］Halal W. Business Strategy for the Technology Revolution: Competing at the Edge of Creative Destruction ［ J ］. Journal of the Knowledge Economy, 2015, 6(1): 31-47.

［245］Hamari J, Sjöklint M, Ukkonen A. The sharing economy: Why people participate in collaborative consumption ［ J ］. Journal of the Association for Information Science and Technology, 2016, 67(9): 2047-2059.

［246］Han B H, Manry D. The value-relevance of r&d and advertising expenditures: Evidence from korea［ J ］. The International Journal of Accounting, 2004, 39(2): 155-173.

［247］Hasan A S M, Jiang Q, Li C. An effective grouping method for privacy-preserving bike sharing data publishing [J]. Future Internet, 2017, 9 (4): 65.

[248] Hawlitschek F, Notheisen B, Teubner T. The limits of trust-free systems: A literature review on blockchain technology and trust in the sharingeconomy [J]. Electronic commerce research and applications, 2018, (29): 50-63.

[249] He Z L, Wong P K. Exploration vs. Exploitation: An Empirical Test of the Ambidexterity Hypothesis[J]. Organization Science, 2004, 15(4): 481-494.

[250] Heinrichs H. Sharing economy: a potential new pathway to sustainability [J]. GAIA-Ecological Perspectives forScience and Society, 2013, 22 (4): 228-231.

[251] HENRICH R. GREVE. Exploration and exploitation in productinnovation [J]. Industrial and Corporate Change, 2007, 16(5): 945-975.

[252] Hernández R, Carrà G. A Conceptual Approach for Business Incubator Interdependencies and Sustainable Development [J]. Agriculture and Agricultural Science Procedia, 2016, 8: 718-724.

[253] Hong S, Lee S. Adaptive governance and decentralization: Evidence from regulation of the sharing economy in multi-level governance [J]. Government Information Quarterly, 2018, 35(2): 299-305.

[254] HUMPHREY J, SCHMITZ H. How does insertion in global value chains affect upgrading in industrial clusters? [J]. Regional studies, 2002, 36 (9): 1017-102

[255] Hung K P, Chou C. The impact of open innovation on firm performance: Themoderating effects of internal R&D and environmental turbulence[J]. Technovation, 2013, 33 (10): 368-380.

[256] Huo B, Ye Y, Zhao X, et al. Environmental uncertainty, specific assets, and opportunism in 3PL relationships: A transaction cost economics perspective [J]. International Journal of Production Economics, 2018, 203(Sep.): 154-163.

[257] Jansen J J P, Van den Bosch F A J, Volberda H W. Exploratory innovation, exploitative innovation, and performance: Effects of organizational antecedents and environmental moderators [J]. ERIM Report Series Research in Management, 2006, 52(11): 1661-1674.

[258] Jansen J J P, Vera D, Crossan M. Strategic leadership for exploration and exploitation: The moderating role of environmental dynamism[J]. Leadership Quarterly, 2009, 20(1): 5-18.

[259] Jennifer Gregan - Paxton et al. "So that's what that is": Examining the impact of analogy on consumers' knowledge development for really newproducts[J]. Psychology and Marketing, 2002, 19(6): 533-550.

[260] Jiang Q, Ou S J, Wei W. Why shared bikes of free-floating systems were parked out of order? A preliminary study based on factor analysis [J]. Sustainability, 2019, 11(12): 1-17.

[261] Jiang W, Chai H, Shao J, et al. Green entrepreneurial orientation for enhancing firm performance: A dynamic capability perspective [J]. Journal of Cleaner Production, 2018, 198: 1311-1323.

[262] Jiang Z, Liu Z. Policies and exploitative and exploratory innovations of the wind power industry in China: The role of technological path dependence[J]. Technological Forecasting & Social Change, 2022, 177: 121519.

[263] Jianzhuang Z, Kuangzhe D, Yuhan J. The Research on Transmission Mechanism of Imitative Entrepreneurial Action in Clusters[J]. Journal of Applied Sciences, 2013, 13(10): 1793-1798.

[264] John P. Workman. Marketing's Limited Role in New Product Development in One Computer Systems Firm[J]. Journal of Marketing Research, 1993, 30(4): 405-421.

[265] Ju, W., Zhou, X., Institutional environment and entrepreneurial intention of academics in China. Social Behavior and Personality: an international journal, 2020, 48(4): 1-15.

[266] Judge W Q, Fainshmidt S, Brown J. L. Institutional Systems for Equitable Wealth Creation: Replication and an Update of Judge et al. (2014) [J]. Management and Organization Review, 2020, 16(1): 5-31.

[267] Kessler E H, Bierly P E. Is faster really better? An empirical test of the implications of innovation speed[J]. IEEE Transactions on Engineering Management, 2002, 49(1): 2-12.

[268] Khurana I, Dutta D K, Ghura A S. SMEs and digital transformation during a crisis: The emergence of resilience as a second-order dynamic

capability in an entrepreneurial ecosystem [J]. Journal of Business Research, 2022, 150: 623-641.

[269]Kirzner I M. Entrepreneurship, entitlement, and economic justice[J]. Eastern Economic Journal, 1978, 4(1): 9-25.

[270]Klotz A C, Hmieleski M, Bradley B H, and Busenitz L W. New venture teams: A review of the literature and roadmap for future research. Journal of management, 2014, 40: 226-255.

[271]Koellinger P. Why are some entrepreneurs more innovative than others? [J]. Small Business Economics, 2008, 31(1): 21-21.

[272]Kumar V, Lahiri A, Dogan O B. A strategic framework for a profitable business model in the sharing economy [J]. Industrial Marketing Management, 2018, 69: 147-160.

[273]Lai W, Lin C. Constructing business incubation service capabilities for tenants at post-entrepreneurial phase[J]. Journal of Business Research, 2015, 68(11): 2285-2289.

[274]Lee W, Jeong C. Beyond the correlation between tourist eudaimonic and hedonic experiences: necessary condition analysis[J]. Current Issues in Tourism, 2020, 23(17): 2182-2194.

[275]Leischnig A, Kasper-Brauer K, Sabrina C. Thornton. Spotlight on customization: An analysis of necessity and sufficiency inservices[J]. Journal of Business Research, 2018, 89: 385-390.

[276]Li C, Lu J. R&D. financing constraints and export green-sophistication in China[J]. China Economic Review, 2018, 47: 234-244.

[277]Li Q, Deng P. From international new ventures to MNCs: Crossing the chasm effect on internationalization paths [J]. Journal of Business Research, 2017, 70: 92-100.

[278]Li T. Institutional environments and entrepreneurial start-ups: an international study. Management Decision, 2021, 59(8): 1929-1953.

[279]Li X, Hu Z, Zhang Q. Environmental Regulation, Economic Policy Uncertainty, and Green Technology Innovation[J]. Clean Technologies and Environmental Policy, 2021, 23(10): 2975-2988.

[280]Li Y. Governing the sharing economy smartly: A tale of two initiatives in China [J]. Public Policy and Administration, 2019, (4): 1-20.

[281]Lieberman M B, Asaba S. Why do firms imitate each other? [J].

Academy of Management Review, 2006, 31(2): 366-385.

[282]Lin H E, Mcdonough E F, Lin S J, et al. Managing the Exploitation/ Exploration Paradox: The Role of a Learning Capability and Innovation Ambidexterity[J]. Journal of Product Innovation Management, 2013, 30 (2): 262-278.

[283]Linhart A, Röglinger M, Stelzl K. A Project Portfolio Management Approach to Tackling the Exploration/Exploitation Trade-off [J]. Business & Information Systems Engineering, 2019, 62: 1-17.

[284]Liu Y. The micro-foundations of global business incubation: Stakeholder engagement and strategic entrepreneurial partnerships[J]. Technological forecasting and social change, 2020, 161: 120294-120294.

[285]Luo H, Kou Z, Zhao F, et al. Comparative life cycle assessment of station-based and dock-less bike sharing systems [J]. Resources, Conservation and Recycling, 2019, 146: 180-189.

[286]Lynch R, Jin Z. Knowledge and innovation in emerging market multinationals: The expansion paradox [J]. Journal of Business Research, 2016, 69(5): 1593-1597.

[287]Ma Y, Lan J, Thornton T, et al. Challenges of collaborative governance in the sharing economy: The case of free-floating bike sharing in Shanghai [J]. Journal of cleaner production, 2018, 197: 356-365.

[288]Mansoori Y, Karlsson T, Lundqvist M. The influence of the lean startup methodology on entrepreneur-coach relationships in the context of a startup accelerator[J]. Technovation, 2019, 84-85: 37-47.

[289]March J G. Exploration and exploitation in organizational learning [J]. Organization Science, 1991, 2(1): 71-87.

[290]Martin C J, Upham P, Klapper R. Democratising platform governance in the sharing economy: An analytical framework and initial empirical insights[J]. Journal of cleaner production, 2017, 166: 1395-1406.

[291]Martins H C. The Brazilian bankruptcy law reform, corporate ownership concentration, and risktaking[J]. Managerial and Decision Economics, 2020, 41(4): 562-573.

[292]Massa, L, Tucci, C. L, Afuah, A., A Critical Assessment of Business Model Research[J]. Academy of Management Annals, 2017, 1(1): 73-104.

［293］Mian S, Lamine W, Fayolle A. Technology Business Incubation：An overview of the state of knowledge［J］. Technovation, 2016, 50-51：1-12.

［294］Miao Y M, Du R, Ou C X. Guanxi circles and light entrepreneurship in social commerce：The roles of mass entrepreneurship climate and technology affordances ［J］. Information & Management, 2022, 59（1）：103558.

［295］Miller D, Friesen P H. Innovation in conservative and entrepreneurial firms：two models of strategic momentum［J］. Strategic Management Journal, 1982, 3：1-25.

［296］Minniti M, Lévesque M. Entrepreneurial types and economic growth［J］. Journal of Business Venturing, 2010, 25（3）：305-314.

［297］Moin, C J, Iqbal, M, Malek A B M A, Khan M M A, Haque R. Prioritization of Environmental Uncertainty and Manufacturing Flexibility for Labor-Intensive Industry：A Case Study on Ready-Made Garment Industries in Bangladesh［J］. Systems, 2022, 10（3）：67.

［298］Molecke G, Pinkse J. Accountability for social impact：A bricolage perspective on impact measurement in social enterprises［J］. Journal of Business Venturing, 2017, 32（5）：550-568.

［299］Moller K, Nenonen S, Storbacka K. , Networks, ecosystems, fields, market systems? Making sense of the business environment ［J］. Industrial Marketing Management, 2020, 90：380-399.

［300］Monferrer D, Moliner M N, B Irún, et al. Network market and entrepreneurial orientations as facilitators of international performance in born globals. The mediating role of ambidextrous dynamic capabilities ［J］. Journal of Business Research, 2021, 137（1）：430-443.

［301］Mrkajic B. Business incubation models and institutionally void environments ［J］. Technovation, 2017, 68：44-55.

［302］Mrożewski M, Kratzer J. Entrepreneurship and country-level innovation：investigating the role of entrepreneurial opportunities ［J］. Journal of Technology Transfer, 2017, 42（5）：1-18.

［303］Najdajanoszka M. Matching Imitative Activity of High-Tech Firms with Entrepreneurial Orientation［J］. Mpra Paper, 2012, 8（1）：52-67.

［304］Nesterova I. Business of deep transformations：How can geography contribute to understanding degrowth business? [J]. Geography and Sustainability, 2022, 3(2): 105-113.

[305] Nicolas T. Short-term financialconstraints and smes' investment decision: Evidence from the working capital channel[J]. Small Business Economics, 2022, 58(4): 1885-1914.

[306] Nunes P M, Serrasqueiro Z, Leitão J. Assessing the nonlinear nature of the effects of r&d intensity on growth of smes: A dynamic panel data approach [J]. Journal of Evolutionary Economics, 2013, 23 (1): 97-128.

[307] Nuruzzaman N, Singh D, Pattnaik C. Competing to be innovative: Foreign competition and imitative innovation of emerging economy firms [J]. International Business Review, 2018, 28(5): 1-10.

[308] Ou C X, Davison R M. Why eBay lost to Taobao in China: The globaladvantage [J]. Communications of the ACM, 2009, 52 (1): 145-148.

[309] Ozmel U, Reuer J, Wu C. Inter-Organizational Imitation and Acquisitions of High-Tech Ventures[J]. Strategic Management Journal, 2017, 38(13): 3-16.

[310] Paolo D M, Rodney TJ. Entrepreneurial opportunity pursuit through business model transformation: a project perspective [J]. International Journal of Project Management, 2018, 36(7): 968-979.

[311] Pastor L, Pietro V. Political Uncertainty and Risk Premia[J]. NBER Working Paper, 2011, (17464).

[312] Penrose E T. The theory of the growth of thefirm [M]. Wiley: New York, 1959.

[313] Politis D. The process of entrepreneurial learning: A conceptual framework [J]. Entrepreneurship theory and practice, 2005, 29(4): 399-424.

[314] Powell T C, Lovallo D, Fox C R. Behavioralstrategy [J]. Strategic Management Journal, 2011, 32(13): 1369-1386.

[315] Priem R L, A Consumer Perspective on Value Creation. Academy of Management Review, 2007, 32(1): 219-235.

[316] Rauch D E, Schleicher D. Like Uber, but for local government law: The future of local regulation of the sharing economy [J]. Ohio St. L J, 2015, 76: 901-905.

[317] Rerup C, Feldman M S. Routinesas a source of change in organizational schemata: The role of trial-and-errorlearning [J]. Academy of Management Journal, 2011, 54 (3): 577-610.

[318] Richardson L. Performing the sharing economy [J]. Geoforum, 2015, 67(4): 121-129.

[319] Röd I. Disentangling the family firm's innovation process: A systematic review [J]. Journal of Family Business Strategy, 2016, 7 (3): 185-201.

[320] Rong, K., Xiao, F., Zhang, X., Wang, J., Platform Strategies and User Stickiness in the Online Video Industry [J]. Technological Forecasting and Social Change, 2019, 143: 249-259.

[321] Rowley, T., Behrens, D., and Krackhardt, D. Redundant Governance Structures: An Analysis of Structural and Relational Embeddedness in the Steel and Semiconductor Industries [J]. Strategic Management Journal, 2000, 21: 369-386.

[322] Russo I, ConfenteI. From dataset to qualitative comparative analysis (QCA)—Challenges and tricky points: A research note on contrarian case analysis and data calibration [J]. Australasian Marketing Journal (AMJ), 2019, (27): 129-135.

[323] Salehi F, Yaghtin A. Action Research Innovation Cycle: Lean Thinking as a Transformational System-ScienceDirect [J]. Procedia-Social and Behavioral Sciences, 2015, 181: 293-302.

[324] Sara J. M et al. Pathways to sustainability: A fuzzy-set qualitative comparative analysis of rural water supply programs [J]. Journal of Cleaner Production, 2018, 205: 789-798.

[325] Saras D. Sarasvathy. Causation and Effectuation: Toward a Theoretical Shift from Economic Inevitability to Entrepreneurial Contingency [J]. The Academy of Management Review, 2001, 26(2): 243-263.

[326] Sarasvathy S D. Causation and effectuation: Toward a theoretical shift from economic inevitability to entrepreneurial contingency [J]. Academy of Management Review, 2001, 26(2): 243-263.

[327] Sasan B. Entrepreneurship dynamics in Australia: Lessons from Micro-data [J]. Economic Record, 2019, 95(308): 114-140.

[328] Schafft K A, Brasier K, Hesse A. Reconceptualizing rapid energy

resource development and its impacts: Thinking regionally, spatially and intersectionally[J]. Journal of Rural Studies, 2019, 68: 296-305.

[329]Schneider C Q, Wagemann. Set-Theoretic methods for the socialsciences: A guide to Qualitative comparative analysis [M]. Cambridge: Cambridge University Press, 2012.

[330]Schumpeter, J. The Theory of Economic Development. Cambridge[M]. Mass. : Harvard University Press. 1934.

[331]Sharma S O, Martin A. Re-thinking and re-operationalizing product innovation capability: A review, critique and extension of dynamic capability view using theoretical triangulation [J]. European Business Review, 2018, 30(4): 374-397.

[332]Shen X, Lin B. Policy incentives, R&D investment, and the energy intensity of China's manufacturing sector [J]. Journal of Cleaner Production, 2020, 255.

[333]Shenkar O. Copycats: how smart companies use imitation to gain a strategic edge[J]. Strategic Direction, 2010, 26(10): 3-5.

[334]Shih T, Aaboen L. The network mediation of an incubator: How does it enable or constrain the development of incubator firms' business networks? [J]. Industrial Marketing Management, 2019, 80: 126-138.

[335]Shkabatur J, Bar-El R, Schwartz D. Innovation and entrepreneurship for sustainable development: Lessons from Ethiopia [J]. Progress in Planning, 2021(8): 100599.

[336]Sinha S. The exploration-exploitation dilemma: a review in the context of managing growth of new ventures[J]. Vikalpa, 2015, 40(3): 313-323.

[337]Sjodin D, Parida V, Jovanovic M, et al. Value Creation and Value Capture Alignment in Business Model Innovation: A Process View on Outcome-Based Business Models [J]. Journal of Product Innovation Management, 2020, 37(2).

[338]Smith A D. The strategic role of knowledge and innovation systems thinking[J]. International Journal of Business and Systems Research, 2007, 1(2): 200-215.

[339]Sohl, T, Vroom, G, Mccann, B T. Business Model Diversification and Firm Performance: A Demand-side Perspective. Strategic Entrepreneurship Journal, 2020, 14(2): 198-223.

[340] Solís-Molina M, Hernández-Espallardo M, Rodríguez-Orejuela A. Performance implications of organizational ambidexterity versus specialization in exploitation or exploration: The role of absorptive capacity[J]. Journal of Business Research, 2018, 91: 181-194.

[341] Sosna M, Trevinyo-Rodríguez R N, Velamuri S R. Business Model Innovation through Trial-and-Error Learning: The Naturhouse Case[J]. Long Range Planning, 2010, 43(2-3): 383-407.

[342] Sterlacchini A, Venturini F. R&d tax incentives in EU countries: Does the impact vary with firm size[J]. Small Business Economics, 2019, 53 (3): 687-708.

[343] Sun L, Zhou X, Sun Z. Improving cycling behaviors of dockless bike-sharing users based on an extended theory of planned behavior and credit-based supervision policies in China [J]. Frontiers in psychology, 2019, 10: 1-13.

[344] Swift T. The perilous leap between exploration andexploitation [J]. Strategic Management Journal, 2016, 37(8): 1688-1698.

[345] Teece, D J. Business Models and Dynamic Capabilities[J]. Long Range Planning, 2018, 51(1): 40-49.

[346] Tola A, Contini M V. From the Diffusion of Innovation to Tech Parks, Business Incubators as a Model of Economic Development: The Case of "Sardegna Ricerche" [J]. Procedia - Social and Behavioral Sciences, 2015, 176: 494-503.

[347] Torun M, Peconick L, Sobreiro V, et al. Assessing business incubation: A review on benchmarking [J]. International Journal of Innovation Studies, 2018, 2(3): 91-100.

[348] Ucbasaran D, Westhead P, Wright M. The extent and nature of opportunity identification by experienced entrepreneurs[J]. Journal of business venturing, 2009, 24(2): 99-115.

[349] Vaghely I P, Venkataraman S. Are opportunities recognized or constructed? An information perspective on entrepreneurial opportunity identification[J]. Journal of Business Venturing, 2010, 25(1): 73-86.

[350] Vargo S L, Lusch R F. Evolving to a New Dominant Logic for Marketing [J]. Journal of Marketing, 2004, 68(1): 1-17.

[351] Vith S, Oberg A, Höllerer M A, et al. Envisioning the 'sharing city':

Governance strategies for the sharing economy [J]. Journal of Business Ethics, 2019, 159(4): 1023-1046.

[352] Wang G, Li X, Zhou J, et al. The influence of entrepreneurial team's cognitive adaptability on its risk decisionmaking [J]. Industrial Management & Data Systems, 2020, 120(2): 329-349.

[353] Wang Q, Wang Z, Zhao X. Strategic orientations and mass customisation capability: the moderating effect of product life cycle[J]. International Journal of Production Research, 2015, 53(17): 5278-5295.

[354] Wu L Y. Entrepreneurial resources, dynamic capabilities and start-up performance of Taiwan's high-techfirms [J]. Journal of Business Research, 2007, 60(5): 549-555.

[355] Wu Y, Gu F, Ji Y, et al. Technological capability, eco-innovation performance, and cooperative R&D strategy in new energy vehicle industry: Evidence from listed companies inchina[J]. Journal of Cleaner Production, 2020, 261.

[356] Xie K, Song Y, Zhang W, et al. Technological entrepreneurship in science parks: A case study of Wuhan Donghu High-Tech Zone[J]. Technological Forecasting & Social Change, 2018, 135: 156-168.

[357] Xue Z, Ting W. The Legal Supervision over the cash pooling of bicycle-sharing [J]. DEStech Transactions on Social Science, Education and Human Science, 2018: 100-104.

[358] Yan S, Ling X S. Entrepreneurs' social capital and venture capital financing[J]. Journal of Business Research, 2021, 136: 499-512.

[359] Yao Y, Liu L, Guo Z, et al. Experimental study on shared bike use behavior under bounded rational theory and credit supervision mechanism [J]. Sustainability, 2019, 11(1): 127-150.

[360] Ye S, Xiao Y, Yang B, et al. The impact mechanism of entrepreneurial team expertise heterogeneity on entrepreneurial decision[J]. Frontiers in Psychology, 2021: 4347.

[361] York J G, Venkataraman S. The entrepreneur-environment nexus: uncertainty, innovation and allocation [J]. Journal of Business Venturing, 2010, 25(5): 449-463.

[362] Yu C-H, Wu X, Zhang D, et al. Demand for green finance: Resolving financing constraints on green innovation in China[J]. Energy Policy,

2021，153.

［363］Yu W, Choi M, Zheng J. How Do Different Types of Entrepreneurial Networks and Decision-Making Influence the Identification of Entrepreneurial Opportunities? ［J］. Frontiers in Psychology, 2021, 12：683285.

［364］Yu X, Wang X. The effects of entrepreneurial bricolage and alternative resources on new venture capabilities：Evidence from China［J］. Journal of Business Research, 2021, 137：527-537.

［365］Zhang D, Guo Y. Financing R&D in Chinese private firms：Business associations or political connection? ［J］. Economic Modelling, 2019, 79 （7）：247-261.

［366］Zhang D, Li J, Ji Q. Does better access to credit help reduce energy intensity in China? Evidence from manufacturing firms ［J］. Energy Policy, 2020, 145.

［367］Zhang H, Wu W, Zhao L. A study of knowledge supernetworks and network robustness in different business incubators ［J］. Physica A：Statistical Mechanics and its Applications, 2016, 447：545-560.

［368］Zhang Y, Hou Z, Yang F, et al. Discovering the evolution of resource-based theory：Science mapping based on bibliometric analysis ［J］. Journal of Business Research, 2021, 137：500-516.

［369］Zhao, L., Sun, J., Zhang, L., He, P. and Yi, Q. Effects of technology lock-in on enterprise innovation performance［J］. European Journal of Innovation Management, 2021, 24 （5）：1782-1805.

［370］Zhou K Z, Yim C K, Tse D K. The effects of strategic orientations on technology-and market-based breakthrough innovations ［J］. Journal of Marketing, 2005, 69（2）：42-60.

［371］Zhou Y, Lu L, Chang X. Averting risk or embracing opportunity? Exploring the impact of ambidextrous capabilities on innovation of Chinese firms in internationalization ［J］. Cross Cultural & Strategic Management, 2016, 23（4）：569-589.